U0519631

市场调查与预测案例集

主　编◎易崇英　徐　倩
副主编◎滕艳娇　聂晓敏　李　鸽

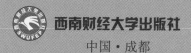

西南财经大学出版社

中国·成都

图书在版编目(CIP)数据

市场调查与预测案例集/易崇英,徐倩主编;滕艳娇,
聂晓敏,李鸽副主编.--成都:西南财经大学出版社,
2025.6.--ISBN 978-7-5504-6714-9

Ⅰ.F713.52

中国国家版本馆 CIP 数据核字第 2025MS2241 号

市场调查与预测案例集

SHICHANG DIAOCHA YU YUCE ANLI JI

主 编 易崇英 徐 倩
副主编 滕艳娇 聂晓敏 李 鸽

策划编辑:王甜甜
责任编辑:王甜甜
责任校对:雷 静
封面设计:墨创文化
责任印制:朱曼丽

出版发行	西南财经大学出版社(四川省成都市光华村街 55 号)
网 址	http://cbs.swufe.edu.cn
电子邮件	bookcj@swufe.edu.cn
邮政编码	610074
电 话	028-87353785
照 排	四川胜翔数码印务设计有限公司
印 刷	成都金龙印务有限责任公司
成品尺寸	185 mm×260 mm
印 张	14.625
字 数	345 千字
版 次	2025 年 6 月第 1 版
印 次	2025 年 6 月第 1 次印刷
书 号	ISBN 978-7-5504-6714-9
定 价	39.80 元

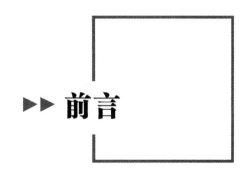

前言

在竞争激烈和充满变数的现代市场环境中,市场调查与预测课程作为商科教育中的核心课程之一,在商科教育中具有不可替代的重要地位。市场调查与预测的方法不仅为企业提供了洞察市场动态和客户需求的科学手段,也为企业的战略制定、产品定位、市场定价等关键决策提供了有力支持。这些方法能够帮助企业在复杂的市场环境中降低决策风险、抓住增长机会,从而在竞争中占据有利位置。因此,企业需要通过有效的市场调查来把握消费者需求和市场动向,通过科学的预测方法来制订长远的战略规划。

本案例集旨在通过丰富的模块设计,为不同群体提供一个系统、深入且实用的学习和应用工具。本书适用于市场营销学、管理学、经济学等商科专业的本科生、研究生,也为市场从业者提供了参考资料。我们对本案例集的内容进行了讨论、论证和多次打磨,确保了其科学性、实用性和教学价值,希冀读者能够通过本书的学习,掌握市场调查与预测的理论知识,在实际工作中有效运用各种调查与预测技术,提高决策的科学性和准确性。

全书共分为十章,每章均用具体的案例来演绎市场调查与预测的方法,本案例集涵盖了文献调查法、问卷调查法、访谈调查法、观察调查法、实验调查法等十种常用的市场调查与预测方法。每一章节有六大模块:知识要点、习题巩固、案例分析、延伸阅读、实践实训及参考答案。各模块既相互独立又相互补充,构成了一个完整的学习体系。知识要点模块精炼地总结了市场调查与预测的核心理论和方法,是奠定理论基础的关键部分,读者可以通过这一模块的学习迅速掌握基本概念和理论框架,为后续的学习和实践打下扎实基础;习题巩固模块可以帮助读者深入理解知识要点,巩固学习成果;案例分析模块是本案例集的核心,通过具体案例演示市场调查与预测方法的实际应用,读者能够在真实情境中看到理论如何在实践中发挥作用，帮助师生将理论与实际相结合，也为从业人员提供了宝贵的操作经验；延伸阅读模块为有兴趣的读者提供了相关主题的深度阅读材料推荐，帮助其拓展知识视野，进一步探索市场调查与预测的前沿问题，这一模块适合希望深入研究的读者，也为教师扩展教学内容、为从业者了解行业动态提供了重要资源；实践实训模块强调动手操作，通过设计模拟市场调查和预测的实训项目，在实践中锻炼和提升读者的技能，作为理论与实践结合的桥梁，实训项目模块还特别从教学管理出发，提供了实训评价准则，帮助教师打破理论与实操的壁垒；参考答案模块提供了习题和案例的详细解答和分析，帮助读者自我评估，纠正错误，进一步加深对内容的理解和掌握。

虽然案例集的核心在于具体的案例分析，但知识要点和实践实训模块通过提供理论基础和实际操作经验，在案例分析过程中为读者提供了必要的支持和指导，帮助读者更好地理解案例的背景和方法，确保案例分析的准确性和深度。因此，知识要点是案例分析的基石，为案例理解提供了理论背景，使读者能够从理论层面把握案例的核心问题。实践实训是案例知识的操作延伸，通过实际操作提升了读者将理论应用于实际情况的能力。结合这两部分，读者能够更全面地把握案例中的复杂情况，深入挖掘案例背后的数据和决策逻辑，从而提出更具实效性和创新性的分析结论。

本书具有以下特征：一是内容扎实。精选案例贴近实际，能反映真实的商业环境和问题。二是方法多样。案例集能够涵盖不同的市场调查与预测方法，通过阅读这一本书就能够满足读者多样化的学习需求。三是结构清晰。每个案例的编排逻辑严谨，步骤明确，易于理解和应用。本案例集通过系统化的模块设计，为商科学生、教师和商业从业人员提供了多层次的学习与实践支持。

编者们深知学无止境，由于编者水平有限，书中难免有疏漏和不妥之处，恳请广大读者不吝赐教，真诚期待读者们的反馈和建议，以便我们不断改进和完善。

编　者

2025 年 2 月 10 日

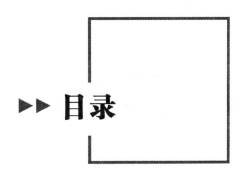

▶▶ 目录

1 / 第一章　文献调查法案例

一、知识要点 ……………………………………………………… （1）

二、习题巩固 ……………………………………………………… （2）

三、案例分析 ……………………………………………………… （4）

四、延伸阅读 ……………………………………………………… （15）

五、实践实训 ……………………………………………………… （16）

六、参考答案 ……………………………………………………… （17）

21 / 第二章　问卷调查法案例

一、知识要点 ……………………………………………………… （21）

二、习题巩固 ……………………………………………………… （22）

三、案例分析 ……………………………………………………… （24）

四、延伸阅读 ……………………………………………………… （38）

五、实践实训 ……………………………………………………… （39）

六、参考答案 ……………………………………………………… （40）

七、附录 …………………………………………………………… （43）

50 / 第三章　访谈法案例

一、知识要点 ·· (50)

二、习题巩固 ·· (51)

三、案例分析 ·· (53)

四、延伸阅读 ·· (64)

五、实践实训 ·· (66)

六、参考答案 ·· (67)

71 / 第四章　投影技法案例

一、知识要点 ·· (71)

二、习题巩固 ·· (72)

三、案例分析 ·· (74)

四、延伸阅读 ·· (85)

五、实践实训 ·· (85)

六、参考答案 ·· (86)

91 / 第五章　观察调查法案例

一、知识要点 ·· (91)

二、习题巩固 ·· (91)

三、案例分析 ·· (94)

四、延伸阅读 ·· (103)

五、实践实训 ·· (103)

六、参考答案 ·· (105)

109/ 第六章　实验调查法案例

一、知识要点 ·· (109)

二、习题巩固 ·· (110)

三、案例分析 ·· (112)

四、延伸阅读 ………………………………………………………（127）

五、实践实训 ………………………………………………………（128）

六、参考答案 ………………………………………………………（129）

133/ 第七章　抽样调查法案例

一、知识要点 ………………………………………………………（133）

二、习题巩固 ………………………………………………………（133）

三、案例分析 ………………………………………………………（136）

四、延伸阅读 ………………………………………………………（149）

五、实践实训 ………………………………………………………（149）

六、参考答案 ………………………………………………………（151）

155/ 第八章　定性预测法案例

一、知识要点 ………………………………………………………（155）

二、习题巩固 ………………………………………………………（156）

三、案例分析 ………………………………………………………（158）

四、延伸阅读 ………………………………………………………（171）

五、实践实训 ………………………………………………………（172）

六、参考答案 ………………………………………………………（173）

177/ 第九章　时间序列分析法案例

一、知识要点 ………………………………………………………（177）

二、习题巩固 ………………………………………………………（177）

三、案例分析 ………………………………………………………（180）

四、延伸阅读 ………………………………………………………（196）

五、实践实训 ………………………………………………………（197）

六、参考答案 ………………………………………………………（198）

203/ 第十章　回归分析预测法案例

一、知识要点 ……………………………………………………（203）

二、习题巩固 ……………………………………………………（204）

三、案例分析 ……………………………………………………（206）

四、延伸阅读 ……………………………………………………（217）

五、实践实训 ……………………………………………………（218）

六、参考答案 ……………………………………………………（219）

市场调查与预测
案例集

223/ 后记

第一章

文献调查法案例

一、知识要点

　　文献调查法，又称案头调研，是指通过查找文献收集有关市场信息的调研方法，是一种间接的、非介入式的市场调查方法。其优越性体现在：适用范围广，可以覆盖各种类型的市场调查；受控因素少，调查过程灵活；省时省费用，成本低廉；调研对象为无反应的文献，不受调查者主观影响。其局限性则体现在：文献的时效性和准确性可能受到影响；某些市场信息可能无法通过文献调查法获得；受到文献所处时代和作者素质的影响；对调查者的文献分析能力和专业知识要求较高。

　　文献调查法所收集的资料及数据主要为二手数据。二手数据的价值主要体现在：①能够提供低成本的信息，可用于经常性的调研；②收集不受时间、空间限制；③能够帮助调查者发现营销问题或机会；④能够为实地调研创造条件。二手数据可以从多个角度进行分类：①按文献载体形式分类，可分为印刷型文献、缩微型文献、电子型文献以及声像型文献；②按照文献出版形式分类，可分为图书、期刊、报纸、会议文献、学位论文等；③按文献加工深度分类，可分为零次文献、一次文献、二次文献、三次文献；④按照企业内外部进行分类可分为企业内部文献或资料来源、企业外部文献或资料来源。其中，企业内部文献或资料来源包括销售记录、进货单、统计报表、内部报告及技术文档等；企业外部文献或资料来源则包括国家统计局和各级地方统计部门发布的统计公报和统计年鉴，各类经济信息部门、行业协会和联合会提供的信息公报，国内外报刊、电视等大众传播媒介，国际组织、外国驻华使馆、国外商会等提供的统计公告或交流信息，国内外博览会、交易会、展销订货会等营销性会议，以及专业性、学术性会议的文件和资料，研究机构、高等院校发表的学术论文和调查报告等。

　　需要注意的是，文献调研法所用文献一般需要满足四个条件，即有用性、全面性、多样性及连续性。有用性是指文献符合调研项目需要；全面性则是指所收集的文献应尽可能多角度、多层面、多阶段、多语言，内容丰富；多样性则体现在所收集的文献形式应尽可能多样；连续性意味着所收集的文献在时间上应具有连续性和及时性，能够体现所研究现象的发展变化过程，能够给研究者在纵向维度上提供足够多的参考。

文献调查的流程主要包括七个阶段，分别为明确研究目的和范围、建立文献调查的框架、收集文献资料、筛选和鉴别文献资料、整理和编制文献资料、分析和总结文献资料及撰写文献综述或评论。

二、习题巩固

（一）单项选择题

1. 关于文献调查法，下列说法正确的是（　　）。
    A. 参与性
    B. 非介入性
    C. 历史性
    D. 现时性

2. 文献调查法中最常用的查找文献的方法是（　　）。
    A. 实地观察
    B. 调查问卷
    C. 检索工具查找法
    D. 实验法

3. 当研究对象在国外或因其他各种原因而难以直接访问时，适宜采用（　　）。
    A. 实验法
    B. 问卷法
    C. 访谈法
    D. 文献法

4. 文献调查法的特点表现为（　　）。
    A. 需要大量研究人员
    B. 费用较高
    C. 需要特别设备
    D. 费用较低

5. 下列关于文献调查法的评价，表述错误的是（　　）。
    A. 文献调查法具有间接性、无反应性的特点
    B. 文献调查法的费用较低、效率较高
    C. 文献调查法可以研究那些年代久远且无法再现或接触不到的调查对象
    D. 文献调查法容易受到时间与空间的限制

6. 在社会调查中，（　　）具有特殊的地位，是最基础的、用途最广泛的收集资料的方法。
    A. 问卷调查法
    B. 访谈调查法
    C. 文献调查法
    D. 观察调查法

7. 文献调查法主要用于（　　）资料的收集。
    A. 原始数据
    B. 实验结果
    C. 已有文献
    D. 访谈记录

8. 不同的文献类型中，包含对原始研究结果的二次分析和总结的是（　　）。
    A. 一次文献
    B. 二次文献
    C. 三次文献
    D. 零次文献

9. （　　）通常包含研究对象的最新研究进展。

    A. 综述文章　　　　　　　　　　B. 教科书

    C. 会议论文　　　　　　　　　　D. 学位论文

10. 下列选项中，（　　）不属于文献调查法的应用范畴。

    A. 了解与调查课题相关的已有研究成果

    B. 预测未来社会趋势

    C. 验证假设的合理性

    D. 分析社会现象的历史演变

（二）多项选择题

1. 文献调查法的具体步骤包括（　　）。

    A. 建立索引　　　　　　　　　　B. 制定调研方案

    C. 查阅和记录文献资料　　　　　D. 对文献的核实及分类登录

    E. 选择并了解访谈对象

2. 下列关于文献调查法的阐述，说法正确的是（　　）。

    A. 文献调查法是一种间接的、非介入式的调查方法

    B. 文献调查法不需要制定明确的调查课题、划分调查范围

    C. 文献调查法通常包括明确调查课题、选择检索工具、确定检索途径和方法
       等步骤

    D. 文献调查法只适用于社会科学领域的研究

    E. 文献调查法可以帮助节省时间和费用

3. 文献调查法的优点包括（　　）。

    A. 适用范围广　　　　　　　　　B. 实时性强

    C. 受控因素较少　　　　　　　　D. 调查结果具有主观性

    E. 耗费成本较低

4. 关于文献调查法的应用，说法正确的是（　　）。

    A. 文献调查法主要用于社会科学领域的研究

    B. 自然科学领域不适用文献调查法

    C. 文献调查法可以帮助研究者了解某一领域的研究现状

    D. 文献调查法通常不涉及实地调查

    E. 能够通过文献阅读直接发现新技术或创新点

5. 在进行文献调查时，以下因素需要考虑的是（　　）。

    A. 文献的可靠性和权威性　　　　B. 文献的时效性和相关性

    C. 研究者的个人经验和观点　　　D. 研究问题的具体性和明确性

    E. 实地观察和访谈的可行性

6. 以下方法中，可以用于文献检索的是（　　）。

    A. 街头采访　　　　　　　　　　B. 图书馆目录检索

    C. 学术数据库搜索　　　　　　　D. 引用追踪法

    E. 问卷调查

7. 文献调查法在分析文献时，可能遇到的挑战包括（   ）。

    A. 文献质量参差不齐　　　　　　　B. 实地调研条件受限

    C. 文献信息不全或存在偏差　　　　D. 文献数量庞大，难以全面分析

    E. 访谈对象不配合

8. 文献调查法的信息来源包括（   ）。

    A. 国家统计局发布的统计公报

    B. 各行业协会和联合会提供的信息公报

    C. 国内外报刊和电视等大众传播媒介

    D. 实地访谈和观察

    E. 工商企业内部资料

9. 以下关于文献调查法的陈述，正确的是（   ）。

    A. 文献调查法是一种间接的调查方法，通过搜集和分析已有文献来获取信息

    B. 文献调查法通常不需要进行实地调查或访谈

    C. 文献调查法仅适用于社会科学领域的研究

    D. 文献调查法的主要步骤包括建立索引、制定调研方案、查阅和记录文献资料、对文献的核实及分类登录

    E. 文献调查法能够实时反映市场情况

10. 文献调查法在研究过程中的作用包括（   ）。

    A. 确立研究问题的背景和重要性　　B. 识别研究领域的空白和争议点

    C. 验证或反驳已有理论假设　　　　D. 直接测量变量的关系

    E. 预测未来市场趋势

三、案例分析

案例一：世界那么大，出游者为何来这"看世界"？

    随着近年来我国经济水平的显著提升，人民群众对生活品质的追求也迈上了新的台阶。在物质生活日益丰富的同时，人们对于精神世界的需求日益增长，特别是在生活节奏不断加快、工作压力持续加大的背景下。旅游作为一种有效的减压方式，愈发受到社会各界的青睐，这一趋势直接推动了我国旅游业的蓬勃发展，旅游业成为拉动内需、促进经济增长的重要引擎。2023 年我国旅游业展现出一定的活力与潜力，最新统计数据显示，全年国内旅游出行人数突破 48 亿人次，同比增长 93.3%，国内游客出游总花费 4.91 万亿元，比上年增加 2.87 万亿元，同比增长 140.3%，旅游业显示出强大的市场韧性和消费潜力，为我国经济社会的全面发展注入了强劲动力①。

    旅游业的快速发展不仅满足了人民群众的多元化需求，也为旅游目的地带来了显

---

① 资料来源：《中国国内旅游发展报告（2023—2024）》。

著的经济效益和社会效益。一方面，旅游业的繁荣直接增加了就业岗位，从导游、酒店服务到餐饮、交通、零售等多个行业，均因旅游业的兴起而蓬勃发展，有效缓解了当地的就业压力，提升了居民的收入水平；另一方面，大量游客的涌入带动了当地经济的快速增长，无论是门票收入、住宿餐饮消费，还是特色产品销售，都极大地促进了地方财政收入的增加，为基础设施建设、公共服务提升及文化传承保护提供了坚实的资金支持。

新疆巴音郭楞蒙古自治州（简称"巴州"）拥有得天独厚的特色旅游资源，令众多旅游者心驰神往。巴州的自然风光堪称一绝，从浩瀚无垠的巴音布鲁克草原，到雄伟壮观的博格达峰雪山，再到碧波荡漾的天鹅湖，每一处都是大自然精心雕琢的杰作，这些自然风光共同编织出一幅幅令人心旷神怡的画卷。此外，巴州还蕴藏着丰富的历史文化宝藏，如神秘的楼兰古城遗址，见证了古代丝绸之路的辉煌与沧桑；丰富多彩的蒙古族、维吾尔族等少数民族文化，通过舞蹈、音乐、手工艺品等形式，展现着独特的民俗风情和深厚的文化底蕴，让游客在体验中感受到文化的多元与魅力。然而旅游市场竞争日益激烈，拥有独特旅游资源的地区众多，如何进一步基于市场需求打造旅游项目以及吸引游客到访是巴州旅游业亟须思考的难题。

基于上述原因，新疆 QN 团队于 2024 年利用文献调查法展开调查，旨在厘清国内出游者的旅游活动特点，以及影响游客选择旅游产品的关键因素，从而为巴州旅游业制定发展策略提供有力支持。

（一）旅游业现状

Fastdata 极数发布的《中国乡村旅游发展白皮书》（下文简称《白皮书》）显示，2019 年我国国内旅游收入占到全国 GDP 的 5.8%，后受疫情影响，旅游业在经济活动中的重要性有所下降，2022 年国内旅游收入仅占 GDP 的 1.7%。但旅游行业整体呈现抬头向好发展趋势，2024 年一季度，国内旅游人数达 14.19 亿人次，同比增长 16.7%；旅游收入达 1.52 万亿元，同比增长 17.0%，创历史新高，旅游业占 GDP 的比重恢复至 5.1%。值得一提的是，2024 年一季度中，国内次均旅游支出为 1 071 元，创历史新高，并且无论是城镇地区还是乡村地区，居民次均旅游支出均显著高于往年，城乡居民双轮驱动旅游业高速发展。由此可见，我国旅游业呈现蓬勃发展态势，市场需求旺盛。

（二）国内出游者旅游活动特点

1. 小城旅游成为新时尚

小城旅游成为新时尚具体体现在新增景区数量变化、旅游订单等方面。

新京报、贝壳财经联合中国旅游协会休闲度假分会于 2024 年 7 月发布的《2024 中国"宝藏小城"旅游报告》（简称《报告》）显示，2023 年 12 月至 2024 年 7 月，有 10 个省份新增 4A 级景区共计 127 个，其中 65.4% 的景区所在地为县城或县级市，有 7 个省（自治区）的县域景区数量占比超过 50%。其中，西藏自治区的新增县域 4A 级景区占比高达 89%。

华住集团数据显示，全国三线及以下城市中，2024 上半年热门小城分布于 25 个省份，受北京周边游带动，河北省热门小城数量最多，其次是江苏省和山东省。热门县域景区则集中于江浙地区，具体体现在 2024 年上半年热门县域中，42% 的县域景区集中于江浙地区，第二是河北，第三是云南。

旅游市场下沉化趋势，体现在旅游订单同比增速上：一、二线城市增速慢于三、四线城市，三、四线城市增速慢于县域市场。携程平台数据显示，2024年，洛阳、秦皇岛、威海、桂林、开封、淄博、黄山、泰安、上饶等是比较热门的三、四线城市目的地，旅游订单平均增长11%；安吉、桐庐、都江堰、阳朔、弥勒、义乌、婺源、景洪、昆山、平潭是热门县域旅游目的地，旅游订单平均增长36%。

2. 小镇旅游中，中青年消费群体为主力

2024年第一季度，中青年消费群体为乡村旅游市场的主力群体。具体而言，"80后"作为社会中坚力量，以其深厚的消费能力和对乡村文化、自然风光的独特偏好，成为乡村旅游市场的绝对主力军。2024年第一季度，该年龄段游客数量高达1.95亿人次，稳居各代际游客人数榜首，充分体现了这一群体对于休闲度假及体验乡村慢生活方式的热衷。

紧随其后的是"90后"群体，他们以1.51亿人次位列第二。"90后"作为互联网原住民，不仅善于利用数字化工具规划旅行，还更加追求个性化、差异化的旅游体验。

值得注意的是，"00后"游客群体虽然总人数上稍显逊色，仅有1.11亿人次，但其同比增速却高达6%，这一数字在所有代际游客中拔得头筹，展现出了强劲的增长势头和巨大的发展潜力。"00后"作为新时代的年轻群体，他们更加开放、勇于尝试，对乡村旅游中的新奇体验、生态环保、文化探索等方面表现出浓厚的兴趣。他们逐渐步入社会，拥有更多自主消费的能力，预计将在未来乡村旅游市场中扮演更加重要的角色，成为推动乡村旅游转型升级的重要力量。

3. 旅游模式更加多样化

随着"00后"逐渐成为旅游群体的生力军，旅游模式也出现了新的变化。出游者们（特别是青年游客）不再局限于"跟团游""打卡热门景区"等常规旅游形式，City Walk、特种兵式旅游以及深度旅游等受到出游者们的青睐。根据小红书发布的《2023年度旅行趋势报告》，"City Walk""文化游""特种兵""听劝"等成为2023年小红书旅游热词。"City Walk""45°躺平""反向旅游"等热词体现出出游者对旅游过程深度、广度、舒适度的更高要求。出游者们也不再仅仅满足于看景，而更想要以自己喜欢的方式度假。

4. 新中式旅游备受青睐

2024年以来，以参观文博场馆、探访古城古镇、参与传统文化活动、观赏非遗技艺、体验汉服妆造、购买国潮文创等文旅活动为代表的"新中式"旅游越来越受到游客欢迎。

据新华社2024年5月18日报道，2024年"5·18国际博物馆日"中国主会场活动开幕式上，国家文物局发布的相关数据显示，2023年全年我国博物馆举办展览4万余个、教育活动38万余场，接待观众共计12.9亿人次，创历史新高，全年新增备案博物馆268家，全国博物馆总数达6833家，位居全球前列[①]。

---

① 新华网. 新华社权威快报！创新高！2023年全国博物馆接待观众12.9亿人次. [EB/OL]. (2024-05-18)[2024-09-10]. http://www.xinhuanet.com/20240518/c80f9511225d4b78a234ab613bdb06ce/c.html.

中国旅游研究院发布的《2024中国古镇旅游发展指数报告》显示，古镇旅游成为大众旅游发展阶段游客重要的出游选择，在课题组的调研中，93.4%的受访者表示参与过古镇旅游。

同时，2024年各类民俗活动成为旅游新热点，各地举办了各种非遗展览、展演、市集、赛事、民俗等活动，游客能够参与互动，体验优秀传统文化的魅力。中国旅游研究院专项调查显示，2024年端午节期间，96.2%的游客体验了文化项目[①]。

（三）游客选择旅游产品影响因素分析

1. 旅游资源及商务因素

旅游资源主要包括自然风景旅游资源和人文景观旅游资源，其中自然风景旅游资源包括地貌、水文、气候、生物四类，人文景观旅游资源则分为人文景物、文化传统、民情风俗、体育娱乐四种类型。

旅游资源对于出游者具有天然的吸引力，《2024中国"宝藏小城"旅游报告》显示，热门小城或县域往往以"独特在地资源"出圈，如浙江省湖州市德清县以集民宿及度假酒店群、著名的度假区莫干山及采茶资源吸引出游者；威海、大理、登封、菏泽则是老牌旅游目的地，其中登封嵩山少林寺长盛不衰，菏泽牡丹频频出圈。

旅游资源的自然属性使得旅游活动具有一定的季节性，有商务资源的县域客流和热度则比较稳定。亚洲旅宿大数据研究院（ABN Data）数据显示，43%的游客以商务洽谈为目的前往小城，由于许多小城具有产业集群效应，近一年有37%的商务人群前往超过4次。

2. 文化因素

据携程平台监测，目前"新中式"旅游的受众主要分两类："95后""00后""特种兵"群体以及亲子家庭。前者以青年人居多，有文化自信，也有超强的行动力。后者是亲子家庭，"新中式"旅游成了亲子家庭精彩生动的"书本教育旅行"，父母期待在旅途中让孩子学习中国传统文化，进一步培养民族自信心，开阔孩子的眼界。

另外，热门影视剧对部分地区的旅游带动效应也很显著，许多出游者因为一部剧，奔赴一座城。如电视剧《去有风的地方》开播一周，带动大理、沙溪等地旅游，云南相关搜索量快速上涨，其中"大理"增长近2倍，"沙溪古镇"增长超过10倍，"凤阳邑"则急速上涨至50倍。百度指数显示，"云南""大理"百度指数峰值较一个月前增长近2倍，"沙溪古镇"增长近4倍。同时，携程发布的《2023年春节旅游市场预测报告》显示，预订2023年春节假期目的地为云南的整体旅游订单量同比增长238%，订单均价同比增长25%，2023年春节云南旅游订单交易额及预计旅游人次排名分别居全国第2位、第1位。与此类似，电视剧《繁花》带动了上海旅游、电视剧《我的阿勒泰》则大力拉动了阿勒泰地区旅游。

3. 短视频平台

中国互联网络信息中心（CNNIC）发布的第53次《中国互联网络发展状况统计报

---

① 央视网. 403.5亿元、6.16亿人次……数据看假期消费 各地文旅市场热潮涌动 [EB/OL]. (2024-06-11) [2024-09-10]. https://news.cctv.com/2024/06/11/ARTIuv81CzbIveU0HLi6BMhc240611.shtml.

告》显示，截至 2023 年 12 月，我国短视频用户规模达 10.53 亿人。短视频平台凭借其海量用户基础，成为时下深化"互联网+旅游"的关键试验场，文旅传播形态和内涵通过短视频平台无限发散，短视频平台成为带动各地区旅游的宣推利器。如 2023 年爆火的"雪饼猴"，在短视频平台凭借其标准的普通话及有趣的互动带火了吉林长春旅游；淄博烧烤、贵州"村超"、天津"跳水大爷"、哈尔滨"冰与火之歌"等均是短视频带动周边旅游的实例。

4. 以小红书为代表的内容平台

以小红书为代表的内容平台对 Z 世代消费者具有较大影响力。不同于"银发族"偏爱利用线下旅行社获取信息、预定行程，成长于社媒时代的 Z 世代更习惯使用图文、视频来获取信息，拥有大量优质短视频、图文内容的小红书因此备受年轻群体的青睐。《每日经济新闻》联合慧辰股份于 2022 年做的调研显示，小红书、抖音、快手、B 站等图文视频类平台成为 Z 世代获取旅游信息的主要渠道，超越传统 OTA（ordered target area）平台。

典型案例：2024 年 5 月，山西、河南、福建三省文旅部门联合小红书，发起"古建进阶指南"话题活动，推出概念视频《古建是个笨东西》，并落地覆盖九座城市的 3 条进阶探古线路和配套集章打卡活动。新奇有趣的打卡玩法，吸引了更多年轻人参与进来探索"古建故事"，后续"搜集古建"相关话题曝光量破 2.5 亿，运城、福州、开封等地成为站内新晋热门古建打卡地。

（四）巴州旅游业发展建议

1. 充分利用现有旅游资源，完善旅游服务设施

巴州拥有令人叹为观止的自然风光，如巴音布鲁克草原的广袤无垠、博格达峰雪山的雄伟壮观、天鹅湖的碧波荡漾，这些自然景观是巴州旅游业的独特卖点。巴州应充分挖掘这些自然资源的潜力，通过科学规划与开发，打造一系列高品质的旅游项目。同时，完善旅游基础设施和服务体系，提升游客的旅游体验。具体措施包括：加强景区内交通、住宿、餐饮等配套设施建设，提供多语种导游服务，开发具有地方特色的旅游纪念品等，满足游客的多元化需求，提升巴州旅游的整体竞争力。

2. 策划丰富的民俗活动，充分将文化自信融于旅游产品设计

巴州不仅自然风光迷人，还蕴藏着丰富的历史文化宝藏，如神秘的楼兰古城遗址和丰富多彩的少数民族文化。巴州应充分利用这些文化资源，策划一系列具有地方特色的民俗活动，如民族节庆、手工艺展示、音乐舞蹈表演等，让游客在活动中感受巴州深厚的文化底蕴。同时，将文化自信融于旅游产品设计，通过开发文化旅游线路、推广非物质文化遗产体验项目等方式，让游客在旅游过程中进一步感受中国传统文化的独特魅力。这样不仅能增强游客的文化体验感，还能提升巴州旅游的文化内涵和吸引力。

3. 基于内容平台进行活动策划，多用户发布巴州相关图案、视频

在数字时代，短视频和内容平台已成为人们获取信息、分享生活的重要渠道。巴州应充分利用抖音、小红书等热门内容平台，开展一系列线上线下相结合的旅游宣传

活动。有关部门可以邀请知名博主、网红前往巴州进行实地体验，拍摄并发布精美的图片和视频内容，展示巴州的自然风光和人文魅力；同时，也可以鼓励当地居民和游客自发上传巴州相关的图片和视频，形成广泛的传播效应。此外，有关部门还可以与平台合作举办主题挑战赛、话题活动等，提高巴州的曝光度和话题热度。通过这些措施，可以有效提升巴州旅游的知名度，吸引更多游客前来探访。

问题：

1. 结合案例，分析文献调查法的各步骤是如何开展的。

2. 如何利用文献调查法进一步评估巴州旅游资源在全国范围内的独特性和竞争力？

3. 在文献调查过程中，如何识别影响游客选择旅游产品的关键因素？并基于这些因素为巴州旅游产品开发提出建议。

案例二：塔吉特的怀孕预测程序[①]

随着互联网技术的飞速发展，企业正以前所未有的精准度洞察消费者的内心世界。在大数据与人工智能的驱动下，各大电商平台、短视频平台及社交平台纷纷构建起庞大的用户行为数据库，通过深度学习与复杂算法，不仅能够捕捉用户的即时偏好，还能预测用户的潜在需求。这些企业基于详尽的数据分析，精准地勾勒出每一位用户的兴趣图谱，从而展开个性化的用户分析。从精准推送你急需的商品，到量身定制你钟爱的视频内容，再到让你在社交平台上无缝融入热门话题的讨论，每一个细节都彰显着"这些企业很懂你"的深刻内涵，让消费体验更加愉悦、服务更加个性化，真正实现了"千人千面"的精准营销与服务新境界。塔吉特公司早在22年前就已经开始探索并实施"因人施营"的竞争营销策略。

塔吉特公司，美国的零售巨头之一。前身为戴顿赫德森公司，成立于1962年，总部位于明尼苏达州明尼阿波利斯，拥有美国最时尚的"高级"折扣零售店，塔吉特也是其中之一。2023年8月，塔吉特以109 120百万美元（约合人民币7 834.82亿元）营收，入选2023年《财富》世界500强排行榜，排名第90位。

2003年，一位男子走进明尼阿波利斯的塔吉特超市，并大声喊道："我要见你们经理！我女儿还在上高中，你们却给她发婴儿衣服和婴儿床的优惠券？你们是在怂恿她怀孕吗？"这位父亲十分震惊与愤怒，超市负责人则十分迷茫，他查看了邮箱，发现超市确实给这位男性的女儿发过婴儿用品的优惠券，甚至还有孕妇装的广告。经理向愤怒的男子道了歉，并在几天之后再次打电话表示歉意。电话结果却令人意想不到，在电话里女孩儿的父亲有点不好意思，并说道"我和女儿聊了聊，家里发生了一些事，我不大知情。她的预产期在八月，上次很抱歉"。这件事发生在塔吉特超市提出"怀孕预测"模式的一年后。

塔吉特超市认为，大多数消费者不会在一家店里购买他所需要的全部东西，而是更有针对性，如他们可能更青睐于在杂货店里买杂货，在玩具店里买玩具，到塔吉特

① 路亮.《公司如何获悉你的秘密》翻译报告［D］. 北京：北京邮电大学，2014.

超市时往往是购买清洁用品、袜子、厕纸等日常生活用品。而塔吉特超市品类丰富，能满足顾客的众多需求。公司想让顾客觉得塔吉特完全能满足顾客的需求，但想要传递这个信息、改变消费者固有的消费习惯却十分困难。基于这样的背景，塔吉特公司认为，初为父母的消费者是一座宝库，能够有所突破，因为这一阶段的父母一般焦头烂额，手忙脚乱，其购物模式和所使用的品牌是可变的。孩子出生后，由于出生信息的公开性，这些新手父母将会被铺天盖地的促销、广告信息包围，这时塔吉特难以突出重围。如果在怀孕期间就能把广告传递给准妈妈，那么竞争就不会那么激烈，效果应该会更好。在这样的情况下，塔吉特通过统计分析进而向市场部提供怀孕消费者名单。

塔吉特会让消费者登记新生儿庆生的时间，在一定程度上等同于告知了塔吉特超市怀孕女性的预产期。塔吉特超市观察了这些女性在预产期来临之前消费习惯的变化，发现很多消费者都会购买润肤乳，但登记过新生儿庆生时间的女士在妊娠第二阶段开始之前都会购买大瓶装的无味润肤乳；同时在头 20 周，准妈妈们往往会开始补充钙、镁和锌之类的元素；一般购物者会买香皂、棉球，但是如果一个人突然开始买很多无味的香皂和特大号包装的棉球，以及洗手液和毛巾的话，这表明她的预产期可能快到了。塔吉特超市将数据在电脑里进行梳理运转，最终得出了 25 种产品，将这些产品一起分析之后，就可以给每一个顾客打出"预测怀孕"分。更重要的是，其可以预测孕妇的预产期。

在前期的几十年中，塔吉特超市收集了大量的客户信息。针对客户信息，塔吉特超市为每一个光顾的顾客设置一个客户 ID，用于识别顾客，并记录该用户的全部消费信息以及相关行为，如：使用了优惠券购物、填写了申请表、申请了退款、打开了塔吉特发送的邮件、访问了公司官网等。与客户 ID 相关联的还有顾客的其他信息，如年龄、性别、婚姻情况、是否有孩子、家庭住址、预计工资、与公司分店之间的预计距离、近期是否搬迁、使用的信用卡的类别、一般访问何种网站等。塔吉特超市还可以花钱购买消费者信息，包括民族、工作经历、杂志订阅、是否申请过破产、购房或卖房时间、曾就读的大学、一般在网上谈论的话题、偏爱的咖啡和纸巾等产品品牌、开展慈善活动情况、车辆拥有情况等。塔吉特超市拥有庞大且详细的客户数据库。

塔吉特超市将"怀孕预测程序"用于分析公司数据库的女性顾客，进而得到了一份可能怀孕的顾客名单，并有针对性地向这些顾客推送广告及具体的促销活动。塔吉特超市的这项程序让其营销活动更具有前瞻性及精准性，通过分析消费者数据，塔吉特超市的年营收从 2002 年的 440 亿美元增长到 2010 年的 670 亿美元。

问题：

1. 在上述案例中，塔吉特超市使用了哪些市场调查方法？
2. 结合案例分析，在进行市场调查实际应用时应该注意哪些问题？
3. 塔吉特超市的"怀孕预测程序"对现代零售企业有何启示？

案例三：老有所食

TCQ 食品有限公司自 2018 年成立以来，便致力于成为全国健康食品领域的佼佼者，专注于为婴幼儿、儿童及成年消费者提供安全可靠、高品质的营养解决方案与美味休闲选择，主要经营乳制品、奶粉、坚果及休闲食品。TCQ 食品有限公司在日常经营中秉承"品质至上，创新驱动"的核心理念，致力于通过科技创新与严格品控，匠心打造每一款产品，确保从牧场到餐桌的纯净与营养，为不同年龄段的消费者带来健康与美味的双重享受。同时，TCQ 食品有限公司坚持诚信经营，积极履行社会责任，不仅关注儿童成长，更致力于推动食品行业的可持续发展，共创绿色、健康的未来。TCQ 认为企业不仅仅是在生产食品，更是在传递健康、快乐与爱的生活方式。

2024 年，TCQ 食品有限公司计划实施一项重要的战略举措——进军老年人市场，以此进一步扩大经营领域，丰富产品组合，并增强企业的市场竞争力。为了确保这一策略的科学性和有效性，TCQ 决定采用文献调查法进行深入的市场调查，以全面评估进军老年人市场的可行性，并进一步确定相应的营销策略方向。因此，TCQ 市场调查团队计划从银发市场与银发食品市场概况、银发食品市场政策环境、银发食品市场消费特点、银发食品市场竞争环境四方面开展调查，最终形成企业营销策略建议。

（一）银发市场及银发食品市场概况

随着科学技术的不断发展，社会的不断进步及经济水平的不断提升，人口老龄化已经成为全球社会的必然趋势。当前，世界人口老龄化步伐加快，人口老龄化也是我国今后较长一个时期的基本国情。根据国家统计局数据，2023 年年底，我国 60 岁及以上人口为 29 697 万人，占比为 21.1%，其中 65 岁及以上人口为 21 676 万人，占比为 15.4%[①]。2018 年 7 月 19 日国家卫生健康委员会党组成员王建军表示，预计到 2050 年前后，我国老年人口数将达到峰值 4.87 亿人，占总人口的 34.9%。

人口老龄化的推进同样会给社会经济带来巨大影响，最直观的则是带动了银发经济的发展。所谓银发经济，是指向老龄阶段的人提供多元化和多样化的产品或服务，以及为老龄阶段做预备的一系列经济活动的总和。其不仅包含日常生活中的实际产品消费，也包含休闲娱乐等服务型消费。整体来看，银发经济涉及多种业态，横跨多元产业，拥有完整的产业链，覆盖从基本生活、康养保健、养老服务、休闲娱乐到智能科技等多个领域，是一个充满活力和潜力的新兴经济形态。近年来，中国银发经济市场规模呈现出稳步增长的趋势。自 2019 年至 2023 年，市场规模以每年约 13.2% 的复合年增长率增长，彰显了银发经济市场的迅速扩张态势。

《2019—2020 中国食品消费趋势及产品创新白皮书》显示，老年人的人均消费水平为 22 600 元，生活类消费为 15 560 元，其中 39% 是食品相关的消费，由此可见，银发食品市场潜力巨大。同时由于年龄、身体机能等方面因素的影响，老年人在食品领域格外注重保健食品的购买，对于保健食品的认识已经从"药品"定位发展至"日常食品"的有益补充的角色。《2024 年中国银发经济发展报告》数据显示，从 2019 年到

[①] 王萍萍. 人口总量有所下降 人口高质量发展取得成效 [N]. 中国信息报，2024-01-28 (2).

2023 年，我国养生保健食品市场规模已从 1 740.0 亿元增长至 2 159.2 亿元，复合年增长率超过 5%。

（二）银发食品市场政策环境

我国出台了一系列关于中老年食品发展的政策与标准，为银发食品行业可持续高质量发展提供了指引与规范。

2018 年，卫健委发布《食品安全国家标准老年食品通则（征求意见稿）》，面向全社会征求反馈意见，对老年食品做了初步的定义以及细分品类的范围，主要包括易食食品、老年营养配方食品和老年营养补充食品。

2024 年 1 月 15 日，国务院发布《关于发展银发经济增进老年人福祉的意见》，明确规定"鼓励研发适合老年人咀嚼吞咽和营养要求的保健食品、特殊医学用配方食品"。同时提出"鼓励支持地方培育传统优势食品产区和特色食品产业，特别是加大了老年食品、特色食品的供给。高钙奶粉、维生素矿物质片等营养膳食和保健食品有效满足了老年人的营养需求"。为食品企业提供了重要指引，鼓励其加强研发，推出更符合老年人口味和营养需求的食品产品。另外，提出大力培育银发经济经营主体，鼓励和引导国有企业结合主责主业积极拓展银发经济相关业务，发挥民营经济作用，完善政企沟通联系机制，打破不合理的市场准入壁垒，推动银发经济政策、资金、信息等直达快享。

2024 年 3 月 12 日，卫健委发布 47 项新食品安全国家标准和 6 项修改单。其中《食品安全国家标准 乳粉和调制乳粉》在乳粉和调制乳粉标准名称、特色奶畜乳粉要求、产品原料来源、活性菌种活菌数要求及产品标识等多方面进行了重要修订和完善，更能保障中老年人消费群体的权益，使乳粉更加规范安全，同时也为中老年奶粉市场健康发展进一步铺平了道路。

（三）银发食品市场消费特点

1. 钙片、奶粉、鱼油占半壁江山，补充钙质成为广泛需求

艾普思咨询发布的《2023 中老年保健品行业市场现状及营销洞察报告》显示，2023 年 10 月国内某主流电商平台中老年保健品中钙片交易额最高，占比为 17.9%，其次是奶粉、鱼油，交易额占比分别为 17.6%、15.0%，蛋白质/营养粉、维生素、鱼肝油、叶黄素等品类交易额也较高；根据保健品的功效进行分类统计后发现，补充维生素、补钙是中老年人最广泛的保健需求，相关产品交易指数分别为 840、794；护眼、调节免疫、护关节、降血脂、防骨质疏松类保健品需求也较高，交易指数均大于 100。

同时根据艾媒咨询公布的《2023—2024 年中国保健品行业研究及消费者洞察报告》数据同样显示强化型保健品（钙、铁、锌等）最受消费者青睐，占比为 64.6%，其次为增强免疫力型保健品（鱼肝油、牛初乳、益生菌等）以及营养型保健品（蛋白粉、蜂蜜、葡萄糖等）颇受市场消费者青睐，占比分别为 56.9%、52.9%。

两份行业报告透露出同样的信息：老年人在购买保健品时最为注重补钙，购买的产品以钙片、奶粉、鱼油等居多。

2. 想要美味与健康并存，青睐中药茶饮养生①

《消费日报》记者通过采访发现，多数老年消费者将味道与口感作为选择休闲食品的第一标准，当美味的零食同时具备某种养生功能，更受老年人的青睐。除此之外，许多中老年人还有特殊的饮食需求，如斋戒、素食、过敏等。中国商业联合会专家委员会委员赖阳认为，"孝心经济"对银发消费市场起到了重要的拉动作用，为父母购买老年零食正在成为重要的消费场景。子女在为父母购买零食时，在考虑口味的同时，也会重点考虑健康饮食需求。

另外，记者发现，中药养生茶饮以其独特的药食同源属性和健康功效，正悄然成为银发族养生的新宠。据统计，中国茶饮市场在过去九年实现了快速增长，从 2015 年的 422 亿元增长到 2023 年的 1 498 亿元，预计 2025 年将突破 2 000 亿元。在火热的需求下，诸多企业纷纷涉足茶饮行业，如同仁堂、国药集团等。

3. 线上平台释放活力

魔镜洞察发布的《2024 健康蓝海：揭示高增长保健食品赛道报告》显示，直销、商超和药店以及电商是保健食品三个主要的销售渠道。随着消费者健康意识的增强，保健相关知识的增长，消费者不再依赖口口相传的直销模式，药店和商超渠道也因其更高的定价和人流量的转移，占比不断缩小，电商渠道则凭借品类选择多样、方便快捷和价格优惠等优点，占比逐年提升；2023 年，保健食品在淘宝天猫、京东、抖音平台销售额达 1 154.5 亿元，同比增长 24.6%；分平台进行分析，淘系平台约占据 56% 线上份额，是消费者在线上购买的主要阵地。2023 年三大平台均实现增长，抖音平台增速最快，2023 年同比增长 100.4%。

另外，Quest Mobile 公布的《2023 银发经济洞察报告》数据显示，移动互联网银发人群用户规模已达 3.25 亿，全网占比提升 1.3%，是移动互联网流量增长的重点群体。老年人线上购物消费行为增多，在线上购物中，食品类商品网上零售额增长最快，增长额为 10.4%；同时，数据显示银发人群人均使用 App 时长达 127.2 小时/年，短视频及综合新闻资讯平台最为热门，其中，快手、抖音极速版以及网易新闻拔得头筹，银发人群已成为观看直播用户的重要力量；截至 2023 年 9 月，抖音、快手观看直播用户中，银发人群占比约为 23%。

（四）银发食品市场竞争环境

艾普思咨询发布的《2023 中老年保健品行业市场现状及营销洞察报告》显示，2023 年 10 月交易额超过 10 万元的品牌共计 57 个，前 10 名分别为：Swisse 斯维诗、汤臣倍健、Healthy Care 澳世康、Centrum 善存、钙尔奇、同仁堂、康恩贝、美可卓、佰澳朗德、朗迪，上述 10 个品牌 10 月交易额占比总和为 47%，由此可见，保健品行业集中度较高。另外，《2024 健康蓝海：揭示高增长保健食品赛道报告》同样显示，Swisse 斯维诗、汤臣倍健等品牌领跑保健食品；对 Swisse 斯维诗、汤臣倍健进行分析可以发现，Swisse 斯维诗主要凭借维生素、草本及矿物补充剂等产品稳居榜首，汤臣倍健则是作为国内膳食营养补充剂标杆品牌，位列线上市场前三的位置，两个品牌都具有

---

① 卢岳，王琦琛. 聚焦健康养生 银发休闲食品消费成蓝海［N］. 消费日报，2024-06-28（1）.

重点类目多的特点。

（五）TCQ进军老年人市场营销策略建议

1. 老年人保健品市场大有可为

中国银发经济市场规模正以稳定的年复合增长率扩大，其中保健食品作为重要组成部分，年复合增长率超过5%，市场规模不断扩大。同时，国家陆续出台了一系列支持中老年食品发展的政策措施，如《食品安全国家标准老年食品通则》和《关于发展银发经济增进老年人福祉的意见》等，为银发食品行业的高质量发展提供了指引与规范，进一步推动老年食品市场的规范化发展。同时，老年人对于保健品的多样性需求中的"补钙需求"与TCQ食品有限公司的经营领域能够较好契合。因此，TCQ食品有限公司进军老年人保健品市场可行性较高且大有可为。

2. 产品维度：聚焦钙质补充，打造更便捷、友好的产品

在产品开发层面，最大程度发挥企业原有优势，聚焦老年人的钙质补充需求，推出一系列专为老年人设计的补钙保健品。这些产品不仅应严格遵循国家食品安全标准，确保原料纯正、配方科学，还应特别注重产品的营养吸收效率与安全性，以满足老年人对高品质、高效能保健品的需求。同时，进一步优化产品配方与生产工艺，确保产品能够在补钙的同时，兼顾老年人的其他健康需求，如增强免疫力、改善睡眠等。

另外，考虑到老年人身体机能，结合《关于发展银发经济增进老年人福祉的意见》中关于"鼓励研发适合老年人咀嚼吞咽和营养要求的保健食品、特殊医学用配方食品"的政策导向，以及老年人在食品消费中想要美味与健康并存的特点，TCQ在进行产品设计时应注重打造更加便捷与友好的产品。具体而言，产品将采用更加便于携带的包装设计，方便老年人随时随地补充钙质；同时，产品形态将更加易于咀嚼与消化，以满足老年人因年龄增长而有的咀嚼与消化能力下降的问题。此外，TCQ公司还将注重产品口感的设计，力求在保证营养与功能性的同时，让老年人也能享受到较好的口感体验。

3. 渠道维度：线上线下同时发力

在渠道布局上，TCQ应采取线上线下齐头并进的策略，精准对接老年消费群体，进行全方位覆盖，进而实现市场快速渗透与品牌深度建设。线下渠道，聚焦商超、药店等老年人频繁光顾的场所，通过产品陈列与导购服务，近距离触达消费者需求。线上渠道亦不能轻视，除了入驻淘宝、京东等传统电商平台阵地外，更应积极入驻快手、抖音等短视频平台，并利用电商直播的即时互动与广泛传播力，推动产品曝光与销售转化。

问题：

1. TCQ食品有限公司为何选择文献调查法来评估进军老年人市场的可行性？

2. 你认为TCQ食品有限公司在利用文献调查法进行问题分析时有何可取之处？

3. 你认为TCQ食品有限公司在本次调查中在哪些环节还有改善空间？

四、延伸阅读

人工智能赋能文献管理全过程

随着社会、经济和科技的飞速发展，互联网被广泛地运用于各行业当中，为人们的日常活动提供了较大便利。然而，互联网巨大的信息量同样给人们获取信息带来一定的困扰，如在信息体量巨大的情况下，信息检索可能出现搜索结果信息量大，但是查询结果不准确、采集深度不够、信息展示无序化等缺点，同时存在信息阅读方面耗费时间长、耗费精力过多等问题。人工智能技术的出现，则让文献检索、阅读、分析与管理等工作变得更加便捷高效。

人工智能能够利用自然语言处理和机器学习算法快速筛选出相关文献，甚至自动提取文献中的关键信息，如研究方法、实验结果等，大大节省了研究者的时间和精力，提高文献分析的质量和效率。2023 年 5 月 30 日，2023 中关村论坛"人工智能驱动的科学研究"平行论坛上，基于大语言模型+向量数据库的文献知识库——Science Navigator 正式发布。这是一项让科研人员能够通过对话提问的方式进行文献检索、阅读、分析及管理的科研成果。该成果由北京科学智能研究院、中国科学院计算机网络信息中心、墨奇科技联合研发。Science Navigator 让文献检索进入 AI 模式，使得研究者能够更加"多（多模态、多模型、多数据）、快（查询快、导入快、迭代快）、好（数据更实时、引用更可靠、理解更专）、省（数据运算成本明显降低）"地完成信息检索[①]。2024 年，中国知网增加 CNKI AI 学术研究助手服务，其中包括问答式增强检索功能，让检索者仅需以自然语言提问，即可直接快速获得答案和解决方案。

文献阅读与分析是研究者进行资料收集与整理的重要步骤，往往耗时耗力。人工智能的加持则能够帮助研究者自动提取文献中的关键信息（如摘要、关键词、研究方法、主要结论等），并协助研究者按照研究主题、方法、结论等标准对文献进行分类归纳，提高研究者阅读效率。另外，人工智能能够处理和分析大规模数据集，识别模式和趋势，辅助研究人员在复杂数据中发现有价值的信息，帮助研究人员将数据转换为图表和图形，增强文献的可读性和说服力。如中国知网的 CNKI AI 学术研究助手服务同样包括 AI 辅助研读模块，能够实现对文章大纲、文章要点、研究方法、研究结论的快速提炼，对重要问题、相关问题进行进一步扩展，以及对参考、引证和相似文献进行推荐和摘要汇总，即时进行概念解释、中英互译、引用、复制、检索、问答等多维度辅助功能。

在文献分析的基础上，人工智能还能在一定程度上协助研究者构建论述框架，并基于文献内容和研究者设定的框架自动生成文献综述的文本，还能够根据研究者的写作目的及偏好进行文本深入的润色与优化，并根据研究者反馈进一步迭代优化，不断

---

① 何亮. 新工具让文献检索进入 AI 模式［N］. 科技日报，2023-05-31（2）.

微调文本内容，直至完全符合研究者的期望与标准。如中国知网的 CNKI AI 学术研究助手具有 AI 辅助创作模块，能够将研读文献时总结的资料引入成果创作，以对话的形式辅助写作，并实现扩写、缩写、改写、润色修改、概念解释、中英翻译等全面服务。

五、实践实训

（一）任务目标

通过本次实践实训，学生需运用文献调查法深入研究咖啡市场的消费者行为，分析不同品牌如何通过差异化策略吸引特定消费群体，从而帮助学生理解市场细分、消费者偏好及品牌定位的重要性，并提升其文献检索、数据分析及报告撰写的能力。

（二）任务描述

假设你是一家国产咖啡品牌的市场研究助理，公司计划进一步扩大市场份额，并考虑推出新产品或服务。你的任务是运用文献调查法，收集并分析我国咖啡市场的消费者行为数据、品牌差异化策略、市场趋势及潜在机会，为公司制定市场进入或扩张策略提供数据支持。

（三）实训步骤

1. 确定研究框架

首先明确调研目标——了解我国咖啡市场的消费者行为特征、品牌竞争格局、市场趋势及潜在机会，并制定详细的研究框架，包括消费者画像、购买动机、消费习惯、品牌忠诚度等方面。

2. 文献收集

利用专业数据库、行业报告网站、社交媒体分析工具等，广泛收集关于我国咖啡市场的文献资料，重点关注消费者调研报告、品牌案例分析、市场趋势预测等内容。

3. 文献整理与分析

对收集到的文献进行分类整理，提取关键信息。分析消费者行为模式，识别不同消费群体的特征和需求。评估现有品牌的差异化策略，包括产品定位、营销策略、渠道布局等。

4. 数据汇总与报告撰写

基于文献分析结果，整理成图文、表格等形式，便于理解和展示。撰写咖啡市场消费者行为分析与品牌差异化策略调研报告，包括研究背景、方法、主要发现、结论及建议等内容。

5. 汇报与讨论

以 PPT 形式进行小组汇报，展示调研过程和主要发现。

（四）考核记录表

姓名：

考核项目	评分标准	分值	得分
文献收集的广度与深度	收集的文献广泛涉及消费者行为、品牌差异化、市场趋势等多方面内容，引用文献的权威性较高，时效性和相关性较强	20	
文献整理与分析的透彻性	能够准确提炼出文献中的核心观点和数据，对于文献分析的工具及方式使用得当，剖析具有深度，见解独到	30	
报告撰写的专业性与逻辑性	报告内容齐全且格式标准，整体逻辑连贯，各部分之间衔接自然，论证有力，语言表达清晰、准确，无错别字和语法错误	30	
汇报表现与团队合作	团队分工合理，合作紧密，参与度均较高，协调一致。在汇报过程中表达清晰、流畅，具有条理性及逻辑性，能够灵活应对提问和讨论，展现出良好的应变能力和沟通能力	20	

六、参考答案

（一）单项选择题

1. 答案：B。文献法一般不需要直接与研究对象接触，不会在研究过程中影响或改变研究对象，因此它是一种非介入式的社会研究方法。

2. 答案：C。在文献调查法中，最常用的查找文献的方法是检索工具查找法，即利用已有的检索工具（如图书馆目录、数据库等）来查找相关文献。

3. 答案：D。文献法特别适用于研究那些由于各种原因而难以直接访问的研究对象，比如历史人物、国外的研究对象等。

4. 答案：D。文献研究一般不需要大量的研究人员，也不需要特别的设备，只要能够收集到足够多的文献资料，就可以进行研究，因此其费用相对较低。

5. 答案：D。文献调查法并不容易受到时间与空间的限制，反而能够克服这些限制。

6. 答案：C。文献调查法在社会调查中具有特殊的地位，是最基础和用途最广泛的收集资料的方法。

7. 答案：C。文献调查法主要用于收集和分析已有的文献资料。

8. 答案：B。二次文献通常是对原始研究结果的二次分析和综合，如期刊论文的摘要、综述文章等。

9. 答案：C。会议论文通常涉及最新的研究成果和进展，而综述文章、教科书和学位论文可能更多地关注某一领域的全面介绍或深入研究。

10. 答案：B。文献调查法并不直接用于预测未来的社会趋势，因为它主要依赖于过去的记录和已有的知识，而未来趋势的预测通常需要结合更多实时数据和预测模型。

（二）多项选择题

1. 答案：BCD。文献调查法的步骤包括制定调研方案、查阅和记录文献资料及对文献的核实及分类登录。

2. 答案：ACE。文献调查法是通过查找文献收集有关市场信息的调查方法，是一种间接的、非介入式的调查方法，其具体步骤通常包括明确调查课题、选择检索工具、确定检索途径和方法等。文献调查法的适用范围广，同时受控因素较少，可以做到省时、省费用并获得较精确的调查结果。

3. 答案：ACE。文献研究法的优越性体现在：适用范围广、受控因素少，调查过程灵活、省时省费用，成本低廉、调研对象为无反应的文献，不受调查者主观影响。

4. 答案：ACD。文献调查法既适用于社会科学领域，又适用于自然科学领域，其主要途径是通过已有文献展开调研。帮助研究者了解某一领域的研究现状是文献调查法的重要应用之一。

5. 答案：ABD。使用文献研究法时，文献的可靠性和权威性是评估文献质量的重要标准，文献的时效性和相关性则决定了文献对当前研究的有用程度。研究问题的具体性和明确性则指导文献的选择和分析过程。

6. 答案：CD。文献调查法的主要目的之一就是通过收集、整理和分析已有文献，帮助研究者了解某一领域的研究现状、主要观点、研究方法等。文献调查法是一种间接的调查方法，它主要依赖于已有的文献资料，而不是直接的实地调查。

7. 答案：BCD。文献检索的方法主要包括利用图书馆目录、学术数据库、引文索引等工具进行搜索，以及通过引用追踪法（查看某篇文献的参考文献和引文）来扩展文献来源。街头采访和问卷调查是收集原始数据的方法，不属于文献检索的范畴。

8. 答案：ACD。在分析文献时，可能面临的挑战包括文献质量的不一致性、文献信息可能不完整或存在偏差、文献数量庞大导致难以进行全面分析。实地调研条件受限和访谈对象不配合是实地调查或访谈法可能遇到的问题，与文献调查法不直接相关。

9. 答案：ABCE。国家统计局发布的统计公报、各行业协会和联合会提供的信息公报、国内外报刊和电视等大众传播媒介等均是重要的企业外部文献来源。如销售记录、财务报表等工商企业内部资料，则是重要的企业内部文献来源。

10. 答案：ABD。文献调查法正是通过对已有文献的收集和分析来获取信息，属于间接的调查方法。文献调查法主要依赖于对已有文献的研究，不需要进行实地调查或访谈。文献调查法的主要流程中不包括建立索引。

（三）案例分析题

案例一

1. 答案解析：文献调查法的步骤主要包括明确研究目的和范围、建立文献调查的框架、收集文献资料、筛选和鉴别文献资料、整理和编制文献资料、分析和总结文献资料。案例中具体体现了：①明确研究目的，明确研究的目标是为巴州旅游业的发展提供策略支持；②建立文献调查的框架，文献调查需要解决的问题包括国内旅游现状、国内出游者旅游活动特点、选择旅游产品的主要影响因素；③收集、筛选、整理相关文献资料，案例中无具体体现，但体现了分析和汇总文献资料，案例中运用了 Fastdata 极数发布的《中国乡村旅游发展白皮书》、新京报与贝壳财经及中国旅游协会休闲度假分会联合发布的《2024 中国"宝藏小城"旅游报告》等相关资料，并进行了观点分析和汇总，最终从三个方面对巴州旅游业提出了建议。

2. 答案解析：通过文献调查法，可以广泛收集关于国内各地旅游资源的资料，特别是与巴州类似的自然风光、历史文化等旅游资源的文献，如伊犁的那拉提、河北的丰宁坝上草原等。将这些资料进行对比分析，进而评估巴州旅游资源的独特性。另外，调查旅游市场的反馈数据以及游客评价，可以进一步分析巴州旅游资源的竞争力，确定其在市场中的定位和优势。

3. 答案解析：通过文献调查法，我们可以收集和整理大量关于游客行为、偏好和需求的资料。这些资料可能来自旅游研究报告、游客调查问卷、社交媒体反馈等多个渠道。在梳理这些信息时，需要特别关注影响游客选择旅游产品的关键因素，如旅游资源的独特性、旅游服务的便利性、旅游产品的性价比等。基于这些关键因素的分析，可以为巴州旅游产品的开发提供有针对性的建议，如提升旅游资源的保护与开发水平、优化旅游服务流程、推出符合市场需求的旅游产品等。

案例二

1. 答案解析：在本案例中，塔吉特公司使用了观察法及文献调查法。

观察法表现在塔吉特公司为了解怀孕后消费者的消费习惯，对已经登记新生儿庆生具体时间的消费者进行了行为观察，进而发现其在怀孕不同阶段的消费购买特点，为后续形成"怀孕预测程序"奠定基础。

文献调查法则体现在塔吉特公司充分利用企业内部资料并进行关联性分析，运用"怀孕预测程序"进行具体分析，进而梳理出了可能怀孕的人群。

2. 答案解析：塔吉特公司在案例中重点对企业内部资料的消费者消费行为及相关个人信息进行了分析与利用，在后期的调查与应用中应注意以下方面：①数据隐私与安全：在收集和使用顾客信息时，必须严格遵守相关法律法规，确保顾客的个人隐私得到保护。塔吉特公司虽然拥有庞大的数据库，但也需要确保数据的合法性和安全性。②数据质量：数据的准确性和完整性对于市场调查结果的可靠性至关重要。塔吉特公司需要确保数据库中的信息准确无误，并及时更新和维护。③反馈与调整：市场调查是一个持续的过程，需要根据实际情况不断调整和优化调查方法和策略。

3. 答案解析：塔吉特公司的"怀孕预测程序"带来的启示可能体现在以下方面：①数据驱动决策：现代零售企业应重视数据的收集和分析工作，通过数据分析来洞察消费者需求和市场趋势，从而做出更加精准和有效的决策。②个性化营销：通过数据分析技术，企业可以开展个性化营销活动，向目标客户推送定制化的产品和服务。这不仅可以提高营销效果和客户满意度，还可以增强客户黏性和忠诚度。塔吉特公司根据预测结果向孕妇推送相关优惠券和广告，实现了精准营销和个性化服务。③顾客体验优化：通过深入了解顾客需求和购物习惯，企业可以进一步根据分析结果不断优化商品结构、库存管理和服务流程等方面的工作，提升顾客体验和满意度。

案例三

1. 答案解析：TCQ 食品有限公司选择文献调查法来评估进军老年人市场的可行性，可能是出于以下几点考虑：①全面性与系统性：文献调查法能够系统地收集、整理和分析大量相关文献资料，帮助 TCQ 全面了解银发市场与银发食品市场的现状、趋势、政策环境及竞争态势。②成本效益方面：相较于实地调研或问卷调查，文献调查法成本较低，能够在较短时间内获取较为全面的信息，有助于 TCQ 在有限的资源和时间内作出科学决策。③参考性与指导性：政策文件、行业报告等文献资料具有较高的权威性和指导性，能够为 TCQ 制定营销策略提供重要参考。

2. 答案解析：可取之处主要体现在 TCQ 食品有限公司进行资料选择和交叉验证方面。一方面，TCQ 在进行资料选择时优先选用了国家统计部门、权威行业协会、知名咨询公司等发布的最新报告和数据，数据更具有权威性及可参考性；另一方面，为了避免数据的单一性和偏差，对于同一方面的信息，进行了不同来源的数据和观点的比对，以确保信息的准确性。例如：针对"钙片、奶粉、鱼油占半壁江山，补充钙质成为广泛需求"的观点，TCQ 就《2023 中老年保健品行业市场现状及营销洞察报告》以及《2023—2024 年中国保健品行业研究及消费者洞察报告》两份报告进行了对比与分析。

3. 答案解析：TCQ 在本次调查中可进一步改善的环节表现在银发食品市场消费特点维度。基于银发食品市场消费特点，聚焦营销策略层面，TCQ 主要针对老年人对于保健品的产品偏好、渠道选择两方面进行了较为详细的梳理与分析，而价格及促销偏好则有所忽视，若对价格及促销偏好展开调查与分析，则能够进一步提升本次调研的科学性与可参考性。

第二章

问卷调查法案例

一、知识要点

问卷调查法作为市场调查中不可或缺的数据收集手段，通过精心设计的问卷引导受访者表达其态度、行为与意见，为研究者提供了丰富的信息来源。该方法的核心在于问卷的设计与实施，其途径多样，包括现场面访、电话访问、邮件访问及在线调查等。虽然在线调查因其便捷性备受青睐，但现场面访以其直接性和互动性，仍占据主导地位。

问卷量表的构建是问卷调查的基石，其来源主要有二：一是借鉴前人的研究成果，这种方法的优势在于量表成熟度高，但可能不完全契合当前的研究需求，因此常需调整并通过严格的信度与效度检验；二是自行设计量表，这对专业性和严谨性有更高的要求，同样需通过信效度检验以确保其科学性和有效性。

实施问卷调查须遵循一系列严谨的步骤。第一，明确调查目标与对象，确保调查方向清晰；第二，根据目标与对象特点设计问卷，确保问题的针对性和适宜性；第三，通过预调查，检验问卷的可行性与有效性；第四，选择合适的调查方式，无论是线上还是线下，均须确保数据收集的高效与准确，若须调查员参与，则须进行专业培训；第五，发放问卷并密切关注回收情况，确保数据的完整与有效。

数据分析阶段，则运用多种统计方法深入挖掘数据价值。描述性统计分析概括数据特征，如频数、百分比等；推断性统计分析则基于样本数据推断总体特性，如假设检验、相关性分析等；交叉分析则进一步揭示不同变量间的复杂关系。

在问卷设计过程中，还须特别注意几个关键问题。问卷结构应清晰，分为前言与问题区域，前言须简明扼要地阐述调查目的与感谢之意；问卷长度须适中，根据调查方式合理控制作答时间；问题排列顺序须遵循逻辑性与板块划分原则，便于受访者理解与作答；语言运用须简明通俗，避免专业术语带来的理解障碍；语义则须明确无误，确保回答的一致性与可靠性。

问卷调查法通过科学的设计与实施流程，结合多样化的数据分析方法，为市场研究提供了强有力的数据支持。在实践中，注重问卷设计的每一个细节，确保数据的真实性与有效性，是提升调查质量的关键所在。

二、习题巩固

（一）单项选择题

1. 问卷调查法的主要目的是（　　）。

    A. 深入了解消费者的心理活动　　　　B. 收集消费者的详细个人信息

    C. 获取有关消费者态度和行为的信息　D. 评估市场竞争对手的实力

2. 在设计问卷时，最重要的是（　　）。

    A. 问题数量多　　　　　　　　　　　B. 问题难度大

    C. 问题明确、简洁　　　　　　　　　D. 问题具有引导性

3. 问卷调查法的优点之一是（　　）。

    A. 成本高　　　　　　　　　　　　　B. 样本代表性差

    C. 能够大规模收集数据　　　　　　　D. 数据收集速度慢

4. 实施问卷调查的关键步骤是（　　）。

    A. 设计问卷　　　　　　　　　　　　B. 选择调查对象

    C. 发放问卷　　　　　　　　　　　　D. 回收问卷

5. 在分析问卷调查数据时，通常采用的方法是（　　）。

    A. 仅进行定性分析　　　　　　　　　B. 仅进行定量分析

    C. 定性分析和定量分析相结合　　　　D. 以上都不对

6. 问卷中的问题类型一般不包括（　　）。

    A. 开放式问题　　　　　　　　　　　B. 封闭式问题

    C. 混合式问题　　　　　　　　　　　D. 引导式问题

7. 问卷调查法适用于（　　）。

    A. 探索性研究　　　　　　　　　　　B. 描述性研究

    C. 因果性研究　　　　　　　　　　　D. 以上都适用

8. 为了提高问卷的回收率，以下做法不正确的是（　　）。

    A. 增加问卷的长度　　　　　　　　　B. 提供适当的奖励

    C. 选择合适的调查时间　　　　　　　D. 确保问卷的易读性

9. 问卷设计中，问题的顺序应该（　　）。

    A. 从难到易　　　　　　　　　　　　B. 从易到难

    C. 随机排列　　　　　　　　　　　　D. 按照重要性排列

10. 下列关于问卷调查法的说法，错误的是（　　）。

    A. 可以在短时间内收集大量数据　　　B. 结果容易受到受访者文化水平的影响

    C. 能够准确反映受访者的真实想法　　D. 适用于对复杂问题的调查

（二）多项选择题

1. 以下属于问卷调查法优点的是（　　　）。
   - A. 样本代表性强
   - B. 数据收集速度快
   - C. 成本相对较低
   - D. 能够深入了解消费者心理
   - E. 问题标准化

2. 设计问卷时需要考虑的因素包括（　　　）。
   - A. 调查目的
   - B. 问题的逻辑性
   - C. 受访者的背景
   - D. 问卷的长度
   - E. 选项的设置

3. 在问卷调查的实施过程中，需要注意的事项有（　　　）。
   - A. 确保问卷的发放渠道广泛
   - B. 对受访者进行必要的说明和指导
   - C. 及时回收问卷
   - D. 对问卷进行审核，确保数据质量
   - E. 保护受访者的隐私

4. 数据分析时，可以采用的方法有（　　　）。
   - A. 描述性统计分析
   - B. 相关性分析
   - C. 因子分析
   - D. 聚类分析
   - E. 回归分析

5. 以下关于问卷调查法的说法，正确的是（　　　）。
   - A. 适用于大规模调查
   - B. 可以获取客观的数据
   - C. 问卷设计要科学合理
   - D. 能够全面反映市场情况
   - E. 结果容易受到受访者主观因素影响

6. 问卷设计中，问题的表述应该（　　　）。
   - A. 避免使用专业术语
   - B. 简洁明了
   - C. 避免歧义
   - D. 具有针对性
   - E. 符合受访者的认知水平

7. 提高问卷效度的方法有（　　　）。
   - A. 明确调查目的
   - B. 合理设计问题
   - C. 进行预调查
   - D. 对受访者进行筛选
   - E. 采用多种调查方法相互验证

8. 下列情况中，适合使用问卷调查法的是（　　　）。
   - A. 了解消费者对某产品的满意度
   - B. 探究消费者的购买动机
   - C. 调查市场份额
   - D. 研究消费者的消费习惯
   - E. 评估广告效果

9. 问卷的发放方式可以有（　　　）。
   - A. 邮寄
   - B. 电子邮件
   - C. 在线调查平台
   - D. 面对面发放
   - E. 电话调查

10. 分析问卷调查数据时，需要注意（　　　）。

    A. 数据的准确性　　　　　　　　B. 数据的完整性

    C. 异常数据的处理　　　　　　　D. 数据的时效性

    E. 数据的代表性

三、案例分析

案例一：重塑电梯未来：问卷带来的消费者心声探索与品牌再定位

（一）我国电梯行业现状

电梯是指以动力驱动，利用沿刚性导轨运行的箱体或者沿固定线路运行的梯级（踏步），进行升降或者平行运送人、货物的机电设备，电梯包括垂直运行的电梯、倾斜方向运行的自动扶梯、倾斜或水平方向运行的自动人行道。

垂直电梯一般按用途分类，包括乘客电梯、载货电梯、医用电梯、杂物电梯、观光电梯、车辆电梯、船舶电梯和建筑施工电梯等。另有按照驱动方式、运行速度、机房位置、运行速度等进行分类。自动扶梯有公共交通型、商用型，也可按提升高度、驱动装置位置、驱动控制方式等分类。

1. 我国电梯行业市场规模

电梯需求由新建地产的新梯需求、加装、存量更换、海外出口、轨交市场组成，观研天下数据中心统计数据显示，2023 年电梯整机销量 121.86 万台，市场规模增长至 1 557.77 亿元。另据中国电梯协会的数据，2022 年我国电梯销量 110 万台，其中新增需求 88 万台，更新需求 7 万台，另有出口 8.8 万台，家用电梯 6 万台。

近年来，随着我国城市化进程的加速、房地产市场的稳定发展，以及老旧建筑电梯更新改造需求的激增，电梯行业销售持续保持稳健增长态势。这一显著增长不仅彰显了市场需求的强劲动力，也凸显了电梯行业在技术创新、产品优化及市场布局方面的积极成效。

电梯属于特种设备，根据北京市关于电梯使用年限的有关规定，建筑物仅设计一部电梯（无备用梯）的，使用时间可达到 15 年；有备用梯的，使用时间则达到 18 年。2005—2008 年是我国房地产扩张周期的开始，电梯产量及增速创下新高，到 2022 年我国电梯保有量达到 964.46 万台。我国大部分电梯报废年限 15 年，因此国内住宅电梯 2023 年起逐步进入更新周期。

2. 我国电梯行业竞争格局

近年来，得益于房地产市场的繁荣、轨道交通项目的蓬勃建设以及机场设施的不断升级与扩建，我国电梯产业迎来了显著的发展契机，实现了快速而稳健的增长。这一系列大规模的投资活动，为电梯行业注入了强劲动力，推动了其技术革新与市场拓展。

我国电梯行业在早期发展缓慢，1950—1979 年，国内电梯生产企业仅 10 余家，产量仍然维持在较低的水平；1980 年开始，日立、奥的斯、三菱等国外主要电梯生产企业也纷纷与国内电梯厂家组建合资企业或设立全资子公司进入国内整机市场；2008 年，民族品牌开始逐步崛起，伴随着我国城镇化的不断推进，目前我国已经成为全球最大的新梯及存量市场。

我国电梯行业集中度较高，综合各品牌在中国市场的研发能力、产品质量、服务水平和顾客满意度等表现，我国电梯行业竞争企业可分为四个梯队：以奥的斯、三菱、通力为代表的外资品牌技术成熟、资金雄厚，在国内自主品牌尚未形成竞争力之时，迅速占领了市场，为第一梯队；迅达电梯、东芝电梯、蒂森电梯、富士达电梯等外资品牌的客户管理精细程度相对较弱，位于第二梯队；永大电梯、康力电梯、西奥电梯等本土电梯企业成为民族品牌的代表，经过多年的发展，研发能力、生产技术能力和质量管理体系水平都有了很大的提升，与外资品牌在技术上的差距逐渐缩小，竞争力逐渐增强，内资品牌市场占有率稳中有升，发展势头强劲，位于第三梯队；其他国内电梯行业的中小企业位于第四梯队。

3. 我国国产电梯品牌市场定位存在的问题

尽管我国电梯行业取得了举世瞩目的成就，但国产电梯品牌在市场定位上仍面临一些不容忽视的挑战与问题：

目前国际电梯品牌形成两大派系。以奥的斯、迅达、通力等为代表的欧美系电梯为独资企业，拥有超过百年的历史，这一派系以奢华、舒适、设计感强为特点，深受高端市场的青睐，机场、码头、五星级酒店、写字楼和公用设施等大型场地常常选择它们。以日立、三菱、东芝、富士达等为代表的日韩系电梯，凭借着出色的性能和合理的价格，更强调舒适、简约、安全、功能性，在全球市场上占据了一席之地，这些电梯品牌通常用于使用量较大的场所，如办公楼、医院、商场等。相比之下，国产电梯企业在品牌认知度上仍有较大提升空间，消费者在选择时往往更倾向于知名度高、口碑好的外资品牌。

电梯作为特种设备，其售后服务质量直接关系到消费者的使用体验和品牌忠诚度。然而，部分国产电梯品牌在服务网络建设、服务响应速度和服务质量等方面仍存在不足，影响了品牌形象的塑造和提升。因此，加强售后服务体系建设、提升服务质量，成为国产电梯品牌提升市场定位的关键所在。

（二）ZH 电梯公司介绍

ZH 电梯公司，自 2004 年创立以来，作为地方国有企业的佼佼者，坐拥 3.2 亿注册资金与 14 亿资产规模，汇聚近 600 名精英，是某省电梯全产业链的领航者，集设计、制造、销售、安装、改造及维保于一体，并荣获国家级高新技术企业认证。公司不仅是省内唯一的电梯技能培训与鉴定中心，还引领西南地区电梯职业技能教育的发展。

ZH 电梯下设双翼子公司，产品线覆盖电梯与智能高低压设备两大领域，电梯系列全面，包括各类客梯、医梯、观光梯等，以及智能变电系统等成套设备，其中"ZH牌"电梯与"ZH 电控"设备均获省级名牌殊荣。公司持有电梯行业的顶级 A 级资质，荣获多项省级荣誉，是智能制造与大数据应用的先锋。公司自主研发的电梯物联网平台，实现 24 小时智能监控与故障预警，将安全标准推向新高。同时，公司遵循 ISO9001 及 CCC 国际标准，产品广受政府及市场青睐，被列入多项优先采购目录。

（三）ZH 电梯公司市场定位现状

ZH 电梯公司，原是航空工业集团旗下的军工企业，其发展历程深深烙印着军工体系的印记。ZH 电梯公司早期依赖政府资源与地方优势，在所在省份内构建了稳固的市场基础。然而，这种策略限制了公司在全国范围内的品牌影响力与市场扩张能力，省外市场的渗透率与知名度提升缓慢。

转型为地方国企后，尽管迈出了市场化的关键步伐，ZH 电梯公司的市场策略与战略规划仍不自觉地沿袭了军工思维的惯性，倾向于被动响应市场需求，在产品创新的道路上，那份源自军工的严谨与执着依旧根深蒂固，其产品开发理念中，公司坚持着"可靠"与"耐用"的核心价值，以此作为品牌宣传的基石，向市场传递着坚实可靠的品质承诺。

然而，随着时代的变迁和国民经济的快速发展，消费者对于电梯产品的期待已不再仅仅局限于其基本的功能性与耐用性。在物质生活日益丰富的今天，人们开始追求更高层次的生活品质，对电梯的外观设计、美学体验等方面提出了更为细致与多元的需求。遗憾的是，ZH 电梯公司的营销策略在捕捉这一市场变化时显得略为滞后，未能充分关注并满足这一新兴消费群体对于电梯产品的新期待。

随着市场经济的深入发展，ZH 电梯公司迎来了前所未有的增长机遇。为突破地域局限，加速全国布局，公司积极调整销售策略，构建了省内直销与省外渠道商并举的销售网络，特别是在北京、上海等一线城市成功布局了渠道合作伙伴。然而，在市场开拓的蓝图上，ZH 电梯公司关于区域拓展的优先级与具体规划尚显模糊，原有的"占据省内30%电梯市场"的定位早已不符合现在 ZH 电梯的市场规划了，也难以满足公司当前及未来的战略需求。

综合上述分析，ZH 电梯公司的市场定位不清晰。ZH 电梯公司目前的市场定位只局限于公司业务的一部分区域上，公司把市场定位看作是产品这个单一的环节。但是，市场定位必须具有一个总体的观点，即通常所说的整体性。同时要将产品的开发、制造、营销等方面进行有目标的定位，并将所需的服务以及企业品牌、企业形象等多个方面进行高效地定位，从而实现围绕市场的企业整体综合定位。

（四）ZH 电梯公司问卷调查法的设计与实施

在当今竞争激烈的市场环境中，准确了解产品定位和市场需求对于企业的生存和发展至关重要。问卷调查法作为一种重要的市场调研工具，能够帮助企业收集大量的客户反馈和市场信息，为企业的决策提供有力支持。学者刘琦在自己研究内容中，使用问卷调查法，对 ZH 电梯公司的客户及内部员工进行调研，通过问卷对产品定位和市场需求有了更清晰的认识，为 ZH 公司的发展战略制定提供了重要依据。

1. 消费者调查问卷①

（1）调研目的：了解广大客户的基本信息及对 ZH 电梯公司产品购买的倾向性。

（2）调查对象：随机联系了330位已经有过合作的客户，发放问卷330份。

（3）问卷设计：问卷调查主要分为两个部分：第一部分是客户基本信息，其中主

---

① 刘琦. ZH 电梯公司市场定位及品牌传播策略研究［D］. 贵阳：贵州大学，2022.

要包含客户单位性质、从事项目所在地、采购过程中执行角色、所在单位在项目中的角色四个维度；第二部分是客户购买电梯产品的动机，主要从电梯装饰、核心技术、软件服务等方面进行。问卷设计详见附录 A。

（4）数据收集与分析：通过问卷星平台进行网络发放和回收，回收数量共计 320 个，有效问卷数为 302 个，有效率为 91.5%。信度与效度分析结果表明，数据的信度优秀，效度符合因子分析的需求。客户基本信息分析显示，公司当前客户主要以政府部门、国有企业为主，市场主要集中在某省内，客户普遍对接的不是决策者，宣传和市场定位缺乏直接性。客户动机分析提取出 3 个公因子，将客户动机分为高端需求型、中端务实型和低端经济型。

高端需求型客户对品牌知名度、功能配置、轿厢装饰、维保服务因素较为注重；中端务实型则是注重控制技术、物联网技术、产品可靠性、电梯速度、产品多样化；低端经济型注重性价比、安装服务、电梯安全性。

2. 企业内部调查问卷[①]

（1）调研目的：确立一个调研电梯市场需求的问卷来调研企业职员的想法，总结分析问卷结果来知悉电梯市场需求，这有利于企业对市场需求的理解更加完整，更加深刻理解现今市场营销的情况和难题。问卷结果更能研究分析电梯的市场需求，为 ZH 电梯公司进行市场定位提供更多依据。

（2）调查对象：这个问卷的主要使用者是 ZH 电梯公司的所有职员，这些职员包含营销职员、研究开发职员、产品售后职员、机械工程师等。这份问卷是关于 ZH 电梯公司的市场需求，所以这些职员和市场的关联最密切，他们对市场有更直接的把握。

（3）问卷设计：使用纸质问卷，让职员匿名客观分析评价 ZH 电梯公司的市场需求。问卷详见附录 B。

（4）数据收集与分析：共发放 60 个问卷，回收率达到 100%。调查结果显示，电梯市场需求因素多样，品牌知名度、产品质量稳定性、价格、售后服务等都是重要因素，且不同品牌、销售渠道和售后服务在市场中具有不同的优势和特点。

（五）ZH 电梯公司重新进行市场定位

根据前文的分析，确定 ZH 电梯公司的目标客户群体为中高端房产开发商、企事业单位。这部分群体对电梯的需求不仅仅是出于使用目的，更多的是要通过电梯产品展现企业的品牌、实力。因此，在市场定位中体现电梯品质优良的同时，还要体现装修高档、设计先进等方面的内容。

根据前文调查问卷的结果可知，客户对 ZH 电梯产品的关注点主要包括品牌知名度、功能配置、轿厢装饰、维保服务、控制技术、物联网技术、产品可靠性、电梯速度、多样化、性价比、安装服务、电梯安全性。综合上述关注点，将目标客户群体所关注的利益点结合营销四要素进行归纳：

（1）在产品方面，目标客户群体关注的是功能配置、轿厢装饰、控制技术、物联网技术、产品可靠性等几个方面，体现的利益点为技术先进、使用放心等方面。

① 刘琦. ZH 电梯公司市场定位及品牌传播策略研究［D］. 贵阳：贵州大学，2022.

（2）在价格方面，目标客户群体关注的是性价比，体现的利益点为售价合理。

（3）在渠道方面，目标客户群体关注的是维保服务、安装服务，体现的利益点为方便快捷。

（4）在沟通方面，目标客户群体所关注的是品牌知名度，体现的利益点为高端大气。客户比较关注的是品牌知名度、维保服务、轿厢装饰、功能配置这四个方面。

因此，ZH 电梯公司的整体市场定位为"具有军工血脉，为广大客户提供一流产品以及一流服务的电梯公司"，既能体现 ZH 电梯公司在维保服务的强大优势，又可以表达出 ZH 电梯公司力争上游的军工特色，传递可靠、上进、服务的价值理念。

（六）中国电梯市场的未来发展

科技的迅猛发展与环保意识的普遍提升，正引领电梯行业步入一场前所未有的转型变革之中。从数字化、智能化的深度融合，到绿色低碳的可持续发展，再到服务模式的不断创新，电梯产业正以前所未有的活力迈向新的发展阶段。

1. 电梯产业加速数字化转型，智慧升级引领新风尚

工业和信息化部于 2021 年明确指出，加速物联网基础设施的构建，特别是智能传感器、射频识别等技术在建筑领域的深度应用，为智慧电梯的蓬勃发展奠定了坚实基础。作为智慧建筑的核心组件，电梯正在经历一场深刻的变革，通过数智化手段解决传统电梯的效率瓶颈、维护难题、安全隐患及乘坐体验不足等问题。国内领军企业如上海机电、康力电梯、广日股份等，正积极响应这一趋势，加速布局电梯行业的智慧化未来。

2. 国产品牌崛起，中高端电梯市场版图重构

随着电梯市场步入"后电梯时代"，即维保、改造与更新成为行业新的增长点，国内品牌纷纷发力，在中高端市场的渗透率显著提升。2022 年，一场针对国内外知名品牌存量电梯的升级改造竞赛悄然展开，众多国产品牌如西奥电梯、康力电梯、快意电梯等，凭借技术创新与品质提升，在中高端住宅市场展开激烈角逐，不仅赢得了市场份额，更收获了消费者的高度认可，市场满意度节节攀升。

3. 技术创新引领电梯行业新航向

电梯行业的未来，无疑将深度绑定技术创新的车轮。物联网、大数据、人工智能等前沿技术的深度融合，正逐步将电梯推向智能化、网络化、信息化的新高地。物联网技术的应用，让电梯的运行状态一目了然，故障预警与快速响应成为可能，极大地提升了电梯的运行效率与安全性。而人工智能的介入，更是开启了电梯智能调度的新篇章，通过精准算法优化电梯运行路径，为乘客带来更加高效便捷的出行体验。

4. 绿色低碳成趋势，电梯服务模式创新求变

在绿色环保成为全球共识的今天，电梯行业亦积极响应绿色发展的号召，致力于实现电梯的绿色化、节能化。采用新能源、新材料，如永磁同步无齿轮曳引机等技术的应用，有效降低了电梯能耗，推动了行业的可持续发展。同时，服务模式的创新也是电梯行业未来发展的重要方向。面对消费者日益多样化的需求，电梯企业正逐步从单一的产品销售向提供综合的解决方案转变，涵盖电梯的安装、维护、改造等全方位服务，以更加灵活多样的服务模式满足市场的多元化需求。

问题:

1. ZH 电梯公司通过消费者调查问卷,发现公司当前客户主要以政府部门、国有企业为主,市场主要集中在某省内。这一结果对 ZH 电梯公司的产品定位有什么启示?

2. 根据消费者调查问卷中客户购买电梯产品的动机分析,ZH 电梯公司可以如何调整其市场策略?

3. 结合中国电梯未来发展趋势,请给 ZH 电梯公司提出发展建议。

案例二:完美日记通过抖音短视频广告策略实现华丽转身

(一)完美日记品牌的崛起

在过去的几十年间,我国化妆品市场经历了从本土品牌初绽到外来品牌强势入驻,再到如今本土品牌逐步回暖的显著变迁。在这一波澜壮阔的历程中,完美日记作为国产美妆界的一颗璀璨新星,仅用三年时间便跨越了年销售额十亿元的大关,直逼三十亿元,为国产化妆品行业的复兴之路铺设了坚实的基石。

自 2017 年成立以来,完美日记精准捕捉到了美妆行业迅速扩张的契机,依托卓越的产品品质与创新的营销策略,书写了品牌成长的传奇篇章。它精准定位国内年轻女性消费群体,深刻洞察亚洲肤质与审美偏好,打造出一系列既符合年轻人审美又易于上手的高品质美妆产品。完美日记秉持"美不设限"的品牌哲学,鼓励年轻一代勇于突破界限,勇敢追求自我风格与多彩人生。

完美日记的成功,离不开其精准的品牌定位、卓越的产品品质以及线上线下融合的全渠道营销策略。这一系列战略举措,共同推动了品牌年销售额的飞跃式增长,使完美日记迅速成为消费者心中的国货骄傲。在"颜值经济"日益盛行的今天,完美日记不仅满足了人们对美的追求,更以其前瞻性的品牌愿景,致力于成为美妆领域的新时代引领者,让每个人都能轻松拥抱美丽,探索生活的无限精彩。

作为时代的国货美妆代表,完美日记敏锐地捕捉到了时代的脉搏,聚焦于潜力巨大的彩妆市场与追求个性、热爱美丽的年轻群体,通过强有力的市场推广,实现了品牌的迅速崛起。完美日记的故事,是国产美妆品牌把握时代机遇、勇于创新突破的生动写照,完美日记为整个行业注入了新的活力与希望。

(二)完美日记抖音短视频广告策略

抖音短视频平台,以其独特的视觉冲击力和广泛的用户基础,正成为美妆品牌竞相追逐的热门广告阵地。在众多品牌中,完美日记凭借其前瞻性的市场布局与创新的营销策略,在抖音上大放异彩,不仅显著提升了产品销量,还极大地增强了品牌影响力。

作为美妆领域的佼佼者,完美日记深刻洞察了抖音平台的潜力,2018 年 7 月在抖音上发布首条视频,开启了其在短视频领域的深耕之旅。至今,完美日记已积累了超过 410 万的忠实粉丝,发布了近万条短视频作品,累计点赞量突破 3 000 万大关,这一成绩远超众多国际知名品牌,彰显了其在抖音平台上的强大号召力。

完美日记成功的秘诀,在于其精准把握了抖音用户的喜好与需求,通过多元化、趣味性和实用性的内容策略,实现了与消费者的深度互动。品牌官方账号不仅频繁更新短视频，保持内容的新鲜感与活跃度，还巧妙地将产品融入日常生活场景，通过直观展示产品的美丽与实用，激发用户的购买欲望。例如，"绝美的唇釉"系列短视频，就以强大的视觉冲击力展现了产品的独特魅力，获得了近 5 亿的播放量，极大地提升了品牌曝光度。

此外，完美日记还注重打造品牌形象 IP，通过"白胖子的高能搞怪日常"等短视频合集，塑造了一个既可爱又专业的品牌形象，拉近了与用户的距离。同时，品牌还紧跟社会热点，推出了一系列贴近女性生活与心理的短视频，如"关于女生的未解之谜"系列，引发了广大女性的共鸣与讨论，进一步巩固了品牌在女性消费者心中的地位。

在营销策略上，完美日记更是不断创新，与抖音平台深度合作，推出了"女王上场出色大赏"等热门话题活动，短时间内便收获了数十亿的播放量，极大地提升了品牌的曝光度与知名度。这一系列举措不仅展现了完美日记敏锐的市场洞察力与强大的执行力，也为其在竞争激烈的市场中脱颖而出奠定了坚实的基础。

完美日记在抖音平台上的成功并非偶然，而是其前瞻性的市场布局、创新的内容策略与精准的营销策略共同作用的结果。未来，随着抖音等短视频平台的持续发展，完美日记有望继续引领美妆行业的潮流风尚，为消费者带来更多优质、有趣的产品与服务。

（三）完美日记抖音短视频广告效果的问卷调查①

为了获得完美日记化妆品品牌抖音短视频广告效果的一手资料，学者蒋潘静采用了问卷调查法，对广告效果进行深度研究。在问卷设计方面，主要参考国内外的成熟量表以及相关文献，并结合研究对象的相关情况进行科学设计，问卷主要分为三个部分。

第一部分：这一部分主要是对本次问卷调查目的的介绍以及被调查对象个人基本信息情况的收集，主要包括年龄、性别、职业、学历、地区、收入等人口统计信息。

第二部分：这一部分是关于调查对象对化妆的态度、在日常生活中的化妆行为情况以及完美日记品牌的产品使用情况和品牌态度方面的问题。

第三部分：这一部分是对于完美日记抖音短视频广告效果的测量，主要从广告认知、广告态度和购买意愿三个角度出发，设计相应的问题对完美日记广告效果进行衡量。详见附录 C。

1. 问卷前测与调整

完美日记品牌的目标受众是 18～30 岁的年轻女性，本次调查对象主要是年龄在 18～30 岁频繁使用抖音并且有化妆需求的年轻女性。问卷通过问卷星平台制作，主要通过微信、QQ 等社交平台进行线上发放并且回收问卷。同时线上发放问卷的方式可以直接进行下载导入，大大降低了人工处理问卷所产生的误差，从而提高数据分析的准确率。在设计完成本次调查问卷之后，为了进一步确保问卷设计的科学性，学者蒋潘静对问卷展开了相应的前测工作。

---

① 蒋潘静."完美日记"抖音短视频广告策略研究 [D]. 南昌：江西财经大学，2021.

截至 2020 年 12 月 5 日，先进行小范围的问卷发放，共回收 150 份样本，其中有效样本数量为 131 份，有效率达到了 87.3%。样本分布中，男性样本数量为 25，占总体样本的 19.1%；女性样本人数为 106 人，占总体样本数的 80.9%，可以看出本次问卷调查主要以女性群体为主。人群年龄分布中，主要集中在 18~30 岁的年龄组，且 18~25 岁占比最高，达到 50%，与完美日记在抖音短视频上目标画像趋势基本一致。同时根据样本回答情况做出有效调整，确定了本次研究的最终问卷。

完美日记的问卷主要从广告认知、广告态度和购买意愿三个维度展开，旨在衡量其抖音短视频广告效果。通过问卷发现的问题及提出的改进措施，对于完美日记在抖音短视频广告效果和品牌形象上的改进具有重要意义。

2. 存在问题

（1）过度营销：广告内容同质化、频率过高，导致用户产生厌烦和抵触情绪。

（2）广告策略与发展不适配：随着抖音短视频广告进入成熟期，成本升高，完美日记原有的全覆盖广告策略成本过高，且获客成本增加。

（3）市场竞争激烈，众多品牌纷纷在抖音投放广告，完美日记原广告策略与发展阶段不匹配，且合作的 KOL① 难以传达统一的品牌形象，部分 KOL 宣传与品牌目标背道而驰。

（4）抖音广告本身的局限性：与娱乐搞笑、剧情类 KOL 合作，虽减少了用户对广告的抵触，但这类 KOL 的专业度和可靠性受到质疑，合作方式不当会让用户产生抵触，破坏品牌和达人形象，广告效果大打折扣。

3. 改善措施

经过问卷调查后，完美日记进行了如下改善：

（1）官方抖音号：紧扣品牌核心，制作精细内容。寻找更独特的品牌特色，围绕核心卖点进行宣传，提升品牌内涵。同时，培养专业的抖音团队，制作精细内容，优化视频文案，提高画面品质，增加用户点赞和评论数，提升话题热度。

（2）广告投放：优化受众反馈收集机制，定期进行策略升级。根据市场定价规则和自身发展目标，制定推广策略，把控广告内容质量，合理宣传，有效提升广告效果。收集用户反馈，根据反馈改进广告策略，提升产品品质和服务，实现品效合一。

（3）提升广告投放质量，有效传达品牌内涵：提高开屏广告和信息流广告等的质量，增强创意，减少广告给用户带来的不适感，提高有效阅读率和用户好感度。使信息流广告更具可读性和实用性，将广告"拟态化"于内容中，吸引用户兴趣并完成交互行为。同时，更具针对性地投放广告，减少对反感化妆品用户的投放。此外，与时俱进，创新发展，引进人才，创造新的营销爆点。

（4）KOL 合作：有效评估，科学选择。对 KOL 进行合理评估和科学选择，重视广告为品牌带来的正面效果，选择与品牌调性相符、能持续输出优质内容的 KOL 合作。这样的 KOL 能根据产品特色和品牌理念进行个性化表达，展示产品功效、用法和使用

---

① KOL（key opinion leader），即关键意见领袖，是指在某个领域或行业内拥有一定影响力和专业知识的权威人士。

体验，实现互惠共赢。同时，科学选择 KOL 可降低广告经费的无效投放，避免广告过多产生的不良后果。

（四）完美日记的今天、明天

长期以来，国内彩妆品牌往往难以摆脱"营销驱动"与"低价竞争"的标签，其背后折射出的是产品同质化严重、质量参差不齐的困境，这无疑限制了品牌的长期发展。然而，随着美妆行业步入微增长时代，一场深刻的变革正悄然发生。亿欧智库发布的《中国美妆科技创新应用研究报告》预测，全国化妆品零售市场将持续以 6.7% 的年复合增长率扩张，预计 2025 年市场规模将突破 4 718 亿元大关，这预示着行业新机遇的到来。

该趋势下，洞察消费者新需求和细分市场是企业发展的核心能力。而抢占细分市场，考验的是品牌的综合能力。其中，渠道策略和运营是品牌发展的加速器，深耕研发则是成为行业标杆的关键。具体来说，在功效至上的消费者需求更迭之下，美妆品牌的研发能力、综合科学力将是竞争的核心，以科技先行引领创新的发展模式将是破局点。

完美日记作为行业先锋，敏锐地捕捉到了这一趋势，以护肤品级的研发思维重构彩妆产品链，力求在自研能力上实现飞跃。2024 年 5 月 24 日至 26 日，备受瞩目的"2024 中国化妆品科学技术大会暨第十五届学术研讨会"在江苏无锡隆重举行。完美日记携手中国香料香精化妆品工业协会、上海交通大学医学院附属瑞金医院重磅发布"妆养一体"科研成果报告。作为行业首份"妆养一体"科研成果报告，该报告深入剖析了完美日记在"妆养一体"领域的开发思路，并展示了实践成果，引发行业高度关注与认可。

当前，中国消费者对彩妆的需求不断进阶，"彩妆产品护肤化"已逐渐成为新的趋势。根据英敏特 2024 年《妆养趋势分析报告》，91% 的受访者会关注底妆产品的活性成分，其中 76% 的人认为养肤粉底确实有护肤的效果；61% 的人表示在购买唇彩时会选择具有护肤功效的产品，更有 60% 的消费者愿意为有护肤功效的创新眼影付费。

在此趋势下，完美日记提出"妆养一体"的美学理念，开启了"上妆即养肤"的科研探索之路，更好地满足现代人关注健康和美的需求。据了解，"妆养一体"是一种美妆理念，旨在将美妆妆效与养护皮肤功效相结合，在产品安全的基础上形成正向循环、相互促进。运用"妆养一体"理念开发出来的美妆产品，可以令用户在呈现美好妆效的同时实现对皮肤的养护作用。

据大会介绍，完美日记在"妆养一体"产品开发过程中，通过借鉴功效护肤产品的开发思路，从人体皮肤特征研究、配方设计理念、功效原料选择、安全验证和功效认证 5 个维度进行研究。这种创新不仅提升了产品的市场竞争力，更满足了现代人对健康与美的双重追求。

业界普遍认为搭乘功效护肤的风口，"妆养一体"或将成为品牌下一步升级的方向。美妆行业竞争是一场持久战，产品力、品牌力都依托于公司的创新研发实力，研发能力是企业实现长期可持续发展的核心驱动力。完美日记的母公司逸仙集团曾经赶上国货美妆的风口，如今加码研发，就是希望能把握好功效护肤的风口。

根据英敏特的报告，在彩妆产品护肤化的潮流中，中国彩妆功能性虽有所增长，但仍低于全球主要彩妆市场。英国彩妆产品整体护肤化趋势明显；韩国面部彩妆产品护肤化程度明显高于其他市场，特别是针对抗衰老和美白的宣称。日本产品仍强调传统的保湿功效属性，侧重温和宣称。中国彩妆产品有功能性宣称的比例仍低于全球几大主要市场，也意味着未来仍有发展潜力。

完美日记在此时精准切入，成为业内首个发布科研成果报告的品牌，正以前所未有的决心和投入，深耕"妆养一体"领域，力求在美妆与护肤的边界上开辟出全新的融合之道。

问题：

1. 完美日记在抖音上的广告投放策略对用户的广告认知有何影响？请结合问卷调查结果进行分析。

2. 根据问卷调查结果，分析用户对完美日记品牌的广告态度及这种态度对购买意愿的影响。

3. 从问卷调查中可以发现，完美日记抖音短视频存在哪些问题？针对这些问题，请提出改进建议。

案例三：百雀羚心旅：问卷绘心图，策略随心动

（一）百雀羚公司概况

百雀羚，这一承载着近百年荣耀与辉煌的国产化妆品品牌，自 1931 年由顾植民先生创立以来，便以其独特的品牌形象与卓越的产品质量，在中国乃至东南亚市场上赢得了广泛赞誉与深厚信赖。作为我国化妆品行业的先驱，百雀羚不仅见证了行业的变迁与发展，更在其中扮演着举足轻重的角色。

早期，百雀羚以"天然护肤"为核心理念，于 1940 年推出了经典之作——"百雀羚冷霜"，这款产品迅速风靡全国，并远销东南亚多国，成为众多知名人士与艺术家的心头好，奠定了百雀羚在护肤领域的坚实地位。

步入 20 世纪 80 年代，随着消费者需求的转变，百雀羚敏锐地捕捉到市场脉搏，从解决皮肤问题转向日常护肤领域，其凭借深厚的市场基础与良好的口碑，稳固了在国内市场的领先地位。然而，20 世纪 90 年代初期随着进口化妆品品牌的涌入，百雀羚遭遇了前所未有的挑战。面对激烈的市场竞争，百雀羚并未故步自封，而是积极寻求变革，与国际知名化妆品品牌合作，共同探索市场新机遇，为品牌注入了新的活力。

进入新世纪，百雀羚更是主动求变，完成从国有企业向全资民营企业的华丽转身。这一转变不仅赋予了企业更灵活的市场应对能力，也为百雀羚的产品转型与创新提供了强有力的支撑。从"草本工坊"的突破性成就，到"草本精粹"系列的成功推出，再到汉方本草研究所的成立，百雀羚在草本护肤领域不断深耕细作，引领行业潮流。

近年来，百雀羚更是紧跟时代步伐，积极布局电商平台，拓宽销售渠道，实现线上线下融合发展。同时，通过整合优化销售资源，不断提升品牌影响力与市场份额。最新数据显示，百雀羚的年度销售额持续攀升，已成为国内化妆品行业快速增长的典范。尽管在 2019 年出现了增速放缓的现象，但这并未动摇百雀羚在消费者心中的地位

与品牌影响力。

（二）百雀羚公司营销现状

经过数年的战略转型与深厚积累，百雀羚品牌不仅成功保留了其经典产品的独特魅力，更在此基础上开拓了高端化妆品市场，实现了产品线的全面升级与多元化发展。这一举措精准地捕捉了不同消费群体的需求差异，既满足了现代消费者对于多样化、高品质的追求，又保留了品牌深厚的文化底蕴与怀旧情怀。

1. 多元化产品矩阵的构建

面对市场需求的快速变化，百雀羚深刻认识到产品单一化的局限性。自完成企业改制以来，百雀羚积极拥抱创新，不断拓展产品系列与功能，现已形成涵盖 12 大系列、共计 127 种产品的丰富矩阵。这一变革不仅增强了品牌的市场竞争力，更使消费者能够根据自己的肤质、年龄及偏好，选择最适合自己的产品。

2. 包装设计的文化传承与创新融合

在包装设计方面，百雀羚同样展现出了对中华文化的深刻理解与独特诠释。传统蓝色铁盒与凡士林塑料盒的经典形象虽已深入人心，但改制后的新品包装则更加注重文化元素与现代审美的结合。香港设计师的加入，为包装注入了新的活力，弧形正方形的设计巧妙融合了"天圆地方"的哲学思想，绿色基调则直接呼应了品牌"草本护肤"的核心理念。不同系列产品的包装设计各具特色，既保留了品牌的传统韵味，又紧跟时尚潮流，吸引了更多年轻消费者的目光。

3. 销售渠道的多元化布局

为了进一步提升市场覆盖率与消费者购买的便利性，百雀羚在销售渠道上也进行了大刀阔斧的改革。从传统的超市渠道，到 CS 专营店、在线电子商务等多元化渠道并行，百雀羚构建起了一个全方位、立体化的销售网络。目前，百雀羚在 KA 超市、CS 专营店及电商平台的出货比例达到了优化配置，其中电商平台作为新兴力量，正逐步成为品牌增长的重要引擎。通过与京东、淘宝、天猫等头部电商平台的深度合作，百雀羚不仅实现了销售量的快速增长，更在年轻消费群体中树立了良好的品牌形象。

（三）百雀羚的消费者调查

为了更精准地把握市场动态与消费者需求，百雀羚计划通过设计并实施消费者问卷调查，收集第一手数据。这些数据将用于深入分析现有营销策略对消费者购买决策的影响，为进一步优化与创新营销策略提供有力依据。

学者李芳仪，基于消费者购买决策过程，设计了百雀羚的营销策略调查问卷。她所使用的调查问卷主要由两部分组成，一是对受访者基本信息的采集，如年龄、性别、受教育程度及收入水平等，为百雀羚优化现有的营销策略提供基础；二是对影响百雀羚消费者购买决策的营销刺激的调查，根据消费者购买决策理论和百雀羚现有的营销策略，百雀羚化妆营销刺激的调查主要包括产品策略、价格销售策略、销售渠道策略、产品促销策略四个方面①。

对于产品刺激因素方面，在消费者购买决策过程中，产品刺激会影响消费者对产

---

① 李芳仪. 基于消费者购买决策过程的百雀羚营销策略创新研究 ［D］. 南宁：广西大学，2020.

品的选择，影响消费者的购买决策。根据霍华德谢思模型，产品的实质刺激指的是产品的质量、特性、可用性等方面，结合百雀羚现有的营销策略，问卷设计了产品质量、产品包装两个问题，研究百雀羚化妆品这两个方面的产品策略因素对消费者购买决策的影响。

在消费者决策的复杂过程中，价格始终是一个不容忽视的关键因素。根据科特勒的经典营销模型，价格变动能够显著影响消费者的购买行为。鉴于此，调查将价格设为自变量，旨在探讨百雀羚公司产品定价策略如何作用于消费者的购买决策，特别是价格变动如何影响消费者的购买意愿、品牌忠诚度及最终购买选择。

百雀羚公司近年来战略性地拓展其市场布局，从传统的线下渠道延伸至线上销售平台，这种渠道的多样性为消费者提供了更多的购物选择和便利。基于科特勒模型对销售渠道影响力的认可，调查进一步将关注点扩展到线上与线下两个维度，探讨不同购买渠道对百雀羚产品购买决策的具体影响。具体而言，调查设计了两个问题来分别评估线上渠道和线下渠道在消费者购买百雀羚产品过程中的作用：一是线上渠道购买百雀羚产品如何影响消费者的购买决策；二是线下渠道购买百雀羚产品又如何影响这一决策过程。

促销作为一种强有力的营销刺激因素，对消费者购买决策起到不容忽视的作用。促销手段，如精心策划的折扣活动、诱人的优惠方案以及直接有效的人员推销，都能触动消费者的购买欲望，引导他们做出最终的购买决策。针对百雀羚公司的具体实践，调查聚焦于其已广泛采用的两种促销方式——促销活动（特别是折扣与优惠）与人员推销，旨在深入探究这两种策略如何作用于消费者的购买决策过程。

为了确保研究的精确性与科学性，调查采用了李克特五分量表法作为数据收集与分析的工具。通过设计一系列相关问题，邀请消费者根据自身的购物体验与感受，对百雀羚的促销活动及人员推销效果进行评分。评分范围从 1 至 5 分，分别代表"非常不同意""不同意""不确定""同意"及"非常同意"，这样的设计旨在全面而细致地捕捉消费者对于促销活动的真实反馈与态度倾向。

鉴于资源条件的实际约束，调查将研究范围聚焦于南宁地区的消费者群体。在组织实施调查时，调查依托问卷星这一专业平台，向百雀羚化妆品消费者精准投放问卷，以收集宝贵的数据资料。为确保数据的有效性和相关性，在问卷的起始部分设置了一个筛选问题，即询问受访者是否曾有购买百雀羚产品的经历。对于那些未曾购买过的受访者，调查将自动终止，以此确保所有收集到的信息均来自百雀羚产品的真实消费者，从而提升研究的准确性和价值。本次调查共发放问卷 180 份，成功回收有效问卷 163 份，有效率达 90.56%，问卷见附录 D。

百雀羚发布问卷后在消费者行为和购买决策过程上的改进体现如下：

1. 产品策略改进

一是优化产品包装。百雀羚先前的产品包装对消费者的吸引力较弱，为扭转此局面，百雀羚需优化产品包装，注重将传统与草本特色相融合，凸显品牌差异，增强竞争力。例如，在包装中融入中华元素，展现"中国传统"定位的优雅与气质；通过艺术手段将产品天然成分整合至外包装中，体现"天然自然"定位。同时，增加各系列包装的差异性，避免单一地以绿色为主。二是提升产品质量。产品质量是消费者购买决策的重要考量因素，百雀羚应强化技术创新，加大科研投入，引进先进技术和人才，以提升产品质量和功效，满足消费者的个性化需求。此外，加大对绿色化妆品的研发力度，发挥产品绿色纯天然的优势，顺应消费者的需求和发展趋势。三是丰富产品结构。百雀羚应在原有产品结构的基础上，增加化妆品、美发产品和特殊用途化妆品的细分与研发。例如，对彩色化妆品进行细分，以满足不同消费者的需求；抓住男性化妆品市场和婴幼儿市场的发展机遇，丰富产品种类，同时合并相似种类，避免过于繁杂。

2. 价格策略改进

一是平衡线上线下价格。价格对消费者购买决策具有重要影响，百雀羚应重视价格策略，平衡各渠道价格，避免价格混乱的现象。可采用优先平等方案，制定各渠道专属的促销活动，同时制造商应与代理商紧密合作，支持促销活动，制定定价规则，监控恶意低价行为。二是实施季节折扣策略。依据化妆品的淡旺季情况，百雀羚在淡季应开展打折或满减满送活动，以吸引消费者，加速清空库存和回笼资金，同时根据市场状况动态调整价格。

3. 渠道策略改进

一是增加销售渠道。百雀羚应增添官网销售功能，降低对其他线上平台的依赖；大力开设品牌专营店，在百货商店设置柜台，提升品牌档次，向高端市场迈进。二是开拓国外市场。借助运输和通信技术的发展，以及中国文化和产品在全球市场影响力的提升，百雀羚应把握共建"一带一路"的契机，开拓国外市场，将沿线崇尚中国文化、经济水平稍高的国家作为首要目标。三是融合线上线下渠道。线上线下渠道的融合能够增强用户黏性，降低在线产品的运输成本，增加实体店的销量。用户在官方线上商店订购商品时，可选择邮寄或自提，自提可获得经济补贴；线上消费者在遇到问题时，可前往官方指定的实体店获取相应的解决方案。

4. 促销策略改进

一是突出广告特色。优化广告促销，突出百雀羚的特色，吸引消费者的关注，使消费者全面了解产品特色和品牌个性文化。例如，利用草本护肤的话题引发讨论，提供试用产品、礼物等，增加讨论热度，从而影响消费者的购买行为。二是强化营业推广。运用礼券、样品、礼品、增加购物积分和折扣等促销方式，吸引消费者参与促销活动，提升企业品牌的市场价值。百雀羚应与分销商保持良好的合作关系，给予折扣，巩固合作关系，以占据更多的市场份额。三是加强公共关系。重视公共关系对企业发展的积极影响，与客户、政府、其他企业建立良好的关系，尤其是与媒体形成良性互动，宣传产品，增进消费者对产品的认可和喜爱，扩大产品的受众基础。四是强化人员促销。培养优秀的销售团队，提升销售人员的外表气质，采用优雅的服装和统一的化妆风格，提高销售人员的专业水平和销售能力，完善员工奖励机制。同时，重视顾客的建议和反馈，收集客户的建议和促销团队的反馈，确定客户的满意度和需求，加强与客户的联系，及时回应和解决客户的投诉，提高客户满意度和公司形象。

（四）百雀羚里的中国文化

百雀羚这一承载着近百年中国护肤文化的品牌，自 1931 年诞生于上海以来，便以其深厚的文化底蕴和独特的东方美学，成为了中国护肤行业的璀璨明珠。其发展历程不仅是一段品牌成长的传奇，更是中国文化与现代科技完美融合的典范。

1. 文化底蕴的深厚积淀

百雀羚的品牌名称本身就蕴含着丰富的文化意蕴。"百雀"二字，寓意百鸟朝凤，象征着吉祥与美好；"羚"则是上海话中"灵"（很好）的谐音，寓意产品效果卓越。这种命名方式不仅体现了品牌对于美好事物的追求，也巧妙地融入了中国传统文化中的吉祥元素。

在产品设计上，百雀羚始终秉持着东方护肤的平衡和谐之道，从《本草纲目》等医学圣典中汲取灵感，结合现代科技，研发出一系列安全无刺激的草本护肤产品。这种将传统草本智慧与现代科技相结合的做法，不仅赋予了产品独特的护肤效果，也展现了品牌对中国传统文化的深刻理解和传承。

2. 中国文化的创新融合

近年来，百雀羚在保持品牌文化底蕴的同时，不断进行创新融合，将中国传统文化与现代审美趋势相结合。例如，2017 年至 2019 年，百雀羚与故宫、敦煌等文化机构合作，推出了"雀鸟缠枝美什件"系列产品。这些产品以跨界的方式将新潮审美与传统美学完美融合，不仅提升了产品的文化内涵，也让传统文化以更加时尚、年轻的方式展现在消费者面前。

此外，百雀羚还积极拥抱数字化时代，通过电商平台、直播带货、跨界营销等多种方式，将品牌文化传递给更广大的消费群体。在"双 11"等购物狂欢节期间，百雀羚与天猫等平台合作，通过精准的数据分析和营销策略，推出了更适合消费者需求的新品，进一步提升了品牌的知名度和美誉度。

3. 数据与成就的支撑

百雀羚的辉煌成就不仅体现在其深厚的文化底蕴上，更体现在一系列的数据和奖项上。百雀羚连续多年入选"Brand Finance 全球最有价值的 50 个化妆品和个护品牌"排行榜，并在 2021 年跻身全球 TOP15 的中国美妆品牌。这一系列的荣誉不仅是对百雀羚产品品质和市场表现的认可，也是对其品牌影响力和文化价值的肯定。

同时，百雀羚还积极与国际化妆品化学家联合会（IFSCC）等权威机构建立合作，不断提升自身的科技研发能力。截至目前，百雀羚已在全球范围内拥有多项科技专利和研究成果，为产品的创新升级提供了坚实的支撑。未来，百雀羚将继续秉承东方护肤理念，以科技赋能天然草本，为全球消费者带来更多优质、安全的美妆产品，让东方之美在世界舞台上绽放光彩。

问题：

1. 为调查百雀羚营销策略对消费者购买决策的影响，问卷是从哪些方面着手设计的？

2. 结合百雀羚里的中国文化，设计一份有关年轻人对百雀羚品牌文化感知的问卷。

AI 技术在问卷调查中的应用

随着科技的飞速发展，人工智能（artificial intelligence，AI）技术已经渗透到我们生活的各个领域，其中，问卷调查作为数据收集与分析的重要工具，也迎来了 AI 技术的深刻变革。AI 技术在问卷调查中的应用不仅提高了问卷设计的效率，还极大地优化了数据收集与分析的流程，使得调研结果更加精准、全面。

1. 问卷设计：AI 生成问卷

在问卷设计阶段，AI 技术通过智能分析调研主题、目标群体及预期目的，能够一键生成符合要求的问卷模板。例如，问卷星等平台利用 AI 技术，能够根据用户输入的关键词和需求，自动生成结构清晰、问题设置合理的问卷框架。这一过程不仅节省了设计者的时间，还避免了因人为疏忽导致的问题设置不合理、冗余过多等问题，从而提高了问卷设计的准确性和效率。

2. 数据收集：AI 追问与智能引导

传统的数据收集方法往往只能获取用户浅层的回答，而 AI 技术则能够通过智能追问和连续性问题引导，促使受访者提供更深入、更具体的反馈。问卷星推出的"AI 追问"功能便是一个典型的例子，该功能能够在用户回答某个问题后，根据回答内容自动生成针对性的后续问题，实现数据深度挖掘和精准收集。

3. 数据分析：AI 洞察与自动化处理

在数据分析阶段，AI 技术同样发挥着重要作用。通过 AI 快速对收集到的数据进行分类、归纳和总结，可以迅速提取出有价值的洞察和见解。AI 不仅能够提高数据分析的速度，还能通过算法优化，减少人为分析的主观性和误差，使得调研结果更加客观、准确。此外，AI 还能根据数据结果自动生成可视化报告，为决策者提供更加直观、易懂的参考信息。

在实际应用中，AI 技术在问卷调查中的表现得到了广泛认可。许多企业和研究机构通过采用 AI 辅助的问卷调查工具，不仅提高了调研效率，还获得了更加精准、全面的数据支持。同时，用户反馈也表明，AI 技术的应用使得问卷填写过程更加便捷、友好，提高了受访者的参与度和满意度。

AI 技术在问卷调查中的应用已经展现出巨大的潜力和优势。未来，随着 AI 技术的不断发展和普及，问卷调查将更加智能化、高效化，为数据驱动的决策提供更加有力的支持。

五、实践实训

(一) 任务目标

采用问卷调查法,深入了解消费者对小米品牌的认知、态度、购买意愿以及影响购买决策的因素,为小米品牌的市场推广和产品改进提供数据支持和决策依据。

(二) 任务描述

设计一份关于小米品牌的调查问卷,涵盖消费者对小米品牌的了解程度、购买意愿、品牌形象、产品评价、购买渠道等方面的问题。通过广泛发放问卷,收集大量消费者的反馈信息,并对数据进行统计分析,得出有价值的结论。

(三) 实训步骤

1. 确定目标消费者群体:明确调查的对象为使用或关注小米产品的消费者,包括不同年龄、性别、职业、地区的人群,以确保样本的多样性和代表性。

2. 设计调查问卷:问卷开头应说明调查的目的、意义和保密性,以提高消费者的参与度和信任度。

问题设计应包括以下方面:第一,消费者的基本信息,如年龄、性别、职业、收入等。第二,对小米品牌的认知程度,如是否了解小米的产品系列、品牌理念等。第三,购买意愿,是否有购买小米产品的计划,以及计划购买的产品类型。第四,品牌形象,对小米品牌的印象和评价,包括品牌知名度、美誉度、忠诚度等。第五,产品评价,对小米产品的质量、性能、设计、价格等方面的评价。第六,购买渠道,通常购买小米产品的渠道,如小米官网、电商平台、实体店等。第七,对小米品牌发展的建议和期望。问题形式可采用选择题、多选题、简答题等,便于消费者回答和数据统计。

3. 选择调查方式:可以通过线上问卷平台(如问卷星、腾讯问卷等)发布问卷,也可以在小米专卖店、电子产品卖场、购物中心等地点进行线下问卷调查。

4. 发放和收集问卷:根据调查对象的特点,选择合适的渠道广泛发放问卷,并确保在一定时间内收集到足够数量的有效问卷。

5. 数据统计与分析:对回收的问卷进行整理,剔除无效问卷后,运用统计软件(如 SPSS、Excel 等)对数据进行统计分析,包括描述性统计、相关性分析、因子分析等,以得出消费者对小米品牌的认知、态度和购买意愿的总体情况,以及不同因素之间的关系。

6. 撰写调查报告:根据数据分析结果,撰写调查报告,包括引言、调查方法、结果分析、结论和建议等部分。报告应清晰地阐述调查的目的、过程和结果,总结消费者的主要观点和需求,提出针对性的建议和策略,为小米品牌提供有价值的参考。

7. 汇报与展示:将调查报告向团队成员或相关人员进行汇报和展示,分享调查的发现和结论，共同探讨如何利用这些信息来改进产品、优化市场推广策略。

（四）考核记录表

请将任务完成情况的评价填入以下考核记录表：

组别：　　　　　　　　　　　　姓名：

序号	考核点	分值	得分
小组评价	任务完成度	10	
	团队合作表现	10	
	问卷题目设计创意性、专业性	10	
	调研结论丰富性、代表性	10	
个人评价	考勤	10	
	个人有效贡献	10	
	问卷调查法专业技能运用	10	
教师评价	调研设计、过程和结论解读的专业水平	15	
	收集有效问卷数量和数据清洗能力	15	

六、参考答案

（一）单项选择题

1. 答案：C。问卷调查法主要是为了获取消费者的态度、行为等方面的信息，从而为市场决策提供依据。

2. 答案：C。问题明确、简洁能够确保受访者准确理解问题，从而提供有效的回答。

3. 答案：C。问卷调查法可以通过大规模发放问卷，快速收集大量数据，样本代表性相对较强。

4. 答案：A。设计合理的问卷是确保调查有效性的关键，问题的设计直接影响到数据的质量。

5. 答案：C。问卷调查数据的分析通常需要结合定性分析和定量分析，全面理解数据背后的含义。

6. 答案：D。问卷中的问题类型主要包括开放式问题、封闭式问题和混合式问题，引导式问题不应该被使用，因为它可能会影响受访者的回答。

7. 答案：D。问卷调查法可以用于不同类型的研究，包括探索性研究、描述性研究和因果性研究。

8. 答案：A。增加问卷的长度可能会导致受访者的疲劳和厌烦，从而降低问卷的回收率。

9. 答案：B。问题的顺序一般应该从易到难，这样可以让受访者更容易进入答题状态。

10. 答案：C。问卷调查法虽然可以收集大量数据，但结果可能会受到受访者各种因素的影响，不一定能准确反映其真实想法，而且对于一些复杂问题，可能不太适合通过问卷来调查。

（二）多项选择题

1. 答案：ABCE。问卷调查法可以通过合理的抽样设计实现样本代表性强、数据收集速度快、成本相对较低且问题标准化的目标，便于统计分析。

2. 答案：ABCDE。设计问卷时需要明确调查目的，确保问题逻辑连贯，考虑受访者背景，控制问卷长度，合理设置选项。

3. 答案：ABCDE。在实施问卷调查时，要保证问卷发放渠道广泛，对受访者进行说明和指导，及时回收问卷，审核数据质量，同时保护受访者隐私。

4. 答案：ABCDE。这些都是常见的数据分析方法，可以用于揭示数据中的规律和关系。

5. 答案：ABCDE。问卷调查法适用于大规模调查，能够获取相对客观的数据，但结果可能会受到受访者主观因素的影响，因此问卷设计要科学合理，尽量减少这种影响。同时，它可以在一定程度上反映市场情况，但可能无法涵盖所有方面。

6. 答案：ABCDE。问题的表述应该通俗易懂，避免使用专业术语，简洁明了，避免歧义，具有针对性，并且符合受访者的认知水平，这样才能确保受访者准确理解问题并给出有效的回答。

7. 答案：ABCE。明确调查目的、合理设计问题、进行预调查和采用多种调查方法相互验证都可以提高问卷的效度，而对受访者进行筛选可能会导致样本偏差，不一定能提高问卷效度。

8. 答案：ABCDE。问卷调查法可以用于了解消费者对产品的满意度、购买动机、消费习惯，调查市场份额以及评估广告效果等。

9. 答案：ABCDE。问卷可以通过邮寄、电子邮件、在线调查平台、面对面发放和电话调查等方式进行发放。

10. 答案：ABCDE。在分析问卷调查数据时，需要注意数据的准确性、完整性、异常数据的处理、时效性和代表性，确保分析结果的可靠性和有效性。

（三）案例分析题

案例一

1. 答案解析：该题考查学生对问卷调查结果的理解和分析能力，以及能否将这些结果与产品定位联系起来。从案例中可以看出，ZH电梯公司目前的市场定位存在一定的局限性，主要集中在省内的政府部门和国有企业。根据调查结果，公司可以考虑进一步拓展市场，针对不同客户群体的需求，优化产品定位，例如开发满足其他行业或地区客户需求的电梯产品，以扩大市场份额。

2. 答案解析：此题旨在考查学生对市场策略调整的理解和应用能力。通过问卷分析，客户动机分为高端需求型、中端务实型和低端经济型，ZH 电梯公司可以根据不同类型客户的需求，调整产品组合和价格策略。例如，针对高端需求型客户，注重提升产品的品牌形象和附加功能；对于中端务实型客户，强调产品的质量和稳定性及性价比；对于低端经济型客户，提供更具价格竞争力的产品。同时，根据客户对售后服务的关注，加强售后服务体系建设，提高客户满意度。

3. 答案解析：该题主要考查学生对企业现状的分析能力和提出改进建议的能力。根据案例，ZH 电梯公司具有一定的研发制造能力和质量保证体系，但在市场定位、品牌知名度等方面存在不足。在优势方面，公司可以继续加强对产品质量稳定性的把控；在不足方面，公司需要明确市场定位，制定清晰的市场开拓规划，提升品牌知名度。改进建议可以包括加强品牌宣传推广，优化销售渠道布局，提高市场占有率和知名度，同时根据市场需求不断改进产品和服务，以满足不同客户群体的需求。

案例二

1. 答案解析：该题考查学生对问卷调查结果中关于广告认知部分的理解和分析能力。通过分析用户对完美日记在抖音上广告的接触频率、对产品的了解程度以及广告内容的记忆程度等方面的数据，可以了解到完美日记的广告投放策略是否有效地提高了用户对品牌和产品的认知。例如，从问卷中"我经常在抖音上刷到过完美日记品牌相关的短视频""我认为抖音上关于完美日记品牌的广告让我对产品有了更多了解""我认为抖音上关于完美日记品牌的宣传让我记忆很深，广告内容也很丰富完善"等问题的回答情况，可以看出完美日记在抖音上的广告曝光度和广告内容对用户认知的影响程度。

2. 答案解析：此题旨在考查学生对问卷调查中广告态度和购买意愿相关数据的分析能力，以及理解广告态度与购买意愿之间的关系。通过问卷中"我认为抖音上有些关于完美日记品牌的广告可信度还是比较高的""我认为完美日记品牌的产品外观美观高级""我认为完美日记品牌产品的品质非常高"等问题，可以了解用户对完美日记广告和产品的态度。同时，结合"我会经常参与过完美日记抖音视频的评论""我对抖音视频推荐的完美日记产品，会产生相关的搜索、分享行为""我曾因抖音广告购买过完美日记品牌的相关产品"等关于购买意愿的问题，分析出广告态度如何影响用户的购买意愿，例如用户对广告的信任度和对产品的好感度是否会促使他们更愿意参与互动、分享和购买完美日记的产品。

3. 答案解析：该题主要考查学生对问卷调查结果的综合分析能力，以及能否根据发现的问题提出合理的改进建议。通过问卷中"您认为抖音完美日记短视频还存在哪些问题"等问题的回答，总结出完美日记抖音短视频在广告内容、KOL 合作、用户体验等方面可能存在的问题，如虚假/商业广告较多、视频质量参差不齐、品牌开屏广告过于频繁、部分博主技能不足或素质低下、同质化严重缺乏创意等。然后，根据这些问题提出相应的改进建议，如优化广告内容、加强 KOL 管理、提升视频质量和创意、合理控制广告频率等，以提升完美日记的广告效果和品牌形象。

案例三

1. 答案解析：问卷设计主要从以下几个方面着手，以全面调查百雀羚营销策略对消费者购买决策的影响：

（1）基本情况：通过询问受访者的年龄、性别、受教育水平和收入情况，了解受访者的基本人口统计学特征，以便后续分析不同群体对营销策略的反应差异。

（2）购买意愿与决策因素：

购买意愿，直接询问受访者是否愿意继续购买百雀羚产品，以评估品牌忠诚度。

产品质量，探讨产品质量对购买决策的影响，反映品牌质量策略的有效性。

包装吸引力，评估产品包装在消费者决策中的作用，了解包装设计的重要性。

价格敏感度，分析价格因素对购买决策的影响，了解价格策略的市场接受度。

购买渠道偏好，询问受访者通过线上或线下渠道购买产品的倾向，以评估多渠道营销策略的效果。

促销与折扣，探讨优惠或折扣对购买决策的影响，评估促销活动的吸引力。

销售人员推销，了解销售人员推销对购买决策的影响，评估销售人员的作用。

2. 答案解析：设计一份关于年轻人对百雀羚品牌文化感知的问卷时，可以围绕以下几个方面展开：

（1）品牌认知：是否听说过百雀羚品牌？通过什么渠道了解到百雀羚的？（如社交媒体、广告、朋友推荐等）

（2）品牌文化认知：百雀羚品牌体现了哪些中国文化元素？（可多选，如传统草本护肤、吉祥寓意、东方美学等）。百雀羚的哪些产品设计或营销活动让您感受到了中国文化的魅力？

（3）文化认同感：对百雀羚品牌所传达的中国文化认同感如何？认为百雀羚在传承和弘扬中国文化方面做得如何？

（4）品牌文化对购买意愿的影响：百雀羚品牌的文化底蕴是否影响了您的购买决策？如果百雀羚推出更多与中国传统文化相关的产品，您是否会更有兴趣购买？

（5）建议与期望：您希望百雀羚在未来如何进一步弘扬和传承中国文化？您对百雀羚品牌文化的发展有什么建议或期望？

七、附录

附录 A　ZH 电梯公司关于消费者调查问卷

首先感谢各位抽出宝贵的时间来填写该问卷：本问卷共有 12 题，均采用匿名的方式进行提问，本问卷旨在了解客户对电梯的看法与需求，是一份学术问卷，在此郑重承诺，本问卷所涉及的相关问题以及个人信息均只用于学习研究，不会外泄，请您放心填写。

第一部分　基础信息

1. 您单位的性质是：

    A. 个人　　　　　B. 政府部门　　　C. 国有企业　　　D. 私营企业

2. 项目所在地是：

    A. 贵州省内　　　B. 贵州省外　　　C. 国外地区

3. 您在电梯采购中所执行的角色：

A. 决策者　　　　B. 建议者　　　　C. 经办者　　　　D. 督办者

4. 您单位在项目中的性质：

A. 甲方　　　　　B. 承建方　　　　C. 分包方　　　　D. 监管方

第二部分　采购动机调查

请根据您采购电梯时对下列因素的关注程度，为以下选项打钩"√"，下列选项中，1 表示非常不关注，2 表示不关注，3 表示一般，4 表示关注，5 表示非常关注。共12 题。

问题	关注程度				
	非常关注：5	关注：4	一般：3	不关注：2	非常不关注：1
1. 控制技术					
2. 品牌知名度					
3. 功能配置					
4. 轿厢装饰					
5. 性价比					
6. 维保服务好					
7. 物联网技术					
8. 产品可靠性					
9. 安装服务					
10. 电梯速度					
11. 电梯安全性					
12. 产品多样性					

附录 B　ZH 电梯公司关于企业调查问卷

首先感谢各位抽出宝贵的时间来填写该问卷，本问卷共有 12 题，均采用匿名的方式进行提问。本问卷旨在了解客户对电梯的看法与需求，是一份学术问卷，在此郑重承诺，本问卷所涉及的相关问题以及个人信息均只用于学习研究，不会外泄，请您放心填写。

1.（多选题）您在公司担任什么角色：

A. 管理人员　　　　B. 研发人员　　　　C. 销售人员　　　　D. 市场运营人员

E. 售后人员　　　F. 技术　　　　　G. 工程师

2. 您的工作时间：

A. 3 年以下　　　B. 3~5 年　　　C. 6~10 年　　　D. 11 年以上

3. （多选题）在购买电梯产品时客户最关心的方面是什么：

A. 产品品牌知名度　　　B. 质量存急定性　　　C. 价格

D. 售后服务　　　　　　E. 功能/性能　　　　　F. 其他

4. （多选题）在当代社会电梯主要的作用和类型：

A. 乘客电梯　　　　　　B. 载货电梯　　　　　　C. 医用电梯

D. 观光电梯　　　　　　E. 特种电梯　　　　　　F. 其他

5. （多选题）目前市场上电梯的平均价格是：

A. 10 万以下　　　B. 10 万~15 万　　　C. 16 万~20 万　　　D. 21 万以上

6. （多选题）电梯购买者主要分布在哪些群体中：

A. 企事业单位　　　B. 部队　　　C. 公建　　　　　D. 房地产开发商

E. 个人　　　F. 其他

7. （多选题）市场需求的电梯速度多快：

A. 1 米以下　　B. 1 米~2 米　　C. 2 米~3 米　　D. 3 米~5 米　　E. 5 米以上

8. （多选题）通过哪些渠道购买电梯：

A. 中间商贸易公司　　B. 当地代理商/服务商购买　　C. 厂家直接购买

D. 其他

9. （多选题）公司的主要宣传方式有：

A. 阿里巴巴/谷歌/百度　　　B. 朋友介绍　　　C. 展览会

D. 广告　　　E. 其他

10. （多选题）客服对售后服务的要求：

A. 上门维修　　　B. 定时回访　　　C. 当地售后服务点　　　D. 其他

附录 C　完美日记品牌抖音传播效果研究调查问卷

完美日记成立于 2017 年，这个新兴国货化妆品品牌通过短短三年的时间，实现了品牌的快速崛起，在竞争激烈的化妆品市场占领了属于自己的一席之地，具有很高的研究价值。本研究以抖音短视频完美日记广告宣传为研究对象进行探讨，为了进一步了解抖音视频完美日记广告投放效果，特作此调查问卷。在这里承诺：问卷中的信息只作研究用途，并会对您的个人信息严格保密，请放心如实填写，感谢您的配合！

1. （单选题）您的年龄段：

A. 18 岁以下　　B. 18~25 岁　　C. 26~30 岁　　D. 31~40 岁　　E. 41~50 岁

F. 51~60 岁　　　G. 60 岁以上

2. （单选题）您的性别：

A. 男　　　　B. 女

3. （单选题）您目前从事的职业：

A. 全日制学生　　　　B. 国家机关/事业单位　　　　C. 白领

D. 民营/私营/个体业主　　　　E. 普通工薪阶层

F. 其他

4. （单选题）您现在生活的城市是：

A. 北上广等超一线城市或直辖市　　　　B. 省会城市　　C. 非一线城市

D. 县级市或城镇　　E. 农村

5. （单选题）您的受教育情况：

A. 小学及以下　　B. 初中　　C. 高中　　D. 大专

E. 本科　　　　F. 研究生及以上

6. （单选题）您的月收入：

A. 0~3 000 元　　B. 3 001~6 000 元　　C. 6 001~10 000 元　　D. 10 001~20 000 元

E. 20 001 元及以上

7. （单选题）您是否曾使用或购买过化妆品：

A. 有　　　　　　B. 没有（请跳至问卷末尾，提交答卷）

8. （单选题）您每个月在化妆品上的消费：

A. 0~100 元　　B. 101~300 元　　C. 301~500 元

D. 501~1 000 元　　E. 1 001~2 000 元　　F. 2 000 元以上

9. （单选题）您使用化妆品的频率：

A. 每天　　B. 经常　　C. 偶尔　　D. 极少　　E. 从不

10. （多选题）您主要通过什么渠道了解化妆品品牌：

A. 朋友推荐　　B. 抖音推广　　C. 电视广告　　D. 线下门店

E. 博主种草　　F. 其他

11. （单选题）近几年来，国产化妆品牌兴起，您是否会经常使用国产化妆品：

A. 会经常使用　　B. 会，偶尔使用　　D. 不会使用

12. （单选题）您是否使用过抖音：

A. 是　　　　B. 否（请跳至问卷末尾，提交答卷）

13. （单选题）您每天平均刷抖音的时间：

A. 0~30 分钟　　　　　　B. 31~60 分钟

C. 61~120 分钟　　　　　　D. 两小时以上

14. （多选题）您经常会在抖音上刷哪一些方面的内容：

A. 剧情类　　B. 搞笑类　　C. 美食类　　D. 美妆类　　E. 颜值类

F. 知识类　　G. 才艺类　　H. 好物推荐类　　I. 其他

15. （单选题）我经常在抖音上刷到过完美日记品牌相关的短视频：

A. 很同意　　B. 同意　　C. 一般　　D. 不同意　　E. 很不同意

16. （多选题）您主要刷到过关于完美日记品牌相关的哪些类型的广告：

A. 好物推荐　　B. 抖音开屏广告　　C. 剧情植入　　D. 美妆教程

E. 明星同款　　F. 其他

17.（多选题）您使用过完美日记的哪些产品：

A. 口红　　B. 眼影　　C. 粉底　　D. 卸妆水　　E. 粉饼　　F. 洗面奶

G. 腮红　　H. 眼线笔　I. 睫毛膏　J. 其他　　　　K. 从来没有使用过

18. 我认为抖音上关于完美日记品牌的广告让我对产品有了更多了解：

A. 很同意　　B. 同意　　C. 一般　　D. 不同意　　E. 很不同意

19. 我认为抖音上关于完美日记品牌的宣传让我记忆很深，广告内容也很丰富完善：

A. 很同意　　B. 同意　　C. 一般　　D. 不同意　　E. 很不同意

20. 我认为抖音上有些关于完美日记品牌的广告可信度还是比较高的：

A. 很同意　　B. 同意　　C. 一般　　D. 不同意　　E. 很不同意

21. 我认为完美日记品牌的产品外观美观高级：

A. 很同意　　B. 同意　　C. 一般　　D. 不同意　　E. 很不同意

22. 我认为完美日记品牌产品的品质非常高：

A. 很同意　　B. 同意　　C. 一般　　D. 不同意　　E. 很不同意

23. 我认为完美日记品牌的产品价格非常实惠：

A. 很同意　　B. 同意　　C. 一般　　D. 不同意　　E. 很不同意

24. 我认为完美日记品牌的产品广告宣传非常到位：

A. 很同意　　B. 同意　　C. 一般　　D. 不同意　　E. 很不同意

25. 我认为完美日记品牌的代言人形象佳，能够提升对品牌好感度（如周迅、朱正廷等）：

A. 很同意　　B. 同意　　C. 一般　　D. 不同意　　E. 很不同意

26. 我认为抖音上关于完美日记的宣传大大提高了品牌知名度和产品销量：

A. 很同意　　B. 同意　　C. 一般　　D. 不同意　　E. 很不同意

27. 我乐意在抖音上看到关于完美日记品牌相关的一些实用广告：

A. 很同意　　B. 同意　　C. 一般　　D. 不同意　　E. 很不同意

28. 我认为完美日记品牌是一个很棒的国产彩妆品牌：

A. 很同意　　B. 同意　　C. 一般　　D. 不同意　　E. 很不同意

29. 我会经常参与完美日记抖音视频的评论：

A. 很同意　　B. 同意　　C. 一般　　D. 不同意　　E. 很不同意

30. 我对抖音视频推荐的完美日记产品，会产生相关的搜索、分享行为：

A. 很同意　　B. 同意　　C. 一般　　D. 不同意　　E. 很不同意

31. 我曾因抖音广告购买过完美日记品牌的相关产品：

A. 很同意　　B. 同意　　C. 一般　　D. 不同意　　E. 很不同意

32.（多选题）您认为哪一种抖音上关于完美日记品牌的广告宣传手段更加能够吸引你（最多三项）：

A. 剧情类　　　B. 生活类　　　C. 明星类　　　D. 化妆教学类

E. 抖音开屏广告　　　　　　　F. 搞笑类　　　　G. 其他

33. （多选题）您认为抖音完美日记短视频还存在哪些问题：

A. 虚假/商业广告较多　　　　　B. 视频质量参差不齐

C. 品牌开屏广告过于频繁　　　　D. 部分博主技能不足或素质低下

E. 同质化严重，缺乏创意　　　　E. 其他

34. 您对抖音上关于完美日记品牌的广告宣传还有什么建议？

附录 D　百雀羚的消费者购买决策调查问卷

尊敬的百雀羚消费者：您好！首先要对您参与此次调查表示感谢，本次调查主要想了解您对百雀羚公司的看法，本次调查用于学术研究，并且是匿名填写，请选择与您真实情况相符的题项作答，再次对您的合作表示最为真挚的感谢！

一、基本情况

1. 您的年龄：

A. 20 岁以下　　B. 21～30 岁　　C. 31～40 岁　　D. 41～50 岁　　E. 51 岁以上

2. 您的性别：

A. 男　　B. 女

3. 您的受教育水平：

A. 大专以下或同等学力　　　　B. 全日制本科　　　　C. 硕士研究生及以上

4. 您的收入情况：

A. 不足 3 000 元　　B. 3 000 至 5 000 元　　C. 5 001 至 8 000 元　　D. 超过 8 000 元

二、百雀羚化妆品购买情况

1. 我将会继续购买百雀羚产品：

A. 非常不同意　　　B. 不同意　　　C. 不确定　　　D. 同意　　　E. 非常同意

2. 百雀羚产品的质量会对我的购买决策有影响：

A. 非常不同意　　　B. 不同意　　　C. 不确定　　　D. 同意　　　E. 非常同意

3. 百雀羚产品的包装会影响我的购买决策：

A. 非常不同意　　　B. 不同意　　　C. 不确定　　　D. 同意　　　E. 非常同意

4. 百雀羚产品的价格对我的购买决策有影响：

A. 非常不同意　　　B. 不同意　　　C. 不确定　　　D. 同意　　　E. 非常同意

5. 我会通过线上渠道（淘宝网、京东等）购买百雀羚产品：

A. 非常不同意　　　B. 不同意　　　C. 不确定　　　D. 同意　　　E. 非常同意

6. 我会通过线下渠道（超市、屈臣氏等）购买百雀羚产品：

A. 非常不同意　　　B. 不同意　　　C. 不确定　　　D. 同意　　　E. 非常同意

7. 百雀羚产品的优惠或者折扣影响了我的购买决策：

A. 非常不同意　　B. 不同意　　C. 不确定　　D. 同意　　E. 非常同意

8. 百雀羚产品销售人员的推销会影响我的购买决策：

A. 非常不同意　　B. 不同意　　C. 无所谓　　D. 同意　　E. 非常同意

第三章
访谈法案例

一、知识要点

　　访谈法，又称询问调查法，是市场调查中常用的一种收集第一手资料的方法。它通过访问者向被调查者提出问题，并通过被调查者的口头回答或填写调查表等形式来获取市场信息资料。依据调查目的、调查性质或调查对象等标准，可以将访谈划分为不同的类型：按照访谈内容的不同，可分为标准化访谈和非标准化访谈；按照访问方式不同，可分为入户访谈、街头拦截访谈、电话访谈、邮件调查等；按照一次访谈中被访者的人数多少，可分为个别访谈和集体访谈。

　　焦点访谈法、深度访谈法以及投影技法三种方法均是常用的非标准化访谈方法。焦点访谈法，又称小组访谈法，该方法采用小型座谈会的形式，挑选一组具有代表性的消费者或客户，在主持人的组织下，就某个专题进行讨论，从而获得对有关问题的深入了解。深度访谈法则是由专业的访问员对调查对象进行无结构的、直接的、一对一的访问，以揭示受访者的潜在动机、态度和情感。投影技法，又称为投射法，该方法通过将参与者置于一个无限制、模糊的情景中，绕过其心理防御机制，激励被访者将他们潜在的意见表露出来。

　　访谈法的实施程序包括三个阶段：访谈前准备阶段、访谈实施阶段以及访谈后整理阶段。在访谈前准备阶段，需要选择适当的访谈方法，确定访谈问题和提纲，确定被访者，确定具体的访谈时间、地点和场合，选择和培训访谈员；在访谈实施阶段则开始进入访谈，预备访谈，正式访谈，最终结束访谈；访谈后整理阶段，需要及时整理、分析访谈记录，回顾和研究访谈情况，并作必要的补充调查。

　　为更好完成访谈目标，成功开展访谈，需要访问者掌握一定的实施技巧。①接近被访者的技巧：称呼要恰当；接近被访者方式选取得当（包括自然接近、求同接近、正面接近、友好接近和隐蔽接近）；形象得体，根据访谈场合和被访者的身份选择合适的服装。②提出问题的技巧：提出问题的方式要灵活；提问的表达要通俗易懂；提问的语气要恰当。③听取回答的技巧：认真听取受访者的回答，积极主动接受和捕捉一切有用信息；排除听的障碍；有正确的态度；提高记忆能力；善于做出反应。④引导的技巧：当被访者对所提出的问题理解不正确、答非所问、文不对题时，访谈员应该用对方能听懂、听明白的语言对问题进行解释或说明，排除干扰和障碍，使访谈能按计划顺利进行下去。⑤追询的技巧：当出现被访者的回答明显不符合实际、未阐述实情、其回答内容前后不一致、不能自圆其说或回答含糊其辞、过于笼统、不够准确等情况时可采取追询，其包括正面追询、侧面追询、系统追询、补充追询、重复追询、反感追询等方式，追询需适时、适度。⑥结束访谈的技巧：注意适可而止，即访谈时间不宜过长；注意善始善终，一是表示感谢和友谊，二是表示未来可能还会登门请教，为未来再次访问提供铺垫。

二、习题巩固

（一）单项选择题

1. 在访谈法中，直接与被调查者面对面交流的方法是（ ）。
   A. 电话访谈　　　　　　　　　　B. 邮寄问卷
   C. 深度访谈　　　　　　　　　　D. 网络调查

2. 访谈法中，为了控制访谈过程并确保数据一致性，常采用的方法是（ ）。
   A. 深度访谈　　　　　　　　　　B. 焦点小组访谈
   C. 结构化访谈　　　　　　　　　D. 邮件访谈

3. 访谈法相比问卷调查法的优势在于（ ）。
   A. 覆盖范围广　　　　　　　　　B. 数据标准化程度高
   C. 灵活性强，可深入探讨　　　　D. 成本低廉

4. 在访谈过程中，为了避免引导性提问，应（ ）。
   A. 使用开放式问题　　　　　　　B. 预设答案选项
   C. 多次重复相同问题　　　　　　D. 强调调查者的观点

5. 在访谈法的数据收集过程中，最重要的伦理原则是（ ）。
   A. 匿名性　　　　　　　　　　　B. 保密性
   C. 真实性　　　　　　　　　　　D. 客观性

6. 关于访谈员的培训，（ ）不是必要的。
   A. 沟通技巧培训　　　　　　　　B. 专业知识培训
   C. 数据分析培训　　　　　　　　D. 访谈礼仪培训

7. 访谈记录中，最重要的是确保（ ）。
   A. 访谈时长　　　　　　　　　　B. 访谈地点
   C. 访谈内容的准确性和完整性　　D. 访谈对象的年龄和性别

8. 以下不属于街头拦截访谈法的优点的是（ ）。
   A. 有代表性　　　　　　　　　　B. 可配合物理刺激

C. 适用于复杂问题　　　　　　　　D. 应答率高

9. 焦点访谈法访谈时间最好控制在（　　　）。

A. 1 小时之内　　　　　　　　　　B. 1.5~2.5 小时

C. 0.5 小时之内　　　　　　　　　D. 2 小时之内

10. 根据一次被访谈的人数，可将访谈划分为（　　　）。

A. 直接访谈和间接访谈　　　　　　B. 个别访谈和集体访谈

C. 一般访谈和特殊访谈　　　　　　D. 结构式访谈和无结构式访谈

（二）多项选择题

1. 访谈法的主要类型包括（　　　）。

A. 深度访谈　　　　　　　　　　　B. 焦点小组访谈

C. 结构化访谈　　　　　　　　　　D. 半结构化访谈

E. 非结构化访谈

2. 访谈法相较于问卷调查法的优势在于（　　　）。

A. 能够深入探讨受访者的内心想法　B. 数据收集过程更加灵活

C. 便于大规模样本收集　　　　　　D. 数据标准化程度高

E. 适用于复杂问题的探究

3. 在选择访谈对象时，应考虑的因素有（　　　）。

A. 目标市场的代表性　　　　　　　B. 访谈对象的年龄和职业

C. 访谈对象的地理位置　　　　　　D. 访谈对象的可用性和便利性

E. 访谈对象的意见领袖地位

4. 访谈过程中，访谈员应具备的关键能力包括（　　　）。

A. 良好的沟通技巧　　　　　　　　B. 敏锐的观察力

C. 深入分析问题的能力　　　　　　D. 强大的心理抗压能力

E. 尊重并保护受访者隐私

5. 访谈记录的重要性体现在（　　　）。

A. 确保访谈内容的准确性　　　　　B. 为后续数据分析提供基础

C. 便于撰写调研报告　　　　　　　D. 验证访谈过程中的观察

E. 提高访谈效率

6. 访谈法在市场调查中的应用场景包括（　　　）。

A. 消费者行为研究　　　　　　　　B. 员工满意度调查

C. 竞争对手分析　　　　　　　　　D. 公共政策评估

E. 工程技术测试

7. 下列行为中，访谈员在访谈过程中应避免（　　　）。

A. 主观臆断受访者的回答　　　　　B. 打断受访者的发言

C. 使用引导性提问　　　　　　　　D. 忽视受访者的非言语信息

E. 立即进行数据分析

8. 访谈前准备工作中，访谈员应（　　）。
   A. 设计访谈大纲　　　　　　　　　B. 了解受访者的背景信息
   C. 确定访谈地点和时间　　　　　　D. 立即进行数据分析
   E. 熟悉访谈技巧

9. 访谈法的局限性主要体现在（　　）。
   A. 成本较高　　　　　　　　　　　B. 样本量有限
   C. 数据标准化困难　　　　　　　　D. 适用于所有类型的研究
   E. 访谈员主观影响

10. 提高访谈效率和质量的方法包括（　　）。
   A. 设定明确的访谈目标和问题　　　B. 对访谈员进行专业培训
   C. 使用标准化的访谈工具　　　　　D. 灵活调整访谈策略以应对突发情况
   E. 访谈过程中保持中立和客观

三、案例分析

案例一：宝洁 Febreze——从除臭剂到空气清新剂

宝洁公司（procter & gamble，P&G），是全球最大的日用消费品公司之一，其总部位于美国俄亥俄州辛辛那提市，曾在《财富》杂志评选的全球 500 家最大工业/服务业企业中，排名第 75 位，全美排名第 23 位并被评为业内最受尊敬的公司。

宝洁在全球雇员超过 11 万，在全球 70 多个国家设有工厂及分公司。这些分公司覆盖广泛的地区，使宝洁的产品能够进入 140 多个国家和地区的市场。宝洁经营的产品种类繁多，包括婴儿护理、织物、秀发产品、男士理容、口腔护理、个人健康护理、皮肤和个人护理等众多产品线，并设立了 300 多个品牌，开启多品牌战略。这些品牌因其卓越的品质和广泛的市场认可度，成为消费者日常生活中的必需品。此外，宝洁公司通过五大基于产业的事业群进行运营，包括婴儿、女性与家庭护理，美尚产品，健康护理，男士理容，织物与家居护理。这些事业群管理着宝洁的十大产品事业部，负责规模最大和利润最高的市场的销售、利润、现金流和价值创造。宝洁的这种组织结构使其能够更好地适应市场变化，加速增长和创造价值。

宝洁的创立可以追溯到 1837 年，由两位年轻的英格兰移民威廉·普罗克特（William Procter）和爱尔兰移民詹姆斯·甘布尔（James Gamble）在美国俄亥俄州的辛辛那提市共同创立。这两位创始人原本各自怀揣着向美国西部寻求发展机会的梦想，却都因客观原因在辛辛那提市定居下来。威廉从事制造蜡烛的生意，而詹姆斯则学习制造肥皂。命运的安排使他们分别迎娶了诺里斯家族的两姐妹，从而结下了不解之缘。在他们岳父的撮合下，两人决定合伙创业，并于 1837 年 10 月 31 日正式确立了合作关系，开始了蜡烛和肥皂的生产。这一决定不仅奠定了宝洁公司的基石，也开启了一段传奇的商业历程。

宝洁鼓励创新思维和实验精神，不断推出新产品和服务，以满足消费者不断变化的需求。基于创新思维，宝洁采用了许多革命性的行业技术，并推出了众多打破常规的产品，Febreze 就是其中的代表之一。

Febreze 品牌创立于 1998 年，是宝洁旗下的空气清新品牌，Febreze 是由英文的"fabric"（织物）和"breeze"（微风）这两个词合成。这个品牌最初是卖织物去味产品的，后来扩展到空气清新产品。

（一）Febreze 的诞生与推广

20 世纪 90 年代，宝洁公司的一名药剂师在实验室里试验一种被称为 HPBCD（或者羟丙基 β 环糊精）的物质时发明了 Febreze 这种喷雾剂，这种喷雾剂典型的功能是去除异味。宝洁公司认为去除异味这一需求在市场上极具商机，于是启动了一个最高机密级别的项目，将 HPBCD 变成一种可行的产品。他们花了几百万美元完善配方，最后发明了一种无色无味、可以驱除几乎所有难闻气味的液体，并将其命名为 Febreze。同时组建了一支包括前华尔街数学家德雷克·史汀生（Drake Stimson）及其他习惯研究专家在内的团队，负责该产品的推广测试。

史汀生团队将 Febreze 当作消除衣物上烟味等难闻气味的除味剂进行宣传，分别设计了两个广告场景。第一个场景是一个女士在餐厅的吸烟区，每次她在那坐了一段时间再离开，身上总会沾上一股难闻的烟味，她的朋友告诉她："你要用 Febreze，你用完了以后你身上就没有烟味了。"这个场景将难闻的烟味作为购买诱因，将没有烟味作为产品使用回报。第二个场景是有一位爱养狗的女士，她的狗的名字为"苏菲"，她家里有一股"苏菲"的味道，然后她在沙发上、地毯上、衣服上用了 Febreze 以后，家里就不再有"苏菲"的味道了。

（二）Febreze 遭遇滑铁卢

1996 年，备受关注的 Febreze 开始了试销，史汀生团队将两支广告在菲尼克斯、盐湖城、博伊西以及爱达荷等地区重复播放，观察广告对于突出产品的"购买诱因"和"使用回报"成正比而起到的效果。同时他们分发样品，向邮箱投递广告，付钱让杂货商在收银机旁堆起纺布。然而，一周，两周，一个月，两个月过去了，Febreze 销量仍处于低谷，并且在不断下降，Febreze 成了一枚哑弹。

（三）探寻失败原因

在销量持续下降的情形下，宝洁的市场调查团队开始征询顾客意见并进行深入交谈以试图找出哪里出了问题。

他们在拜访了菲尼克斯城外一位女士的家之后找到了一点端倪。这间房子整洁而井井有条，女主人说她有一点洁癖。但当宝洁公司的科学家步入她的起居室时，却发现里面有九只猫常住于此，屋里的气味之大甚至使得一位科学家呕吐。据负责 Febreze 项目的史汀生说，研究员问这位女士："您是怎么处理这些猫味的？"该女士回答道："这完全不是一个问题。""那你现在还闻得到吗？""没有啊，"她说，"压根就没什么气味，不是吗？"上述情况并非孤例，相似的情形发生在许多其他有异味出现的家庭。

市场调研员意识到 Febreze 销售不理想的一大原因可能是人们无法觉察到生活中的

异味。比如你长期和九只猫生活在一起，那么就会对猫的味道感到习惯，而并不觉得是异味；如果一个人长期吸烟，那么也会对烟味变得不敏感，最终闻不到烟味。总结下来就是即使是最浓重的气味也会在持续的接触中消失。这就是 Febreze 失败的原因。人们对产品的购买诱因（每天都接触到的异味）"视而不见"，对于那些闻不到异味的使用者来说，更是毫不在意使用回报。

（四）寻找宣传突破口

宝洁公司雇用了哈佛商学院的教授来进行 Febreze 广告策略分析。他们收集了一些人们清洁自己房间的录影带，每个录像带时长长达数小时，内容主要为人们打扫房间的过程。他们看完了每一卷录像带，希望能找到线索帮他们把 Febreze 与人们的日常习惯联系在一起。遗憾的是，没有任何发现。

于是他们又一次进行了实地调查与采访。他们拜访亚利桑那州斯科茨代尔市郊区的一位女士时找到了突破口。这位女士四十多岁，有四个小孩。她家里十分整洁与干净，并且房间内没有任何异味，她家没有宠物也没人吸烟。但出乎所有人意料的是，她很喜欢 Febreze。

她说："我每天都用 Febreze。"

一位研究员问道："你要用它除什么味呢？"

这位女士回答道："我用它不是因为要除味，我把它用在普通的日常清洁里，打扫完一个房间后我就会洒几滴。"

随后，她打扫房间的时候，研究员在后面跟着。在卧室里，她铺好了床，整了整床单，然后往床单上洒了几滴 Febreze；在卧室里，她用吸尘器打扫，收起了孩子们的鞋，把咖啡桌挪正，然后往刚打扫好的地毯上撒了几滴 Febreze。这位女士转身对研究员说道："这很好，你知道吗？我每打扫完一个房间就会撒上一点 Febreze，这就像是个小小的庆祝仪式。"研究团队根据她的日常使用量进行推测，这位女士大概每两周就能用完一瓶 Febreze。

受到这位女士的启发，研究员们再次重新观看了那些清洁房间的录像带，发现人们打扫房间有一个共同的行为模式。在一段录像中，一个妇女走进一个脏乱的房间（行为提示），然后开始扫地并收拾地上的玩具（惯例模式），做完清洁后她环顾房间露出了一个微笑（奖励）。另一段录像中，一名女性对着没有收拾的床皱起了眉头（行为提示），接下来她把毛毯和棉被整理了一下（惯例模式），最后当她抚摸着整洁的床铺时长出了一口气（奖励）。

一直以来宝洁想要用 Febreze 帮助人们建立一个全新的行为习惯，但实际上只需要把使用 Febreze 作为一个环节插入人们日常的行为模式中即可，让它变成清洁行为的一个组成部分，而不是创造全新的清洁习惯。

（五）从除臭剂到空气清新剂

根据调查结果，宝洁更新了产品，在 Febreze 的配方里加入了更多香精，这样它就不止能中和气味，还有独特的香味。同时推出了全新的广告，在广告当中，女主人在结束房间的日常打扫之后，向整洁的床上和刚洗干净的衣服上喷了一些 Febreze。每条广告都围绕人们的行为模式展开：当你打扫完房间后，喷一些 Febreze，然后沉浸在它的香味中，并享受其中；当你收拾完床铺之后，喷一些 Febreze，然后十分享受地吸上一口气。广告告诉人们，使用 Febreze 不再只是除去房间的臭味，更是一种愉悦的享受。Febreze 不再只用于消除异味，更可以用在十分干净的物品上，成为空气清新剂。

1998 年夏天，Febreze 再次闪亮登场，两个月内它的销量翻番。一年后，这个产品给宝洁带来了两亿三千万美元的收益。在那之后，Febreze 又有了空气清新剂、蜡烛、洗涤剂等相关产品。最后，宝洁公司再告诉消费者 Febreze 不仅味道好闻，还能消除难闻的气味。如今，Febreze 仍旧是宝洁全球最畅销的产品之一。

问题：

1. 结合案例分析，访谈法是如何帮助宝洁识别 Febreze 最初失败的原因的？

2. 访谈法如何帮助宝洁确定 Febreze 的新产品定位？

3. 除了访谈法，宝洁在 Febreze 整体运营过程中还使用了什么调查方法？探讨这些调查方法在使用中有何优势与限制。

案例二：用户心中更好的关节镜[①]

近年来，我国经济上的高速发展，不仅提升了人们的生活水平，让人们的物质生活更加丰富，也促使人们对健康的需求日益增强。健康中国战略的深入实施，更是将国民健康提升到了国家战略的高度，国家通过全面推进健康教育、健康促进、疾病预防和医疗卫生服务，力求实现全民健康和健康中国的宏伟目标。另外，人口老龄化的加速发展，使得老年人口比例不断攀升，这一社会现象进一步加剧了人们对健康问题的关注与重视。在此背景下，从个人到社会，从家庭到政府，都在积极行动，共同应对健康挑战，努力提升国民的整体健康水平。

大数据、人工智能等前沿技术的迅猛发展，正以前所未有的速度改变着医疗领域的面貌。智慧医疗作为医疗行业的新兴趋势，正逐步成为推动医疗服务创新与升级的重要力量。通过大数据分析和人工智能算法，医生能够更精准地进行疾病诊断、风险评估和个性化治疗方案的制定，极大地提高了医疗服务的效率和准确性。同时，智慧医疗的普及还促进了医疗资源的优化配置和医疗服务的便捷化，使得患者能够享受到更加高效、便捷的医疗服务。对于医疗器械公司而言，面对竞争日益激烈的市场环境，基于智慧医疗、更符合用户需求的医疗产品已成为企业生存发展的基石。只有紧跟技术潮流，不断创新，企业才能在激烈的市场竞争中立于不败之地，实现企业的可持续发展。

H 集团是一家全球领先的智能制造、传感器、软硬件和数字信息技术解决方案的提供商。近些年，H 集团持续加强中国本土化战略，聚焦于智能制造及智慧城市两大板块，构建适应我国国情发展的产品架构和经营体系。随着智慧医疗的持续发展，H 集团也开始布局医疗领域，在医疗器械方面持续发力。

---

① 王玮瑶. 智慧医疗背景下 H 公司关节镜产品规划［D］. 山东：山东大学，2023.

山东大学王玮瑶等学者基于智慧医疗背景对 H 集团的关节镜医疗器械产品进行了规划。真正的好产品是切实符合用户需求、解决用户痛点问题的产品。在产品规划中，王玮瑶通过竞争对手分析、用户需求调查进而对 H 集团关节镜医疗器械产品的单一产品进行设计，最后对整体产品线进行了规划。

关节镜产品的使用者群体较为固定，包括两类：运动学领域的专家以及骨科临床医生。王玮瑶在进行用户访谈时选择了 3 类对象共计 16 人，其中医院院长 1 人（以下简称"院长"）、运动医学及骨科专家 4 人（以下简称"专家"）、运动医学及骨科在读博士 11 人（以下简称"博士"），访谈方式则选择一对一深度访谈。

访谈提纲围绕关节镜的使用场景、使用习惯、产品基础、必备功能、现有产品急需解决的难题、对产品的功能及设计建议等进行问题设计，同时在访谈中为被访者留有足够自由表达想法的时间。具体访谈提纲如表 3-1 所示。

表 3-1　关节镜产品访谈提纲

问题类型	具体问题
半结构化问题	您的职位及主要负责的工作？ 您使用关节镜的经验及使用频率怎样？ 您平时使用关节镜有什么使用习惯和偏好？ 您所使用的关节镜的基础性且必需功能有哪些？ 您都用过哪些品牌的关节镜，他们的优缺点都有哪些？ 您认为一台合格的关节镜产品需要满足的要求有哪些？ 在上述您使用的关节镜产品中，您认为最好的功能是什么？最差的功能是什么？ 若是您来设计一款关节镜，您认为有哪些需要新增或者改进的功能、设计和创新？ 您认为在未来，关节镜会发展成什么样？整个行业会有什么趋势？
开放性问题	刚才提到的关节镜手柄舒适度，您有一些具体的想法和建议吗？ 专业医生的整体数量和增长速度能否跟得上运动医学快速发展的趋势？ 在您所管理的医院，医生的关节镜使用频率和真实技术水平是什么样的？ 患者或者患者家属对关节镜的接受程度怎么样？使用关节镜与普通手术的费用差距有多少？ 关节镜的产品形态，您认为是现有既定产品的形态，还是您自己有理想化的设计或者期望？

根据访谈结果，王玮瑶对被访者的回答进行了归纳总结，并转化为产品需求点，进而对应到关节镜产品的功能设计方面。

（一）成像清晰，图像无噪点、无延迟、不卡顿

关节镜的成像效果和图像传输效率等方面，从医生的直观感受角度，有进一步提升的空间。被访者的核心观点以及相应用户需求见表 3-2。

表3-2 访谈内容整理（部分）

被访者	核心观点	对应用户需求
院长	关节镜首先追求的是成像的准确、没有延迟等主观使用感受，医生并不会特别关注清晰度相关的技术参数，如4K、1080P等	成像清晰，图像无噪点、无延迟、不卡顿
博士一	关节镜图像不延迟、不卡顿，颜色不失真，对医生在关节镜手术中的判断至关重要	
博士二	医院现有的关节镜产品在有些时候还是会概率性地出现一些轻微的噪点	

（二）需更符合人体工学设计

目前关节镜产品工业化设计语言偏多，缺乏人本设计理念，操作手柄和交互界面人性化、智能化方面仍有巨大提升空间，对于适合人体工学设计的舒适操作模式是使用者的迫切需求。被访者的核心观点以及相应用户需求见表3-3。

表3-3 访谈内容整理（部分）

被访者	核心观点	对应用户需求
专家一	关节镜手柄的握持舒适度非常重要，医生操作用起来顺手，才能方便找到病灶并执行相关手术操作，现在使用过的几款产品的手柄偏大，握持和操作不太方便	需更符合人体工学设计
专家二	假如关节镜产品在保证稳定性的前提下，可以摆脱线缆，减小体积，产品的易用度将大幅提升	
博士三	关节镜产品美观大方，与医院其他医疗器械产品风格统一，也是医院整体形象提升的一种体现	
博士四	产品美观，拒绝工业化冷冰冰的设计，外观要耐看，也要体现品质	
博士五	现有关节镜产品的手柄握持手感有待加强，手柄上操作按键的布局也有调整和优化的空间	

（三）进一步拓展功能模块及使用场景

目前，关节镜产品一般仅应用于手术室的单一情境。为满足不同使用场景，如疫情、军事、方舱医院等其他场景，或医院手术室场景下不同层次医院情形，如大型三甲医院和社区医院，关节镜应有不同的款式。被访者的核心观点以及相应用户需求见表3-4。

表3-4 访谈内容整理（部分）

被访者	核心观点	对应用户需求
院长	（1）从医院经营角度，若关节镜通过更换配件，能在骨科之外的其他科室使用，例如心内科、泌尿科、妇科等，将会为医院节省相当一部分开支； （2）对于不同类型的医院，预算不同，应该有不同档次的产品	可拓展功能模块、可拓展使用场景
专家三	对于疫情、军事作战、方舱医院等需要移动的场景，也应有能在移动场景下，可以方便使用的、便携式的关节镜产品，产品不一定有很高的参数，但一定要轻便、方便，能快速进行诊断和治疗	

（四）增设提升工作效率及效果的功能

目前的关节镜产品功能仍旧有限，对于如手术过程视频保存、5G 和 Wi-Fi 功能等均未实现。被访者的核心观点以及相应用户需求见表 3-5。

表 3-5　访谈内容整理（部分）

被访者	核心观点	对应用户需求
专家二	现在医院使用的关节镜，有的无法增加 5G、Wi-Fi、手术导航等功能，有的虽然可以增加，但是必须使用原品牌的产品，其价格贵，使用起来有很高的学习成本，新手医生和年长医生需要很长的实习期或适应期	增设提升工作效率及效果的功能
博士六	在关节镜手术中，增加保存手术过程视频的功能，这样可以方便将院长和主任的手术过程作为优秀案例教学	
博士七	关节镜要有手术视频录像功能，这样可以方便记录医生的手术过程。 其次是保存下来的手术视频应该有外接的拷贝接口，方便在未来导出	
博士八	在未来，关节镜的形态有可能因为技术的突破而产生翻天覆地的变化，实时影像可以通过 AR 和 VR 技术远程显示，用于跨院区的远程诊疗	

（五）产品应结实耐用

在关节镜的使用过程中，用户要求产品能够耐酒精擦拭、耐紫外线消毒，同时具有较强的稳定性及较长的产品使用寿命。被访者的核心观点以及相应用户需求见表 3-6。

表 3-6　访谈内容整理（部分）

被访者	核心观点	对应用户需求
专家一	现在医院全部使用进口关节镜，对国产关节镜产品仍持观望态度，希望国产关节镜效果和质量过关，逐渐进入三甲和运动医学专科医院	产品应结实耐用
专家四	假如使用国产关节镜产品，对产品的期望是价格优惠且功能齐全，产品品质至少达到进口品牌水平	
博士九	关节镜的产品质量和品质一定要过硬，耐酒精等消毒溶液擦拭、耐紫外线消毒，使得关节镜是可以在医院长期使用的产品，故障率尽可能低，保证产品的稳定性	
博士十	希望关节镜的开机时间进一步缩短，产品在出现故障或者需要维护时，不需要邀请专业的原厂人员，医护人员可以快速判定产品故障并及时消除	

结合访谈结果中用户的需求特点，王玮瑶最终进行了 H 集团关节镜产品功能详细规划，具体如表 3-7 所示。

表 3-7   关节镜产品功能详细规划

要点	产品功能详细规划
需求一：图像清晰	集合区域消光技术、HDR 成像技术、机器学习技术、Binning 技术、流水线合并技术、多帧数据姿态优化技术，优化图像，提升图像显示效果
需求二：符合人体工学设计	手柄、主机、台车全新人体工学设计，手柄按键重新布局
需求三：可拓展	科室拓展功能：支持神经科、内科、妇科、耳鼻喉科等科室拓展，同步规划移动场景下的便携式关节镜产品功能模块拓展功能：支持 5G、Wi-Fi、荧光等模块拓展
需求四：增加功能	增加视频录制及导出功能
需求五：质量结实耐用	支持各种医学消毒试剂的擦拭和紫外线的消毒，防水防尘等级达到 IP65

在智慧医疗的大背景下，王玮瑶基于用户需求优化后的关节镜技术，不仅能够进一步提高产品适应力，更能有效提升医疗服务的效率与质量，其中增加的视频录制及导出等功能更是能够起到促进医学人才培养的重要作用，对于推动医疗技术的发展和创新均有着重要的意义和作用。

问题：

1. 结合案例分析王玮瑶在用户需求调查时，为何选择使用深度访谈而非其他调查方法？

2. 结合案例分析，在用户需求的访谈过程中，王玮瑶如何确保访谈内容的深度及广度？

3. 案例中的访谈结果是如何转化为具体的关节镜产品功能设计的？

4. 你认为王玮瑶在访谈过程中可能会遇到哪些挑战？又有何解决建议？

案例三：如何俘获 Z 世代的心

"80 后""90 后""00 后"，我们常常听到这样的标签或称呼，这是人们将不同时代的人按出生年份进行了划分。在欧洲，人们则习惯将不同时代的人按照 X、Y、Z 进行划分，就形成了 X 世代、Y 世代以及 Z 世代的说法。

其中，X 世代是指 1965—1980 年出生的人，他们在 20 世纪 80 年代长大，是未知、迷茫的一代人；Y 世代是指 1980—1995 年出生的人，他们经历了电脑和因特网的迅速普及，由此形成了与 X 世代截然不同的生活态度和价值观，他们大多自信、乐观、坦率、有主见、见识广；Z 世代是指 1995—2010 年出生的人，是数字技术的原住民，互联网和数码产品是他们日常生活的一部分。

2023 年，Z 世代以 32.1% 的超高比例成为世界人口最多的代际。2024 年，尼尔森 IQ（简称"NIQ"）与世界数据实验室（WDL）联合发布的首份《Z 世代消费报告》显示，从全球范围看，预计到 2030 年，Z 世代市场的购买能力将达到 12 万亿美元。Z 世代作为有史以来人数最多且首批真正全球化的一代，已然成为工作、生活、投资及消费等各大领域的生力军及新生力量。及时且充分了解其偏好、消费习惯、价值观、优先事项、购物方式和地点、选购的产品及其青睐的购物模式，将是企业寻求稳定增长的必经之路。

（一）WZB公司简介

WZB公司成立于2020年，是一家集科技创新、自然成分探索与个性化定制服务于一体的综合性美妆护肤企业，致力于引领未来美妆护肤的新风尚。WZB深耕高端美妆与精准护肤两大核心领域，融合前沿生物科技、大数据分析及人工智能算法，为消费者提供从日常基础护肤到专业彩妆解决方案的产品与服务。WZB不断探索自然界中的珍稀成分，结合现代科技力量，致力于打造既安全有效又环保可持续的美妆护肤产品。企业愿景：成为全球美妆护肤领域的技术创新者与可持续发展领导者，通过科技与自然的和谐共生，让每个人都能享受到量身定制的美丽与健康，共同塑造更加美好的地球未来。

WZB的主要目标顾客聚焦于追求高品质生活、注重个性化表达、关注环境保护与健康美丽的现代都市人群，包括但不限于Z世代年轻消费者、职场精英及环保倡导者。其主要业务领域主要包括环保彩妆与成品护肤品、个性化护肤定制、智能美妆体验以及健康生活美学社区四大模块。

（1）环保彩妆与成品护肤品：WZB在坚持环保理念的同时，研发并推广一系列使用可降解包装、无添加有害化学物质、富含高浓度天然成分的成品护肤品。这些产品涵盖基础护肤（洁面、爽肤水、面霜等）、功能性护肤（抗老、美白、修复等）以及彩妆系列，旨在为消费者提供全面、安全、有效的美妆护肤解决方案。

（2）个性化护肤定制：利用AI皮肤检测技术，快速分析用户肤质数据，提供一对一的个性化护肤方案及专属护肤品定制服务。

（3）智能美妆体验：开发智能美妆镜、虚拟试妆App等高科技产品，让消费者在家即可享受专业级的美妆体验与咨询服务。

（4）健康生活美学社区：构建线上线下融合的健康生活美学交流平台，分享护肤知识、美妆技巧及健康生活方式，打造用户黏性强的社群生态。

（二）WZB尝试深入了解Z世代消费者

WZB于2023年7月计划推出新品护肤品——"美DAY"，同时计划进一步升级个性化护肤定制服务，通过自建App及小程序同时联动线下门店的方式开展客户服务。为进一步提升"美DAY"产品的市场适应力，增强个性化护肤定制服务的市场接受度，WZB开启了为期一月的Z时代消费者调研活动。

在精心策划的Z时代消费者调研活动中，WZB不仅注重内容的深度与广度，更在细节上力求贴近年轻消费者的喜好与习惯。为了确保调研数据的真实性与有效性，WZB充分利用了社交媒体平台的广泛影响力，以微博及小红书为主战场，通过创意海报、短视频等形式，生动阐述调研目的与意义，激发Z世代群体的参与热情，并发布详细的调研指南及报名链接，吸引符合条件的被访者踊跃报名。

招募过程中，WZB特别强调参与者的多样性与代表性，力求覆盖不同性别、年龄层、职业背景及护肤偏好的Z时代消费者，以确保调研结果能够全面反映该群体的真实需求与期望。经过严格筛选，最终确定了 500 名符合条件的参与者。

本次调研主要采用访谈的方式开展，其访谈提纲如表 3-8 所示。与众不同的是，WZB 深知 Z 世代消费者对互动体验的高要求，采用了线下面对面访谈与线上视频访谈相结合的方式（其中以线下面对面访谈为主），既保留了传统访谈的深入性与直接性，又兼顾了远程参与者的便捷性。每组访谈控制在 10 人以内，旨在营造轻松愉快的交流氛围，鼓励被访者畅所欲言，分享自己的护肤心得、挑战及对未来护肤产品的期待。

表 3-8　WZB 访谈提纲

题号	具体问题
1	您的日常喜好是什么？能否简单介绍一下自己的生活方式？
2	您的日常消费主要花费在哪些方面？主要消费原因是什么？
3	您平时喜欢在哪些平台上进行商品浏览与咨询？
4	您平时喜欢通过什么方式或者平台进行产品购买？
5	您目前最青睐的品牌有哪些？您觉得这些品牌最吸引您的地方分别是什么？
6	哪些因素会让您想要尝试某个具体产品？
7	您在购买护肤品或者彩妆产品时看重哪些方面？
8	产品体验您会想要分享给其他人吗？如果会的话您一般通过什么方式进行分享？
9	什么样的产品会让您觉得眼前一亮？
10	您愿意尝试私人订制护肤品及护肤方案吗？您如何看待这类产品？
11	您对于护肤类产品有什么期望？
12	您对于美妆类产品有什么期望？

此外，WZB 还贴心地在访谈前征询了每位被访者的个性化需求，如偏好的茶饮与甜点类型，并在访谈现场精心准备，这一细节不仅体现了品牌对消费者体验的极致追求，也进一步拉近了品牌与消费者之间的距离。访谈结束后，每位参与者都将获得一份包含 WZB 最新产品的礼包，作为对他们真诚反馈的感谢，同时 WZB 告诉被访者欢迎大家在任何平台发布自己的使用感受，更热烈欢迎大家与 WZB 任何自媒体官方账号互动。

（三）WZB 调研结果

通过后期资料整理与分析，WZB 认为 Z 世代目标受众具有以下特点：

（1）Z 世代消费者喜爱社交，具有较强的社交属性。Z 世代消费者相较于其他世代消费者天生具有更强的社交属性，相较于京东、淘宝等常见的购物平台，Z 世代在进行产品购买时更喜欢浏览小红书这样的生活式平台。更明显的是，他们更喜欢分享自己的想法与感受，无论是看了一场电影，吃了一顿美食，还是享受了一段美好的旅程，他们都更愿意在社会化媒体进行展示。另外，调研发现，Z 世代消费者有时候做一件事可能仅仅是为了获取一份谈资，从而在社交过程中彰显自己的与众不同，成为人群中的焦点，当出现新鲜事物时，他们也非常愿意尝试。

（2）Z世代的消费者愿意花较多的钱在体验消费上。Z世代的消费者不仅愿意购买实体产品，也愿意在无形的体验上花较多的金钱。Z世代早已对数字化的体验式消费习以为常，人工智能、VR、AR等新兴技术的发展与应用更是契合了Z世代追求体验的特征。另外，与其他世代消费者不同的是，Z时代消费者在消费时更愿意为自己的兴趣爱好买单，更容易在情感、精神诉求的驱动下消费。如不少Z世代消费者基于对某位偶像的喜欢，带动其愿意购买偶像代言的产品、观看偶像出演的产品，也愿意购买偶像的相关周边产品。

（3）Z时代的消费者对于产品十分注重颜值。Z时代的消费者，作为数字原生代与个性化表达的先锋，他们对于产品的审美需求达到了前所未有的高度，显著体现在对产品颜值的极致追求上。"颜值即正义"的理念在Z世代消费者中十分常见，他们认为产品的外观设计不仅是功能性的延伸，更是个人品位、生活态度乃至价值观的直观展现。他们愿意为那些融合了创新美学设计、独特视觉元素与精湛工艺的产品买单，因为这些产品能够让他们在社交媒体上脱颖而出，成为话题焦点。此外，Z时代消费者还倾向于支持那些能够体现可持续发展理念、融入环保元素的产品设计，他们相信美丽与责任可以并行不悖。

（4）消费观及生活方式更强调自我及个性表达。对于Z世代而言，消费不仅仅是为了满足基本的生活需求或追求经济实惠，更是一种自我表达、身份认同和社交互动的方式。他们愿意为那些能够触动自己内心、符合个人审美或能够彰显个性特质的商品支付溢价。当然，这并不意味着Z世代消费者完全忽视性价比。在追求个人爱好的同时，他们也会根据自身的经济能力和实际需求进行理性消费。然而，与以往不同的是，性价比在Z世代的消费决策中不再是唯一的决定性因素，而是与个人爱好、情感体验等因素相互交织、共同影响消费选择。在生活方式上，Z时代消费者更加追求自由、独立和个性化的生活方式。他们不再受传统观念和规则的束缚，而是勇于尝试新事物、挑战自我，追求更加多元和丰富的生活体验。通过社交媒体、线上社群等渠道，Z时代消费者能够找到志同道合的伙伴，共同分享生活点滴、交流消费心得，从而在相互认同和支持中进一步强化自我认同和归属感。

（四）WZB瞄准Z世代消费者

WZB结合调查结果，有针对性地制定了"美DAY"产品设计优化、新媒体推广等一系列营销策略。

（1）产品设计优化：内外兼修，文化融合

在产品设计的内核上，WZB坚持"自然之美，源于天然"的理念，精选优质天然成分，确保每一款产品都能为消费者带来温和而高效的护肤体验。外在表现上，WZB力争打造高颜值的外观设计，将传统文化元素与现代国潮风尚巧妙融合，通过独特的外观设计语言，如采用传统图案的现代演绎、色彩搭配上的国风韵味等，让产品不仅具有实用性，更成为传递文化自信的时尚单品。此外，WZB还积极寻求与热门影视剧IP、知名博物馆等文化机构的跨界合作，推出限量版联名产品，进一步丰富产品线，提升品牌的文化内涵与收藏价值。

（2）新媒体推广策略：精准定位，创意无限

在新媒体推广领域，WZB 紧跟 Z 世代消费者的步伐，创新性地运用谐音梗打造"今天你美 DAY 美呆了吗"这一朗朗上口、易于传播的推广口号，迅速在年轻人的社交媒体圈引发共鸣。同时，团队精选小红书、抖音、B 站等 Z 世代高度聚集的社交平台，与平台内影响力广泛的 KOL（关键意见领袖）合作，通过他们的真实体验分享与创意内容创作，有效扩大品牌曝光度与好感度。

不仅如此，WZB 还积极探索内容植入的深度营销方式，巧妙地将品牌信息与 Z 世代喜爱的脱口秀节目、短视频内容相结合，以轻松幽默、贴近生活的形式展现产品特性，使品牌信息在潜移默化中深入人心。这种高度融入消费者日常娱乐生活的内容营销策略，极大地提升了品牌的亲和力与记忆点。

（3）定制服务促销：强化社交属性，共享美丽时光

针对护肤品及护肤方案的定制服务，WZB 精心策划了"可以共患难，更要一起美"主题促销活动，旨在通过强化社交属性，激发消费者的参与热情与分享欲望。活动鼓励闺蜜或好友结伴而来，共同体验个性化护肤定制服务，并享受一人免单的优惠福利。这一举措不仅满足了消费者对高品质护肤体验的追求，更促进了人与人之间的情感交流，让美丽成为连接彼此的桥梁。同时，活动主题本身也极具传播力，能够激发消费者的社交分享欲望，进一步扩大品牌的影响力与口碑效应。

问题：

1. 回顾 WZB 开展市场调查的过程，总结其过程中有什么亮点？

2. 结合案例分析，WZB 为何要这样设计访谈提纲？

3. 结合案例探讨 WZB 制定具体营销策略的具体原因。

四、延伸阅读

电话访谈法在门诊筛查苯二氮䓬类药物依赖的应用尝试①

苯二氮䓬类药物（简称"BZDs"）是一种镇静催眠药物，主要用于镇静、抗焦虑、抗癫痫及酒精戒断治疗等，因其良好的临床效用和较高的安全性在各个科室被广泛使用。但长期使用该药物具有一定的依赖性，且因其临床治疗属性，BZDs 依赖具有一定的隐蔽性。虽然 BZDs 滥用及依赖问题关注度日益上升，但临床上不规范使用情况仍存在。门诊中 BZDs 使用具有情况复杂、数据量大的特点，已有的调查多局限于使用医院信息系统（简称"HIS"）或自制调查问卷来进行短期横断面调查，对于处方者后续追踪则相对较少。而苯二氮䓬类药物依赖的自评量表（简称"BDEPQ"）及酒精、烟草和精神活性物质使用相关问题筛查量表（简称"ASSIST"）在使用中具有耗时长、操作相对复杂、难以适应大规模门诊筛查的局限。

① 徐佩茹，陈建平，田月洁，等. 电话访谈法在门诊筛查苯二氮䓬类药物依赖的效果分析［J］. 中国药物依赖性杂志，2024（1）：69-74.

徐佩茹、陈建平等学者则尝试建立了一种基于结构式访谈纲要的电话访谈法，作为 BZDs 依赖监测的初筛工具，并对其进行可行性及效果分析，进而达到提高门诊开展 BZDs 依赖监测效率的目的。

研究团队根据 ICD-10 中"药物依赖"的诊断标准设计了结构式访谈提纲，具体如表 3-9 所示。研究团队通过 HIS 调取 2019 年某精神专科医院门诊处方 BZDs 的人群，筛查出 BZDs 依赖疑似人群 101 人，进而依照门诊号利用随机数字表法抽取 40 例被试者进行电话访谈，进一步判断其是否存在 BZDs 依赖，并预约现场评估及诊断时间，应用苯二氮䓬类药物依赖的自评量表对其进行评估，同时由两名精神科医师依照 ICD-10 诊断标准分别、独立对其进行现场诊断。40 名访谈对象中，1 位拒绝电话访谈，1 位未按照约定时间到院进行现场诊断，共计 38 名对象完成全过程。

电话访谈法及苯二氮䓬类药物依赖的自评量表两种诊断方法联合诊出 28 例阳性者，阳性符合率为 96.55%，阴性符合率为 77.78%，总符合率为 92.11%。Kappa 一致性检验值为 0.773（95% 置信区间：0.528~1.108），说明两者诊断一致性较好。两名精神科医生根据 ICD-10 诊断标准分别、独立进行现场诊断及电话访谈法诊断阳性者均为 29 例，阳性符合率为 93.55%，阴性符合率为 85.71%，总符合率为 92.11%。Kappa 一致性检验值为 0.751（95% 置信区间：0.484~1.018），说明该电话访谈法与现场诊断间一致性较好。

该团队的研究表明基于结构式访谈提纲而进行的电话访谈法与现场诊断及苯二氮䓬类药物依赖自评量表诊断三者之间有较好的一致性，是一种便捷有效的 BZDs 依赖初筛工具，有待在多家医疗机构进行推广验证。

表 3-9　电话访谈提纲

问题 1	请问您用过哪些催眠药？
问题 2	您最近 1 年是否一直在使用此药？1＝是；0＝否
问题 3	最初使用此药是为了缓解或治疗什么？1＝为了治疗失眠；2＝为了治疗焦虑；3＝其他
问题 4	目前此药是在医生指导下应用的吗？1＝是；0＝否
问题 5	是否出现医师建议您暂停服用该药物，而您却未能停止甚至越用越多？1＝是；0＝否
问题 6	是否感到不能离开该药？1＝是；0＝否
问题 7	因停止或减量使用该药会感到难受或心烦不安或彻夜不眠吗？1＝是；0＝否
问题 8	用这药是否会导致其他问题？比如白天困倦以至于发生交通事故或摔倒等。能举个例子吗？1＝是；0＝否
问题 9	是否可以随时停用该药且没什么不适？1＝是；0＝否
问题 10	是否来医院或去其他医院购买此药越来越频繁？1＝是；0＝否

五、实践实训

（一）任务目标

通过访谈法深入调查研究消费者在观看食品类电商直播时影响其购买决策的因素，分析电商直播情境下食品类产品的购买影响因素，为食品类企业开展电商直播营销提供实证依据和策略建议。

（二）任务描述

选定一定数量的食品类电商直播观众作为访谈对象，通过访谈了解消费者在观看食品电商直播时的购买行为、心理过程及影响因素，包括但不限于直播内容、主播魅力、产品特性、价格优惠、互动体验等方面，进而总结归纳电商直播情境下影响消费者购买食品类产品的关键因素，为食品类企业优化直播营销策略提供参考。

（三）实训步骤

1. 准备阶段

确定研究主题与目的；设计访谈问卷；选择访谈对象；制定样本选择标准，招募访谈对象；培训访谈员。

2. 实施阶段

预约访谈对象；开展访谈活动；进行数据收集。

3. 分析阶段

进行数据整理；开展数据分析提炼出影响消费者购买的关键因素；撰写调查报告。

4. 总结与反馈

组织小组讨论会，分享研究成果，讨论存在的问题和改进方向。同时，根据小组讨论的反馈意见，对研究报告进行修订和完善。

（四）考核记录表

请将任务完成情况的评价填入以下考核记录表：

组别：　　　　　　　　　　　　　　　姓名：

考核项目	评分标准	分值	得分
访谈准备	访谈问卷设计合理，问题明确；访谈对象选择具有代表性；访谈员培训到位	15	
访谈实施	访谈过程规范，记录准确；访谈氛围良好，访谈技巧得当	30	
数据分析	分析方法科学，结论准确；关键因素提炼全面、深入	15	
调查报告	报告结构清晰，内容完整；逻辑严密，语言流畅；建议具有针对性和可操作性	20	
团队合作	团队成员分工明确，团结协作；能积极参与讨论，具有较强执行力	20	

六、参考答案

（一）单项选择题

1. 答案：C。深度访谈是直接与被调查者面对面交流，深入探讨其观点、态度和经验的方法。

2. 答案：C。结构化访谈通过预设的问题和固定的流程来控制访谈过程，确保数据的一致性。

3. 答案：C。访谈法相比问卷调查法，其优势在于可以灵活调整问题，深入探讨受访者的观点和态度。

4. 答案：A。开放式问题不预设答案，可以避免引导性提问，让受访者自由表达。

5. 答案：B。在访谈数据收集过程中，保护受访者的隐私和确保数据的保密性是最重要的伦理原则。

6. 答案：C。访谈员的培训通常包括沟通技巧、专业知识和访谈礼仪，而数据分析是后续工作，不属于访谈员直接需要的培训。

7. 答案：C。访谈记录的核心是确保内容的准确性和完整性，以便后续的数据分析和报告撰写。

8. 答案：C。街头拦截访谈法虽然应答率高，但通常不适合用于探讨复杂问题，因为受访者可能缺乏足够的思考和准备时间。

9. 答案：B。焦点访谈法通常需要足够的时间来深入探讨问题，但时间也不宜过长，以免受访者疲劳或注意力分散。

10. 答案：B。根据一次被访谈的人数，访谈可以划分为个别访谈（一对一）和集体访谈（如焦点小组访谈）。

（二）多项选择题

1. 答案：ABCDE。访谈法的主要类型包括深度访谈、焦点小组访谈、结构化访谈、半结构化访谈和非结构化访谈。

2. 答案：ABE。访谈法相较于问卷调查法的优势在于能够深入探讨受访者的内心想法、数据收集过程更加灵活以及适用于复杂问题的探究。

3. 答案：ABDE。选择访谈对象时，应考虑目标市场的代表性、访谈对象的年龄和职业、可用性和便利性，以及意见领袖地位。

4. 答案：ABCE。访谈员应具备的关键能力包括良好的沟通技巧、敏锐的观察力、深入分析问题的能力及尊重并保护受访者隐私。

5. 答案：ABCD。访谈记录的重要性体现在确保访谈内容的准确性、为后续数据分析提供基础、便于撰写调研报告，以及验证访谈过程中的观察。

6. 答案：ABCD。访谈法在市场调查中的应用场景广泛，包括消费者行为研究、员工满意度调查、竞争对手分析和公共政策评估等。

7. 答案：ABCD。访谈员在访谈过程中应避免主观臆断受访者的回答、打断受访者的发言、使用引导性提问，以及忽视受访者的非言语信息。

8. 答案：ABCE。访谈前准备工作中，访谈员应设计访谈大纲、了解受访者的背景信息、确定访谈地点和时间，并熟悉访谈技巧。

9. 答案：ABCE。访谈法的局限性主要体现在成本较高、样本量有限、数据标准化困难及访谈员主观影响等方面。

10. 答案：ABDE。提高访谈效率和质量的方法包括设定明确的访谈目标和问题、对访谈员进行专业培训、灵活调整访谈策略以应对突发情况，以及在访谈过程中保持中立和客观。使用标准化的访谈工具虽然有助于数据一致性，但不一定是提高访谈效率和质量的关键方法。

（三）案例分析题

案例一

1. 答案解析：访谈法通过直接与用户交流，深入了解了他们对产品的看法、使用习惯及未满足的需求。在 Febreze 的案例中，宝洁通过入户访谈的方式深入了解用户，通过近距离的访谈与观察发现了关键信息：许多用户并不觉得自己的家中或衣物上有明显的异味，尤其是那些长时间处于同一环境中的用户（如养宠物或吸烟的家庭），这导致了他们对除臭剂的需求不高。此外，访谈还发现了用户对于产品使用的其他动机，如追求清洁后的愉悦感和满足感，而非仅仅是去除异味。这些信息直接帮助宝洁识别了产品最初失败的原因——产品定位与市场需求不匹配。

2. 答案解析：通过第二次入户访谈，宝洁发现了消费者使用 Febreze 不一定仅仅是为了去除异味，而是出于空气清新感和打扫后愉悦体验的需求，干净、无异味的场景也需要 Febreze。基于这些发现，宝洁决定将 Febreze 重新定位为空气清新剂，强调其在清洁后带来的清新愉悦感，而非仅仅是去除异味。这一新定位更好地满足了用户的需求和期望，从而推动了产品的成功转型和市场接受度的提升。通过访谈法，宝洁能够直接听到消费者的声音，从而做出更加精准和有效的市场决策。

3. 答案解析：在 Febreze 的运营当中，宝洁还使用了实验法与观察法。

在推广 Febreze 初期，宝洁团队进行了广告投放及产品试销的实验。实验法的优点在于：①因果明确：通过控制其他变量的影响，研究者可以单独观察某一变量变化时因变量的反应，从而确定因果关系。②结果可靠：由于实验设计通常包含随机分配、重复试验等科学原则，实验结果具有较高的可重复性和可靠性。③环境控制：实验环境可以根据研究目的进行精确控制，减少外部干扰因素对实验结果的影响。这种控制环境的能力使得实验法能够在复杂多变的市场环境中获得相对稳定的结论。④预测性强：通过模拟市场条件进行实验，研究者可以预测新产品、新服务或市场策略的市场反应，为企业决策提供科学依据。⑤灵活性高：实验设计可以根据具体研究需求进行调整，如改变实验变量、调整实验周期等，以适应不同的研究场景和目标。实验法的局限在于：①成本高昂：实验法通常需要投入大量的人力、物力和财力，包括实验设计、样本招募、数据收集和分析等环节。这使得实验法在成本上可能高于其他调查方法。②样本代表性差：虽然实验法可以通过随机分配等方式提高样本的代表性，但在实际操作中仍可能受到样本选择偏差等因素的影响，导致实验结果难以完全代表目标市场的情况。③时间周期长：由于实验设计复杂且需要较长时间来观察结果变化，实验法的时间周期可能较长。这对于需要快速响应市场变化的企业来说可能是一个挑战。

在 Febreze 初期投放失败后，宝洁团队通过一些人清洁自己房间的录影带观察人们的行为过程与习惯，进而发现了人们清洁房间的共同行为模式，该方法属于观察法。观察法的优点在于：①直观可靠：通过观察，研究者可以直观地了解市场参与者的行为、态度和反应，使数据更加真实可靠，且不仅能够收集到具体的行为数据，还能捕捉到一些非言语的信息，如面部表情、肢体语言等，这些信息对于深入理解市场现象具有重要意义。②真实性高：观察法通常在自然状态下进行，减少了人为干预和偏见的影响，使得收集到的数据更加接近真实情况。③及时性：观察法能够捕捉到正在发生的市场现象，使研究者能够及时了解市场动态和变化。观察法的局限在于：①受时间和空间的限制：观察活动必须在市场现象发生的现场进行，这限制了观察法的应用范围。另外某些市场现象可能只在特定时间或地点发生，研究者需要投入大量时间和精力进行观察和记录。②观察法主要关注外在行为表现，难以直接观察到市场参与者的心理动机、思维过程等内在因素。③对观察员要求高：观察法的结果很大程度上取决于观察员的观察能力和记录能力。因此，对观察员的专业素养和职业道德要求较高。④费用可能较高：在某些情况下，为了进行有效的观察，可能需要投入大量的人力、物力和财力，如聘请专业的观察员、购买观察设备等。

案例二

1. 答案解析：王玮瑶在用户需求调查时选择使用深度访谈而非其他调查方法可能出于下述三个原因：①关节镜的用户非大众群体，而是专业的小众群体，主要为运动学领域的专家以及骨科临床医生，这也就意味着如果使用问卷调查、网络调查此类方法会难以聚焦覆盖用户群体，同时获取的信息不够全面与深入，对受访者的想法与需求难以准确把握与理解；②面对面访谈更容易获得用户深入的需求信息。深度访谈法让访谈者与受访者能够进行深入的对话，同时通过开放式问题引导受访者表达自己的想法和感受。这种方式不仅能够收集到用户对产品功能的直接需求，更能够挖掘出潜在的需求、用户在使用过程中遇到的问题，以及对产品改进的建议；③更具灵活性和适应性。不同的用户因个体、经历等方面差异，对产品的需求具有一定的差异。访谈法相较于其他调查方法，具有灵活性与适应性的特点，能够根据受访者的回答和反应，及时调整访谈提纲和提问方式，以确保访谈的顺利进行和信息的有效收集，更适合复杂的需求分析场景。

2. 答案解析：为确保访谈内容的深度与广度，王玮瑶做了以下工作：①在访谈中使用了半结构式访谈，并提前设计了访谈提纲，提纲中既包括结构化问题也包括开放式问题，给被访者足够空间及方向进行个人观点的阐述。②半结构化问题设计全面，涵盖了受访者的个人使用信息、产品评价、功能需求、改进建议等多方面。开放式问题的设计对受访者进行了一定引导，深入了解用户对关节镜功能等方面的个人建议；③访谈结束后对访谈内容进行了整理和归纳，确保了访谈内容的完整性和系统性。

3. 答案解析：王玮瑶将访谈结果转化为具体的产品功能设计建议，具体操作体现在数据的整理与分析上。首先，她对访谈记录进行整理和分析，并总结出用户的主要需求和关注点；其次，通过统计和分类，将相似的需求和用户建议归为一类，进一步提炼其需求共同点，进而形成清晰的需求列表；最后，再将用户需求分解成可操作的产品功能设计建议。

4. 答案解析：王玮瑶在访谈过程中可能会遇到以下挑战：①受访者配合度不高。本次访谈受访者均是专业医生或博士，可能因为工作繁忙或其他原因，对访谈的配合度不高。②信息获取准确度问题。受访者可能对某些问题理解不够深入或表达不够清晰，导致获取到的信息不准确；或因表达过程中存在过多专业术语，造成信息理解有误的问题。③访谈结果一致性问题。不同受访者对同一问题的看法可能存在差异，导致访谈结果不一致。④访谈资料丰富、整理繁琐的问题。访谈过程中会产生大量的录音、笔记等资料，整理工作量较大。

针对上述可能出现的挑战，可以考虑使用下述方法来应对：①提前预约受访者，同时可根据受访者工作生活时间安排差异化的访谈时间，同时提前提供访谈提纲，提高受访者的参与度和配合度。②在获取信息不准确或有疑问时，可通过多次追问、引导性提问、举例说明等方法，帮助受访者准确表达自己的想法和需求，帮助访问者理解受访者意图。③对于差异化观点，通过综合分析多个受访者的回答和反馈，找出共性和差异点，形成更加全面和客观的需求分析结果。④对于访谈资料的整理，一是可以加强团队分工协作来开展该项活动，二是可以利用专业的访谈记录工具和软件，对访谈资料进行整理和分析，进而提高工作效率和准确性。

案例三

1. 答案解析：WZB 的整体调研过程包括调研前的准备、访谈过程开展及结束访谈。在调研前的准备阶段，WZB 通过目标受访者较为聚集的平台以目标受访者较为喜闻乐见、易接受的方式吸引受访者，既能提高访谈准备的效率，也更容易招募到符合要求的受访者。在访谈开展阶段，通过提前征询受访者关于茶饮、甜点等的偏好进而提供符合受访者心意的茶点，上述方式在茶饮文化盛行且深受 Z 世代消费者喜爱的背景下能够快速使受访者放松下来，使得访谈气氛更加融洽，让受访者敞开心扉。在结束访谈阶段，WZB 赠送给受访者企业新品，让受访者进行体验，并鼓励受访者在社交媒体上进行分享，一方面给受访者留下了好的印象，有了品牌与消费者的连接，更迎合了 Z 时代消费者的生活习惯，扩大了品牌宣传。

2. 答案解析：WZB 以开放式访谈调查了被访者的生活方式、购物平台、消费偏好及其影响因素。其中问题 1 及问题 2 主要调查被访者的生活方式，问题 3、问题 4 则对被访者的日常消费平台进行了解，问题 5 至问题 12 则循序渐进地了解了被访者在消费中的消费偏好、消费行为影响因素及期望。

3. 答案解析：WZB 在营销策略制定上抓住了调研结果中 Z 时代消费者"爱好社交、愿意在体验方面消费、注重颜值、注重个性"的特点，在产品设计方面，聚焦于颜值，同时辅以 Z 时代注重的环保及社会责任感。在新媒体推广及定制服务促销方面，则聚焦于社交，选取 Z 时代青睐的社交平台及方式开展推广，定制服务促销则融入 Z 时代消费者的社交活动。

第四章

投影技法案例

一、知识要点

　　投影技法，又称为投射法，它通过非结构化和开放式的刺激材料来激发受访者深层次的心理反应。调查者会提供一个模糊不清的情景，要求受访者迅速作出反应，由于情景的模糊性，受访者的回答往往反映出他们的真实想法和感情，而非受外界因素影响的表面回应。受访者通常不需要描述自己的行为，而是解释其他人的行为；为了减少伪装，受试者通常不知道测试的具体目的；多数情况下，回答是开放式的，测试结果受主观影响；设计和解释这些测试需要一定的心理学专业知识，且成本较高。关键步骤包括选择适当的投射技术（如墨迹测验、图片解释等）、设计能够激发受访者深层心理反应的刺激材料、组织和实施调查，并进行定性数据收集和分析。

　　投影技法的核心假设是，当人们对模糊的刺激材料（如图片、故事或情境）作出解释时，他们会无意识地投射出自身的内心世界和潜在动机。这使得投影技法在理解消费者态度、感受和潜意识方面具有独特的优势。通过这种方法，调查者可以揭示消费者的潜在需求和偏好，尤其是那些受访者可能难以直接表达或未完全意识到的心理因素，从而为产品设计、广告创意和市场战略提供有力的指导。

　　在操作过程中，需注意避免引导性问题，确保问题和刺激材料尽量中立；调查员需要具备足够的心理学知识和经验，以正确理解和解释受访者的反应；分析时要保持开放性和灵活性，捕捉受访者复杂的心理动态，同时要重视受访者的隐私，遵循伦理规范，特别是在处理敏感话题时。通过投射法，市场调查可以深入挖掘消费者数据，为企业提供更有洞察力的市场理解。

二、习题巩固

(一) 单项选择题

1. 市场调查中使用投射法的主要目的是 (　　)。

    A. 量化消费者满意度　　　　　　B. 分析消费者购买力

    C. 揭示消费者潜在需求和态度　　D. 计算市场份额

2. 在市场调查中，通常在投射法中作为刺激物的是 (　　)。

    A. 数字数据　　　　　　　　　　B. 模糊或多义性的图片

    C. 明确无误的指令　　　　　　　D. 详细的产品描述

3. 以下情况最适合使用市场调查中的投射法的是 (　　)。

    A. 当需要获得消费者的直接反馈时

    B. 当需要分析具体的市场数据时

    C. 当探索消费者未能明确表达的感受和态度时

    D. 当进行市场份额的定量分析时

4. 投射法在市场调查中的一个关键操作步骤是 (　　)。

    A. 定量数据分析　　　　　　　　B. 设计刺激材料

    C. 制定调查问卷　　　　　　　　D. 计算样本量

5. 在分析市场调查的投射法数据时，研究者应该特别注意的是 (　　)。

    A. 统计显著性　　　　　　　　　B. 受访者的直接回答

    C. 受访者反应的深层含义　　　　D. 调查问卷的结构

6. 在市场调查中，投射法的一个主要优点是 (　　)。

    A. 结果易于量化　　　　　　　　B. 能够揭示深层次的消费者洞察

    C. 操作过程简单快捷　　　　　　D. 成本较低

7. 选择合适的投射技术最需要考虑的因素是 (　　)。

    A. 调查的预算　　　　　　　　　B. 调查目标和受众特点

    C. 可用的技术工具　　　　　　　D. 时间限制

8. 在市场调查中，投射法最适合收集的信息是 (　　)。

    A. 客观事实　　　　　　　　　　B. 消费者行为数据

    C. 潜在的心理态度和感受　　　　D. 价格敏感度

9. 在进行投射法市场调查时，以下调查员的技能中，最为重要的是 (　　)。

    A. 快速计算的能力　　　　　　　B. 强大的记忆力

    C. 理解和解释受访者反应的能力　D. 高效的时间管理

10. 保护受访者隐私在投射法市场调查中的重要性体现主要体现在 (　　)。

    A. 保证数据的准确性　　　　　　B. 促进受访者的诚实回答

    C. 提高调查的响应率　　　　　　D. 遵循伦理准则

（二）多项选择题

1. 市场调查中投射法可以达到的目标包括（ ）。
   A. 识别消费者偏好
   B. 测量品牌知名度
   C. 揭示潜在需求
   D. 理解消费者行为动机
   E. 评估产品满意度

2. 在使用投射法进行市场调查时，应该考虑的因素是（ ）。
   A. 调查目的清晰
   B. 刺激材料的相关性
   C. 受访者的隐私保护
   D. 数据分析方法
   E. 调查结果的可预测性

3. 在市场调查中应用投射法时，可能面临的挑战有（ ）。
   A. 受访者的解释多样性
   B. 数据分析的复杂性
   C. 高成本
   D. 快速获取结果的需求
   E. 调查员的专业技能要求

4. 以下措施中，能够有效使用投射法收集市场信息的是（ ）。
   A. 选择适当的刺激材料
   B. 实施严格的数据安全措施
   C. 进行彻底的市场分析
   D. 提供充分的受访者匿名性
   E. 采用混合方法研究设计

5. 在分析投射法数据时，可以采用的方法是（ ）。
   A. 定量统计分析
   B. 定性内容分析
   C. 心理动机分析
   D. 模式识别
   E. 情感分析

6. 以下情景适合采用投射法进行调查的是（ ）。
   A. 新产品开发
   B. 广告效果评估
   C. 品牌形象研究
   D. 价格敏感度分析
   E. 竞争对手分析

7. 通过投射法能够有效获得的数据是（ ）。
   A. 理解深层消费者心理
   B. 追踪销售趋势
   C. 分析分销渠道效率
   D. 探索品牌个性
   E. 识别市场细分

8. 可以影响投射法市场调查的有效性的因素是（ ）。
   A. 受访者的文化背景
   B. 调查时间的长度
   C. 刺激材料的设计
   D. 数据收集环境
   E. 调查员的技能和经验

9. 在市场调查中使用投射法时，有助于提高数据质量的措施是（ ）。
   A. 使用标准化问卷
   B. 确保受访者的参与自愿性
   C. 实施专业培训的调查员
   D. 结合其他市场调查方法
   E. 重视受访者的反馈

10. 投射法市场调查中，有助于揭示消费者的真实感受和态度的策略是（　　　　）。

    A. 提供多种刺激材料 　　　　　　　B. 限制回答时间

    C. 采用一对一访谈 　　　　　　　　D. 鼓励自由联想

    E. 使用直接询问技术

三、案例分析

案例一：雀巢咖啡破"速溶咖啡"局

（一）雀巢公司的诞生

雀巢公司（Nestlé）由亨利·雀巢（Henri Nestlé）于 1867 年创办。1867 年，出生于德国的药剂师亨利·雀巢在瑞士推出它的"奶麦粉"，产品结合了奶粉、面粉和糖，亨利推出这种产品的受众为无法进行母乳喂养的婴儿，解决婴儿高死亡率的问题。也是这个时候，他开始使用标志性的"雀巢"标志。亨利此时六十多岁，他将位于韦威的公司和工厂出售给三个当地商人，1878 年，雀巢和英瑞两家公司开始激烈的竞争，因为他们开始销售对方的独创产品：炼乳和婴儿米粉。

1902 年，英瑞出售了公司在美国的业务，为最终雀巢和英瑞的合并铺平了道路。1905 年恩利的公司与英瑞正式合并，成为我们现在所知道的雀巢集团。集团拥有 20 多家工厂，产品售卖到非洲、亚洲、拉丁美洲和澳大利亚，受益于被称为"美好时代"的时期，雀巢集团发展成为一家全球性的乳业公司。

1914 年，第一次世界大战的爆发带来了新的挑战和机会。战争使得人们对炼乳和巧克力的需求增加，但原材料短缺和跨境交易的困难阻碍了生产。为了解决这一问题，公司收购了美国和澳大利亚的加工工厂，在第一次世界大战结束时，雀巢公司拥有了40 家工厂。

1921 年价格下降和高库存导致雀巢英瑞公司第一次面临财务损失。银行家路易斯·达波尔加盟雀巢英瑞公司，被任命为危机处理经理。他首次鼓励公司任命职业经理人，之后公司开始集中管理，科研部门也被集中起来，统一在瑞士韦威的实验室开展工作。雀巢收购了起源于 1819 年的瑞士最大的巧克力公司，自此，巧克力业务成为雀巢英瑞公司的主营业务。

（二）雀巢咖啡的诞生与困境

1938 年，雀巢咖啡作为一种能够保留咖啡天然风味的纯咖啡粉末提取物被推出。这一产品通过简单的热水冲泡而成，是马克思·莫根特尔深思熟虑后的研发成果。雀巢咖啡的独特之处在于它满足了消费者快速、便捷获取咖啡的需求。其背后的推动力是巴西政府请求雀巢公司为其大量剩余的咖啡豆找到新的销路。面对这一请求，雀巢公司在危机中寻找机遇，特别是考虑到战后牛奶需求下降给公司带来的严重冲击，以及随后华尔街股灾对消费者购买力的影响。因此，雀巢公司通过加强管理团队的专业性，集中进行研发工作，于 1938 年推出雀巢速溶咖啡。

尽管雀巢公司在速溶咖啡的研发和市场推广上投入了大量的资源，但市场的反应并不符合预期。新推出的速溶咖啡在市场上销量不佳。为了解决这一问题，雀巢公司从消费者购买行为的角度出发，深入探索阻碍销售的根本原因。但是，他们的调查过程并不顺利。首先，雀巢团队开始收集消费者的购物清单数据，与零售商合作，请求顾客提供特定时间内的购物清单。研究人员对这些购物清单进行了详尽的分析，着重观察了清单上是否有咖啡产品，特别是雀巢速溶咖啡，以及消费者购买的其他商品种类，以便了解他们的偏好和生活方式。然而，他们未能在购买咖啡和购买速溶咖啡的消费者偏好上发现显著差异。

之后，雀巢公司对消费者进行了一对一访谈，以进一步探究不购买速溶咖啡的消费者的动机。这项调查为雀巢提供了一些关键洞察：第一，价格敏感性。部分消费者认为速溶咖啡的价格相对于传统咖啡来说偏高。第二，品质感知问题。一些消费者对速溶咖啡的品质持有怀疑态度，认为其口感无法与传统萃取咖啡相媲美。第三，消费习惯。许多消费者已经习惯了传统的咖啡萃取方式，对新产品持观望态度。雀巢公司利用这些信息调整了他们的产品和市场策略，尽管如此，改善效果并不显著。

研究者最终决定测试消费者对咖啡口味的偏好。进行口味测试后，他们发现参与测试的消费者并不清楚自己所饮用的是何种咖啡，这表明雀巢咖啡的口味是可以被接受的。这个结果与消费者对萃取咖啡口感更佳的观点相矛盾，测试也显示参与者无法区分速溶咖啡和研磨咖啡的味道差异。因此，研究者开始怀疑消费者并未完全表达出他们的真实感受。

1950 年，美国加州大学教授梅森·海尔（Mason Haire）成功运用投射技术，帮助雀巢公司准确发现了雀巢速溶咖啡产品陷入销售困境的原因。速溶咖啡在刚刚投入市场时，虽然具有便宜、方便、立即冲泡的优势，却遭到人们的抵制。更重要的是，速溶咖啡的广告费远远超过了普通咖啡。研究者将参与者分成两组，每组人数均为 50人，研究者给两组妇女分别看一张购货单，要求她们描写购买购货单上货物的家庭主妇是怎样的一个女人。两张购物清单中都包含相同的六个项目，不同之处在于咖啡的品牌。购物清单一中列有麦氏磨制咖啡，而清单二中则列有雀巢速溶咖啡。参与者的描述在统计分析后呈现出两种截然不同的家庭主妇形象。结果显示，48%的人认为购买雀巢速溶咖啡的主妇懒惰，而仅有2%的人对购买麦氏咖啡的主妇有同样看法；48%的人认为购买雀巢速溶咖啡的主妇在家庭购物和时间安排上缺乏规划，而购买麦氏咖啡的主妇只获得了12%的这种评价；16%的人认为购买雀巢速溶咖啡的主妇不是个好妻子，而对购买麦氏咖啡的主妇则没有此类评价①。

在当时的社会背景下，人们对合格妻子的要求之一是能够在家中自制咖啡，这被视为对家庭成员的关爱和尊重。雀巢速溶咖啡的推出正是为了解放家庭成员的劳动力，使他们能够更快更方便地为家庭制作咖啡。尽管社会公众对这一创新有所接受，但消费者形象问题依然存在。雀巢公司面临的挑战是如何避免消费者因购买速溶咖啡而背负上"懒惰、不会规划、不是好妻子"的负面形象。为此，雀巢发起了一场成功的促销活动，通过营销策略将购买速溶咖啡定位为一种节省时间的方法，使家庭主妇能够

① 林晓玮. 投射技术在用户需求分析中的应用研究 [D]. 上海：上海交通大学，2009.

将更多时间投入到更重要的家务中。雀巢通过一系列经典广告活动强化了这一点，其中包括提醒家庭主妇与远方亲戚保持联系的广告："你有多久没给他们写一封信了？"这个看似和咖啡无关，但是暗示了，利用速溶咖啡节省出来的时间，足够写封信了。通过经典的广告活动，雀巢成功转变了公众对速溶咖啡的看法，将其从一种被视为懒惰选择的产品转变为一种能够为家庭主妇节省时间，从而使其投入到更重要的家务中的理想选择。这一策略不仅消除了消费者对产品的偏见，也深刻揭示了消费者身份象征和隐含情绪的复杂层面，展现了雀巢对人性深层次洞察的能力。

（三）咖啡竞争在中国

1989 年，雀巢咖啡以"味道好极了"这一经典广告语正式登陆中国市场，经历了 30 年的发展，雀巢咖啡以 28.5% 的市场占有率位居中国咖啡市场速溶咖啡品类榜首。今天，在全球平均每秒就有 4 000 杯雀巢咖啡被享用，雀巢咖啡已成为世界领先的咖啡品牌①。

与全球市场相比，中国咖啡市场的发展空间巨大。数据显示，中国人均咖啡消费量为每年 4.7 杯，远低于美国、韩国、日本等市场，但咖啡在中国市场增速飞快，2019 年，复合年均增长率达到了 23.4%②。一份来自 World Coffee Portal 2023 年 12 月的报告称，中国拥有近 5 万家品牌咖啡店，成为全球拥有品牌咖啡店最多的国家。近几年，瑞幸、库迪等品牌大幅扩张，中国市场门店数激增，雀巢咖啡在全球市场上面临着激烈的竞争，特别是在快速增长的中国市场。这不仅包括与其他国际品牌（如星巴克、麦当劳等）的竞争，也包括本土咖啡品牌和新兴的咖啡连锁企业，在中国人口红利、消费升级、人均收入增加等诸多利好因素的影响下，多个巨头纷纷加码中国咖啡市场，如可口可乐收购 Costa、农夫山泉推出无人咖啡机。在这样的竞争背景下，雀巢不仅要保持其产品的高品质和品牌影响力，还需要深入了解中国消费者的特定需求和偏好，以及本土竞争对手的战略动态。

然而，中国市场变化极快，本土咖啡品牌用更灵活的营销方式和更快的市场数据反馈逐渐赢得了相当一部分年轻消费者的心，在制造爆款新品和品牌话题度上，国际品牌的营销逐渐落于下风。如今的中国咖啡市场与星巴克进入时已大相径庭。瑞幸、喜茶、蜜雪冰城、霸王茶姬等多个品牌圈住了不少年轻用户③。它们在开店下沉速度、价格上都更有优势，节奏和打法更符合如今平价消费的时代。细数咖啡茶饮去年出圈的几次联名，分别是瑞幸×茅台，喜茶×Fendi，以及奈雪×范特西（周杰伦早期专辑）。他们无疑都击中了消费者的情绪痛点——前两者通过制造反差并切中了年轻消费者的"炫晒"情绪痛点，用最便宜的价格消费平时无法负担的产品；后者则在激起回忆的同时兼顾了热点——"周杰伦减肥成功没""周杰伦状态是否恢复""周杰伦和蔡依林 BE真是流行音乐界的意难平"如今仍时常成为热点。

作为现磨咖啡行业的领头羊，星巴克过去 20 多年在中国堪称"躺赢"，作为行业

---

① 居思屿. 雀巢咖啡在中国市场的战略变革研究［D］. 北京：首都经济贸易大学，2020.
② 编辑部. 创新不止的电子行业：汽车电动化、智能化催生增量需求［J］. 汽车与配件，2022（5）：52-54.
③ 李东阳. 瑞幸进军新加坡，新茶饮出海为何首选东南亚［J］. 中国食品，2023（3）：99-101.

元老级品牌，在咖啡文化、第三空间的市场教育上深入人心，星巴克早已形成了一套固有的营销策略、品牌基因和营销打法。星巴克也在努力适应中国市场的变化。比如，无论是中产还是年轻人，如今对于价格都更为敏感。自2022年起，星巴克开始发放优惠券。外卖平台上的销售页面显示，有20.9元一杯的燕麦拿铁，通过2杯的形式搭售；"双11"活动期间，品牌也开始做直播卖货，销售20元左右的拿铁咖啡。纳思翰（星巴克原CEO）也首次承认，"中国是一个竞争激烈的市场，现在咖啡行业的促销活动比以往任何时候都要多"。新进入者的威胁，使得包括星巴克在内的老牌咖啡品牌不得不尝试一些年轻消费者喜爱的营销点。事实上，选择孙悟空这样的中国IP，已是星巴克目前能做的最大妥协。孙悟空是一个在海内外都颇具知名度的形象IP，此前乐高等国际品牌也都基于孙悟空来设计中国市场的产品。但对于中国的年轻人来说，或许有些过时和缺乏惊喜，他们更喜欢追逐当下的时尚和热点，并乐此不疲。这表明，在对市场及时反应时，国际品牌还有很大的提升空间。

（四）雀巢在中国的前景

雀巢公司意识到，中国市场的消费者行为、文化背景和市场环境与西方市场有着显著差异。在市场竞争日益激烈的全球环境下，精准的市场调查和预测对于企业的成功至关重要。雀巢面对的主要市场机遇是新咖啡口味的开发，同时面临的挑战是如何精准识别和满足消费者的多样化需求。为了应对这些挑战，雀巢委托一家著名的市场调查机构在美国进行了一项线上消费者问卷调查。这项调查是为了评估市场对雀巢新咖啡产品概念的接受程度，并识别潜在的目标市场。问卷包含多项选择题和评分题，覆盖了产品偏好、购买意愿和消费频率等方面的问题，为雀巢提供了关于消费者偏好和市场趋势的量化数据。数据分析结果表明，消费者对新产品概念的接受度较高，并识别出了最受欢迎的口味和价格点。这一发现为雀巢推出新咖啡系列提供了强有力的数据支持。

为了全面把握市场动态并有效响应竞争对手的策略，雀巢不断创新了解消费者心理和行为的调查方法。由Digital Market Insights执行的调查结合了传统的销售数据分析和新兴的社会媒体监听技术，通过设置关键绩效指标（KPIs）评估销售表现，并利用社会媒体分析工具监测品牌提及量和消费者情绪，雀巢得以从内部销售数据和外部社会媒体数据中提取有价值的市场洞察；结合时间序列分析和自然语言处理技术的应用，使得雀巢能够迅速捕捉到市场的最新趋势和消费者的热点话题，为公司优化产品和营销战略提供了即时反馈。通过调查方法的创新，雀巢不仅加深了对消费者需求和市场动态的理解，还在策略制定上实现了数据驱动的决策过程。

但对于咖啡市场未来走向的影响因素的分析，相关学者和业内人士也持有不同观点。一位业内人士称，国内咖啡市场，大众消费者感受最直观的是门店，真正的从业者会从全产业链视角看，认为越往上游走，机会越大。一些学者则引用德鲁克提出社会职能原理，认为企业是社会的公器，要为社会解决问题；咖啡企业能为社会解决问题，能对社会有所回报，这才是咖啡企业流量的根本源泉。在这种视角下，雀巢咖啡在未来的市场竞争中，能否维持并加强其市场地位，不仅取决于其产品质量和消费者体验，还需要其在社会责任和产业链整合方面展现出更大的创新和领导力。

问题：

1. 请结合以上案例，探讨投射法在市场调查中的优势和局限性。

2. 分析雀巢咖啡采用投射法进行市场调查的策略性意义，并探讨其对产品定位和营销传播的影响。

3. 讨论投射法在当前市场调查和消费者行为研究中的应用前景，特别是在快速变化的消费市场中。

案例二：奥利奥：从"情绪洞察家"到"品牌年轻化"

（一）奥利奥在中国的本土化改造

1912年3月6日，奥利奥在纽约诞生，奥利奥饼干是亿滋（原卡夫食品）旗下的王牌产品。如果要挑选"90后""00后"小时候吃得最多的一款夹心饼干，奥利奥必定榜上有名。伴随着魔性广告词"扭一扭，舔一舔，泡一泡"，这款黑色夹心饼干陪伴了许多人的童年。

1996年，已经在美国大获成功的奥利奥信心满满地进入中国，准备大展拳脚，然而事与愿违。奥利奥一开始并没有立即得到中国消费者的认可，销售业绩一直萎靡不振，直到2005年奥利奥在中国饼干市场也只有3%的市场份额。

作为一家资源丰富、高知名度的饼干品牌，奥利奥为何会在中国碰了一鼻子灰呢？针对中国市场进行了消费者调查才发现"中国口味"的问题。事实上，美国人喜欢甜食，奥利奥对于他们来说是一种用来充当午后甜点的零食，使用频率比较高，但是当时大多数国人认为这种饼干甜得掉牙，难以接受。为了讨好中国人的味蕾，奥利奥开始进行第一次"本土化改造"：为了创造出"China"独享版的口味，奥利奥测试出20多种绝无仅有的独特配方，并且仅在中国市场售卖。这种具有中国特色的奥利奥饼干，个头更小，甜度更低。

直到近几年，奥利奥的广告里还经常强调"有点甜，但不太甜"。可以说，在发现口味来华水土不服后，奥利奥在甜度的掌控上一直谨小慎微，不敢"越界"半分。

奥利奥本土化改造效果很明显，口味调整后奥利奥销量直接增加了80%，部分地区甚至增加了3倍，2012年奥利奥成为中国饼干销量第一的品牌。

（二）奥利奥的传播：做社会情绪"洞察家"①

奥利奥的社会化媒体策略一直为营销者们所津津乐道。面对激烈的饼干市场竞争，奥利奥思考：怎么打动多变的受众？用什么样的语言、媒介、工具才能高效触达他们？如何在持续提供新鲜感的同时，避免品牌认知在变化中被模糊？

奥利奥公司调查小组曾运用一系列的投影技法来发掘消费者对于奥利奥品牌内心深处的感受和情感。测试对象按照要求画出一些蜡笔画来解释食用奥利奥或者其他品牌的饼干的经历。除了食物和人们的吃相外，他们可以画任何东西。这些画面的分析是基于测试对象对他们做出选择的口头解释，以及心理研究人员对画面做出的心理测试。测试对象（只包括成人和十几岁的孩子）被分为两组，每组得到一堆各种各样的

---

① 林晓玮. 投射技术在用户需求分析中的应用研究［D］. 上海：上海交通大学，2009.

杂志，并且按照要求剪下一些图片和文字来组成一幅拼贴画，用来表示他们对奥利奥品牌（A组）或者其他品牌（B组）的看法。拼贴画完成后，与奥利奥品牌或者其他品牌最密切相关的图片放在中央，每一组再接着向另一组解释自己的作品。

和绘画心理测试一样，对拼贴画作出的分析依赖于测试对象的口头解释和心理学家分析出的含义。调查小组惊异地发现，许多测试对象认为奥利奥品牌几乎可以说是"充满魔力"，并且它能够帮助成年人回忆起甜蜜的青春。它不仅仅只是勾起一种怀旧情感，含上一片奥利奥饼干，仿佛又变成了孩子。奥利奥公司在小组访谈背景下运用投射技术获得了消费者对品牌更深刻的了解，知道奥利奥这个牌子能激发人们的强烈感情，很多消费者认为奥利奥很神奇，于是"释放奥利奥的魔力"后来成为奥利奥的广告主题。

（三）经典品牌的"年轻化"

作为一个市场渗透率很高的品牌，亲子群体是重要的消费客群，如今，奥利奥的第一代消费者已成长为父母，成为新的亲子消费客群，而新的年轻人又将是下一代的家长。也就是说，持续吸引年轻人，持续就家庭场景输出创意，奥利奥的亲子客群将源源不断。在经过深刻反思后，2015 年，奥利奥启动了全新的品牌战略"Play with Oreo（玩转奥利奥）"，其官方宣称"奥利奥不应只关注饼干本身，更应承担激发创意与想象力的使命，融入消费者的生活之中"，决定从核心的亲子群体拓展到更具购买力和接受度的年轻消费群体。奥利奥迫切地想"懂"年轻人，但这相当不容易。年轻人喜欢独一无二的事物、兴趣分圈层、喜好又多变。如果品牌不能持续提供新鲜感，很可能面临这样的尴尬境地：今天还是年轻人们"永远的神"，明天他们就"移情别恋"了。

（四）百年品牌的变与不变

成立百年，奥利奥始终与时代变化保持同步。在当前，奥利奥应对变化的方法是：深度把握年轻人的喜好，将创意触达目标人群，并实现更大范围的裂变和传播。而品牌所有的营销动作，实际上都没有偏离奥利奥的目标人群：年轻人和亲子群体。目标明确的同时，奥利奥的定力还来自对品牌战略的坚守——"Play with Oreo"（玩转奥利奥）。这是奥利奥在"变与不变"之间平衡感的体现，也是其保持长青的秘诀。

问题：

1. 奥利奥如何利用投影技法揭示中国消费者对其品牌的深层情感？

2. 试论述未来奥利奥还可以如何运用投影技法进行社会调查和传播。

案例三：互联网医疗浪潮：政策驱动与用户心理的双重解析

2020 年新型冠状病毒感染疫情暴发，互联网医疗作为线下医疗的有力后援，优势凸显，迎来新的机遇；随着新兴数字技术的迅速发展和不断渗透，科技赋能整个医疗健康产业也方兴未艾。

（一）互联网医疗：政策逐渐明朗，五千亿赛道浮现

2016 年以来，国家层面陆续出台一系列支持互联网医疗发展的政策，而在新冠疫情冲击之下，互联网医疗在特殊时期肩负重任，有关部门更是进一步颁布相关政策，

推动互联网医疗蓬勃发展。国家卫生健康委数据显示，截至 2019 年 5 月，全国有 158 家互联网医院，到 2021 年 6 月，这一数据已超过 1 600 家。2020 年国家卫生健康委 44 家委属（管）医院互联网诊疗人次数比 2019 年同期增长了 17 倍，第三方平台互联网诊疗咨询量增长了 20 多倍；至 2020 年年底提供在线支付服务的三级医院有 2 337 家，提供在线支付、智慧导医分诊等服务的二级医院有 5 000 多家①。

新冠疫情也为互联网医疗创造了新的发展机遇。艾媒咨询调查数据显示，新冠疫情后，67.1% 的网民表示对互联网医疗接受程度有所提升。《2020—2021 中国互联网医疗行业发展白皮书》数据显示，2021 年中国移动医疗市场规模可达到 635.5 亿元，用户规模将扩大至 6.87 亿人。据西部证券预测，互联网医疗市场规模将于 2026 年达到 5 000 亿元。

互联网医疗已成为炙手可热的投资领域。2022 年，好大夫在线估值已达到 15 亿美元，而京东健康、平安好医生与微医等互联网医疗头部企业的市值或估值更是居高不下，行业面临严重同质化问题，入局企业竞争激烈。主流医院加入互联网医院浪潮，强烈冲击市场。政策不仅激励各大平台独立设置互联网医疗平台，同时也鼓励实体医疗机构自行设立互联网医院。主流医院设立互联网医院将导致巨大的虹吸效应，其在医疗资源、政策、医保支持、医疗质量管理等领域有深厚的积累，相较于独立的互联网医疗平台拥有巨大优势。

（二）好大夫——以 15 亿美元估值跻身独角兽行列②

作为中国互联网医疗领域的先行者之一，好大夫在线创立于 2006 年。在线创业伊始，好大夫将大众点评模式复制到医疗领域，将全国的医生信息放到互联网上并不断滚动更新。2008 年，好大夫进入院前服务领域，推出医生个人网上服务平台，建立网上分诊系统业务；2010 年开展诊后管理业务，建立多疾病领域诊后管理平台，研发诊后管理工具。2013 年，好大夫在线推出 App，其用户规模迅速扩大；2016 年开始线上诊疗试点并成立互联网医院，其中，好大夫与银川市政府合作落地了中国首家智慧互联网医院。

截至 2023 年 12 月，好大夫在线已累计服务了超过 9 800 万名患者，收录了全国 10 484 家正规医院及 92 万名医生信息，其中 27 万名医生在平台上实名注册，三甲医院的医生比例占到 73%，直接提供在线医疗服务。2022 年，好大夫在线的估值已达 15 亿美元，正式跻身独角兽企业之列，深耕医院/医生信息查询、图文问诊、电话问诊、远程视频门诊、门诊精准预约、诊后疾病管理、家庭医生、疾病知识科普等多个领域，提供线上服务、线下就诊等各项就医服务的解决方案。

与同行业游商积极打造药品销售与医疗服务闭环不同，好大夫不依赖以药养医的模式，而是对标线下实体医院的"医药分开"原则，提出了"三不做"原则，即不赚取药品利润、不自建线下医院、不做医疗广告业务。但是，仅靠医疗服务，放弃药物业务，

① 王玉荣. 中国互联网医疗监管：三重逻辑分析及实践策略选择［D］. 长春：吉林大学，2023.
② 华与华. 好大夫在线［EB/OL］.（2024-04-25）［2024-10-20］. https://www.huayuhua.com/index/Anli/show/catid/7/id/50.html.

好大夫盈利的前景很难实现。

好大夫计划展开可控费支付体系的建设，通过会员制、引入保险等，为不同收入人群提供个性化医疗服务，从而达到更高水平的商业化。2020年年底，好大夫开始试水会员服务，服务对象从患者向健康人群拓展。未来5到10年，好大夫将会员服务作为重点，计划先用2至3年的时间提升服务质量，再对会员业务进行商业化推进。

（三）互联网医疗用户的消费心理调查

在互联网医疗领域，了解用户的消费心理至关重要，企业可以根据用户心理的细微变化，设计出更加个性化、差异化的服务，从而获得市场竞争优势。一项互联网医疗用户消费心理的调查综合运用了四类投影技术（语句完成法、故事完成法、第三者技法、墓志铭法），通过揭示用户在选择互联网医疗服务时的内在动机、偏好、担忧和期望，帮助企业深入理解消费者的真实需求和行为模式，通过分析用户的消费心理，企业可以更精准地定位市场，设计出更符合用户需求的产品和服务。同时还可以了解用户在使用过程中的心理变化，帮助企业识别服务中的痛点和不足，进而优化用户体验。

调查组首先给用户提供一些不完整的句子，请其将句子填充完整。填写完毕后，用户需要解释填这个内容的原因，调查组从中了解到消费者的内心想法（需求、动机）。在市场调查中，如果采用问卷或者访谈法调查消费者购买凯迪拉克的原因，相当多的消费者会说这车跑得快或者高贵。用语句完成法可以设计如下的语句："买凯迪拉克的人_____"。如果填写的是富裕，则可解释为买该车的人出于一种炫耀的动机，如果填写魅力，则可解释为买该车的人出于一种性感的动机。

为深入探索用户在使用互联网医疗服务时的消费心理，包括他们的需求、担忧、偏好以及与服务体验相关的感受，调查小组使用的句子是：

1. 当我考虑在线咨询医生时，我最担心的是_____。

2. 我选择互联网医疗服务的主要原因是_____。

3. 使用互联网医疗服务后，我感到满意/不满意的原因是_____。

4. 如果我能改变互联网医疗服务的一件事，那将会是_____。

5. 我希望互联网医疗平台在_____方面提供更多支持。

6. 对我来说，保护我的个人健康信息意味着_____。

7. 选择在线上看病的人是_____。

8. 线上看病的服务在_____时是一个好产品。

9. 生了类似_____的病时，线上问诊服务是好产品。

10. 我的朋友们认为在线看病是_____。

与词语联想法相比，句子完成法对被试者提供的刺激更直接，从句子完成法可能得到的有关被试者感情方面的信息也更多。不过，句子完成法不如词语联想法那么隐蔽，许多被试者可能会猜到研究目的。

故事完成法则是给用户提供一个没有讲完的故事，请其将故事讲完，从而可以了解到消费者自身的真实想法（给被试者故事的一个部分，要足以将用户的注意力引到某一特定的话题，但不要提示故事的结尾），激发受访者对在线医疗服务深层次的思考和情感反应，从而获取更深入、真实的洞察。调查团队设计了两个故事完成法的场景：

1. 我的室友王霞从昨天晚上开始就说身体不舒服，早晨起床依然没有恢复，特向老师请假休息。老师到宿舍看望她，并告诉她："王霞，现在在线医疗平台很多，价格也不贵，几十块钱就能让大医院的医生给你诊断开药，需要我把平台推荐给你吗？"你认为王霞会怎么做，为什么？

2. 张明最近开始使用一款互联网医疗 App，希望能解决他持续头痛的问题。他下载 App、注册账号并开始寻找合适的医生。在这个过程中，张明遇到了一些问题，给了这款 App "差评"，并表示自己不愿意再继续用这款 App 了。你认为他遇到了什么问题？

接着，调查小组运用第三者技法了解互联网医疗产品消费者的社会特征。第三者技法也称情境法或焦点转移法，也就是给被试者提供一种文字的或形象化的情景，把讨论焦点从受访对象自己变成他人，让被试者避开了相关现象与自己表面上的直接联系，减轻了自我的道德贬低效应，同时也有助于其比较清晰地表述问题，令被试者更容易给出答案。第三者技法设计如表 4-1 所示。

表 4-1　第三者技法设计

	患者 1	患者 2
病情	换季鼻炎发作	换季鼻炎发作
看病方式	巴州人民医院	复星健康医疗平台
患者画像		

为了给被试者提供一定的回答思路，调查小组可以将患者画像的标志适当提供给被试者作为参考：

标志 1：年龄：青少年、中年人、老年人等；

标志 2：性别：男性、女性；

标志 3：受教育程度：文盲、半文盲、高中、大学、研究生及以上；

标志 4：收入水平：低收入、中等收入、高收入或具体薪资水平；

标志 5：职业：职业列举，或阐述工作性质；

标志 6：家庭状况：单身、已婚、有孩子、独居、与父母家人同住等；

标志 7：地理位置：所在的地理位置，例如城市、乡村、海滨；

标志 8：购买习惯：例如线上购物、线下购物、品牌偏好，注重何类需求，质量，品质，效率，安全感，信誉，价格，口碑，个性化，社交，尊重隐私等。

最后，墓志铭法，也称讣告法。如果某个品牌或者产品突然之间离开了这个世界，我们为它举行葬礼。请被访者想象后回答：这个品牌或者产品是怎么死的？它的墓志铭上会写些什么内容？在追悼会上，悼词里会写些什么？（生平事迹）谁为它念悼词？谁会参加这个品牌的葬礼？谁不会参加？人们会最怀念这个品牌的什么地方？这个品牌生前怎么做会延长他的寿命？它去世以后，这个世界将会发生什么变化？

调查小组运用墓志铭法了解在线医疗产品和服务在公众心目中的优缺点、个性、竞争力，进一步利用这个技术来了解在线医疗产品的机会点，新的同类产品如果想取代或者超越它应该注意什么问题等。请想象如果在线医疗服务产品突然之间离开了这个世界，我们为它举行葬礼。

请回答：

1. 它是怎么死的？

2. 谁会参加它的葬礼？

3. 人们会最怀念它的什么地方？

4. 这个品牌生前怎么做会延长它的寿命？

5. 它的墓志铭上会写些什么内容？

（四）调查结论

本次调查通过句子完成法、故事完成法、第三者技法及墓志铭法深入挖掘了用户在使用互联网医疗服务时的内在心理动态。结果揭示了用户对互联网医疗服务的复杂情感态度，包括对便捷性、可靠性、隐私保护等方面的期望与担忧。

受访者回答示例：

受访者 A：30 岁，女性，IT 行业工作

最担心的是："当我考虑在线咨询医生时，我最担心的是医生的专业能力无法得到保障，以及我的健康数据是否安全。"

选择互联网医疗服务的主要原因："我选择互联网医疗服务的主要原因是节省时间和便于获取第二意见，尤其在疫情期间，这显得尤为重要。"

墓志铭法想象："如果这个品牌突然消失，我会最怀念它的便捷性和高效的服务。它的墓志铭上应该写'曾经为无数忙碌的都市人提供了便捷高效的健康咨询'。"

受访者 B：45 岁，男性，中学教师

最担心的是："我最担心的是隐私问题，比如我的健康信息是否会被泄露给第三方公司。"

使用后感到满意的原因："我使用互联网医疗服务后，感到满意的原因是能够迅速获得医生的反馈，解答了我对某些症状的疑问。"

墓志铭法想象："它的墓志铭上会写'一直致力于将医疗服务数字化，让每个人都能享受到专业的医疗咨询'。如果这个品牌生前能更重视用户隐私保护，可能会延长它的寿命。"

受访者 C：22 岁，女性，大学生

选择互联网医疗服务的主要原因："因为它能提供快速方便的药品配送服务，特别是在考试期间，我没有时间去药店。"

如果能改变一件事："如果我能改变互联网医疗服务一件事，那将会是增加更多心理健康相关的服务，因为我认为这是许多人尤其是年轻人非常需要的。"

墓志铭法想象："人们会最怀念这个品牌的便捷性和全面性，因为它几乎涵盖了所有我需要的医疗服务。如果这个品牌能在提升用户体验方面做得更好，它的寿命会更长。"

调查发现，消费者使用互联网医疗产品最担忧的是安全与隐私。用户普遍担心个人健康信息的安全性，期望互联网医疗平台能提供更加严格的数据保护措施。句子完

成法中，许多用户将"保护我的个人健康信息"补充为"最重要的事情"，表明用户对隐私保护的高度重视。同时，用户对服务质量需求较高。故事完成法中，用户故事反映了对医疗专业性和服务响应速度的高要求。例如，在张明的故事中，用户遇到的问题往往与医生的专业性和回复速度相关。另外，年轻消费者对个性化服务期望明显，第三者技法揭示了用户对服务个性化的强烈需求，尤其是在病情诊断和治疗方案的制定上。用户希望平台能够更精准地理解他们的独特需求，并提供相应的个性化解决方案。最后，品牌忠诚度与口碑对消费者的决策影响较大。通过墓志铭法，调查小组了解到用户对于互联网医疗品牌的忠诚度受到服务质量、用户体验和品牌信誉的直接影响。

（五）互联网医疗行业展望

随着政策利好和行业升温，互联网医疗加速发展，已成为我国医疗服务体系的重要组成部分。自《健康中国 2030 规划纲要》发布以来，互联网医疗在国民健康体系中的地位逐渐凸显，在均衡医疗资源、提升医疗服务效率方面效果显著。2016 年国家层面推出一系列政策，搭建行业法律法规体系，明确互联网医院定位；疫情催化大众健康意识，互联网医院蓬勃发展，2021 年我国移动医疗市场规模达到 635.5 亿元，用户规模扩大至 6.87 亿人，据预测，市场规模将于 2026 年达到 5 000 亿元[①]。面对剧烈的行业竞争，未来，互联网医疗业务发展将由市场进行更进一步的考验。基于对消费者调查，未来好医生在线医疗平台应重点加强隐私保护，鉴于用户对数据安全的高度重视，好医生应加大数据加密和隐私保护方面的投入，向用户明确传达其隐私政策，增强用户信心。同时提升服务质量，加强与医疗专业人士的合作，确保平台上的医疗咨询服务既专业又高效，以提高用户满意度和留存率。最后发展个性化服务，利用 AI 和大数据技术，为用户提供更加个性化的医疗咨询和治疗建议，满足用户对个性化医疗服务的期待，并持续构建正面品牌形象，加强用户体验和服务质量，通过用户口碑传播提高品牌忠诚度，积极处理用户反馈，优化服务不足，提升品牌形象。

问题：

1. 在互联网医疗用户消费心理调查中，句子完成法被用来揭示用户的什么心理特征？请以"我选择互联网医疗服务的主要原因是_____"为例，说明这种方法的运用价值。

2. 故事完成法在揭示用户对互联网医疗服务体验的情感反应中起到了什么作用？以张明的故事为例，分析这种方法的实际应用。

3. 第三者技法如何帮助研究者绕过被试的自我防卫机制，深入了解用户对互联网医疗服务的看法？以"患者 1 和患者 2"的比较为例说明。

4. 利用墓志铭法了解用户对互联网医疗服务品牌的情感联结有何意义？

---

① 姜玲琳. 互联网医疗平台的客户服务质量提升研究 ［D］. 上海：东华大学，2023.

四、延伸阅读

解锁消费者潜意识的策略①

《词语联想研究》是著名心理学家、精神分析师荣格（C. G. Jung）在心理学领域的一项开创性工作，主要探讨了人们对特定刺激（如词语）的反应模式及其背后的心理机制。荣格通过这项研究，揭示了人类潜意识中的复杂网络，以及如何通过人们对词语的联想来探索个体的心理状态和潜在的心理冲突。联想技术起源于该研究提出的语词联想技术。精神分析学家认为，在自由状况下进行的联想，能反映来访者深层的无意识心理。美国心理学家将自由联想技术应用于市场实践，他们将消费者联想出的内容进行分析，看是否存在负面联想，对反应的延迟时间进行测量，以此估计某个词汇的情感性。这些技巧能挖掘出比问卷调查和访谈调查更丰富的语义学含义，并将其运用于品牌命名和广告文案中。

语词联想的方法是给消费者看一段文字，然后要求他把反应过程中最初涌现在头脑中的词记录下来。在词语联想中，给出一连串的词语，每给一个词语都让被试者回答其最初联想到的词语（叫反应语）。调研者感兴趣的那些词语（叫试验词语或刺激词语）散布在一串展示的词语中，在给出的词语中，也有一些中性的或充数的词语，用于掩盖研究的目的。被试者对每一个词的反应是逐字记录并且计时的，这样反应犹豫者（要花三秒钟以上来回答）也可以被识别出来。调查者记录反应的情况，这样被试者书写反应语所要求的时间也就得到了控制。这种技术的潜在假定是，联想可让反应者或被试者暴露出他们对有关问题的内在感情。

对回答或反应的分析可计算如下几个量：每个反应词语出现的频数；在给出反应词语之前耽搁的时间长度；在合理的时间段内，对某一试验词语完全无反应的被试者的数目；根本无反应的被试者就被判断为存在情感卷入造成的反应阻塞。研究者常常将这些联想分为赞成、不赞成和中性三类。一个被试者的反应模式以及反应的细节，可用来决定其对所研究问题的潜在态度或情感。

语词联想常常用于检验品牌的名称，偶尔也用于测量人们对特殊产品、品牌、包装或广告的态度。在美国，很多知名企业的广告文案和产品命名都要进行语词联想测试，以发现其中能引起消费者负面联想的词语，及早进行调换。

五、实践实训

（一）任务目标

调查旨在深入探究消费者在购买新能源汽车时的内在态度、动机和信念，揭示消

---

① 林晓玮. 投射技术在用户需求分析中的应用研究 [D]. 上海：上海交通大学, 2009.

费者选择新能源汽车的深层次心理驱动因素，为新能源汽车的市场推广和产品设计提供有力的消费者洞察。

（二）任务描述

运用联想技法进行本项市场调研，将该方法融入访谈，以新能源汽车为主题，设计一系列联想引导问题，通过引导消费者产生与特定主题相关的自由联想，从而推断他们对某个特定的新能源汽车产品或服务的深层次看法和感受。

（三）实训步骤

确定目标消费者群体，设计联想引导问题，准备记录工具，选择合适的调研场所，邀请目标消费者参与调研，在访谈过程中逐一提出联想引导问题，详细记录消费者的联想内容和情感反应。对收集到的联想内容进行整理和分析，归类相似的联想点，识别频繁出现的主题和关键词，推断消费者的购买动机、态度和信念，形成调研报告。

（四）考核记录表

请将任务完成情况的评价填入以下考核记录表：

组别：   姓名：

序号	考核点	分值	得分
小组评价	任务完成度	10	
	团队合作表现	10	
	投影素材设计创意性、专业性	10	
	调研结论丰富性、代表性	10	
个人评价	考勤	10	
	个人有效贡献	10	
	投影技法专业技能运用	10	
教师评价	调研设计、过程和结论解读的专业水平	15	
	联想素材设计的创新水平	15	

六、参考答案

（一）单项选择题

1. 答案：C。投射法主要用于揭示消费者的潜在需求和态度，通过非结构化的刺激材料激发受访者深层次心理反应。

2. 答案：B。投射法使用模糊或多义性的图片作为刺激材料，促使受访者投射出自己的内心世界和潜在动机。

3. 答案：C。投射法特别适用于探索消费者未能明确表达的感受和态度，因为它可以揭示受访者的潜在心理动态。

4. 答案：B。设计合适的刺激材料是使用投射法进行市场调查的关键步骤，这些材料需要能够激发受访者的内心反应。

5. 答案：C。分析投射法数据时，研究者需要特别关注受访者反应的深层含义，理解其背后的心理动机和态度。

6. 答案：B。投射法的一个主要优点是能够揭示消费者的深层次洞察，尤其是那些难以通过直接询问获得的信息。

7. 答案：B。选择合适的投射技术应基于调查的目标和受众特点，确保所选技术能有效激发受访者的内心反应。

8. 答案：C。投射法特别适合收集潜在的心理态度和感受，这些信息通常难以通过传统调查方法直接获得。

9. 答案：C。调查员在使用投射法进行市场调查时，理解和解释受访者反应的能力极为重要，这要求调查员具备一定的心理学知识和经验。

10. 答案：D。在使用投射法的市场调查中，保护受访者的隐私尤其重要，这是遵循伦理准则的表现，同时也有助于保证数据的真实性和可靠性。

（二）多项选择题

1. 答案：ACD。投射法主要用于深入理解消费者的内心世界，包括偏好、潜在需求和行为动机，而不是直接测量品牌知名度或评估产品满意度。

2. 答案：ABCD。设计时需确保调查目的清晰、刺激材料相关、保护受访者隐私，并考虑数据分析方法。调查结果的可预测性并非投射法的关键考虑因素。

3. 答案：ABCE。投射法的挑战包括受访者解释的多样性、数据分析的复杂性、较高的成本和对调查员较高的专业技能要求。它通常不适用于需要快速获取结果的情况。

4. 答案：ABDE。有效使用投射法的关键措施包括选择合适的刺激材料、保证数据安全、匿名保护受访者，并考虑采用混合方法设计以增强研究的深度和广度。

5. 答案：BCDE。投射法数据的分析主要依赖于定性方法，如内容分析、心理动机分析、模式识别和情感分析，而非传统的定量统计分析。

6. 答案：ABC。投射法特别适用于新产品开发、广告效果评估和品牌形象研究，深入探索消费者的内心感受和态度。价格敏感度和竞争对手分析通常需要其他类型的市场调查方法。

7. 答案：ADE。投射法特别有利于理解消费者的深层心理、探索品牌个性和识别市场细分，而不适用于追踪销售趋势或分析分销渠道的效率。

8. 答案：ACDE。受访者的文化背景、刺激材料的设计、数据收集环境，以及调查员的技能和经验都是影响投射法有效性的重要因素。调查时间长度对其有效性的直接影响较小。

9. 答案：BCDE。确保受访者的参与自愿性、使用受过专业培训的调查员、结合其他市场调查方法和重视受访者的反馈都是提高数据质量的重要措施。使用标准化问卷并不是投射法的主要做法，因为它侧重于开放式和深层次的理解。

10. 答案：ACD。提供多种刺激材料、采用一对一访谈和鼓励自由联想是揭示消费者真实感受和态度的有效策略。限制回答时间和使用直接询问技术可能不适合投射法，因为它们可能会限制受访者表达深层次感受和态度的能力。

（三）案例分析题

案例一

1. 答案解析：投射法的主要优势在于其能够揭示消费者深层次的情感、态度和信念，这些可能通过直接询问方法难以获得。在雀巢咖啡案例中，投射法有效地揭示了消费者对速溶咖啡购买者的潜在负面印象，这些印象是通过直接调查方法难以发现的。投射测验技术在调查消费者深层心理动机的时候有它特殊的应用价值，但是投射测验技术也有它的局限性。这些技术通常需要有经过专门高级训练的调查员做个人面访，在分析时还需要熟练的解释人员。因此，一般情况下投射测验的费用比较高昂，而且有可能出现严重的解释偏差。除了词语联想法之外，所有的投射测验都是开放式的，因此分析和解释起来就比较困难，也易主观。在雀巢咖啡的情境中，尽管其成功揭示了消费者看法，但结果的解析依赖于研究人员的专业判断和经验。此外，一些投射测验如角色表演法要求被试者从事不平常的行为。在这些情况下，调研者可能假定同意参加的被试者在某些方面也是不平常的，这些被试者可能不是所研究的总体代表。为此，最好将投射测验的结果与采用更有代表性样本的其他方法的结果相结合来分析。

2. 答案解析：雀巢咖啡采用投射法的策略性意义在于其能够深入理解消费者的内心世界和对速溶咖啡的真实态度，这为产品定位和营销策略制定提供了宝贵的洞察。通过揭示消费者对速溶咖啡的负面形象，雀巢得以调整其营销策略，重新塑造速溶咖啡的品牌形象，将其定位为一种方便、高效且符合现代生活节奏的选择。这种基于深入洞察的策略调整，有助于改善消费者的品牌认知，促进产品接受度和市场份额的增长。

3. 答案解析：在当前快速变化的消费市场中，投射法因其能够揭示消费者深层次的心理和情感，成为一种极具价值的市场调查工具。随着消费者行为越来越受到情感、身份和价值观的影响，传统的直接调查方法可能无法完全捕捉到消费者的复杂动机和偏好。投射法通过深入消费者内心，为品牌提供了更为丰富和深刻的市场洞察，从而制定更加精准和有效的产品开发、定位和营销策略。尤其是在雀巢咖啡这种情况下，投射法的应用不仅帮助企业理解消费者的潜在偏见，还促进了品牌形象的积极转变，展示了其在应对市场挑战和把握机遇中的巨大潜力。

案例二

1. 答案解析：奥利奥通过运用投影技法，如让消费者绘画或制作拼贴画来表达对品牌的感受，成功揭示了消费者内心深处对奥利奥品牌的看法。通过让消费者参与创作活动（如绘画和拼贴画），利用投影技法探索消费者对品牌的情感连接，调研组发现，消费者认为奥利奥不仅是一种食品，更是一种能够唤起甜蜜回忆和幸福感的象征。这种非直接询问的方法帮助奥利奥发现消费者将品牌视为带有快乐回忆的东西，从而确定了"释放奥利奥的魔力"作为广告主题的策略。这种洞察指导了奥利奥的品牌传播策略，使其能够更深入地与目标消费者产生情感连接，提高品牌忠诚度，通过创意广告和社交媒体活动强化了奥利奥作为传递快乐和创造美好家庭时刻的品牌形象。

2. 答案解析：未来奥利奥可以通过以下方式运用投影技法进行社会调查和传播，以进一步深化其品牌与消费者之间的联系，同时创新其市场策略和产品开发：

第一，虚拟现实（VR）和增强现实（AR）体验：奥利奥可以创建虚拟现实和增强现实体验，让消费者在一个沉浸式的环境中与品牌互动。通过这种体验，消费者可以进入一个由奥利奥饼干构成的奇妙世界，体验与众不同的冒险故事。这种互动方式可以作为一种投影技法，帮助品牌探索消费者在特定情境下对奥利奥品牌的情感反应和联想。

第二，社交媒体挑战和活动：奥利奥可以利用社交媒体的广泛影响力，发起特定主题的挑战或活动，鼓励消费者通过艺术创作（如绘画、摄影、视频等）表达他们对奥利奥品牌的看法和情感。这些用户生成的内容可以提供宝贵的洞察，帮助奥利奥理解其在消费者心目中的地位，以及他们与品牌之间的情感连接。

第三，故事讲述和角色扮演：奥利奥可以邀请消费者参与故事讲述或角色扮演的活动，这些活动可以在线上或线下进行。通过让消费者扮演特定角色或编织围绕奥利奥展开的故事，品牌可以深入探索消费者对奥利奥品牌故事的接受度。这种方法不仅能增强消费者的参与感和归属感，还能激发消费者对品牌的新鲜感和好奇心。

第四，深度消费者洞察工作坊：奥利奥可以定期组织工作坊，邀请消费者参与深度的讨论和创造性活动。在这些工作坊中，消费者可以通过绘画、制作拼贴画、写故事等方式，表达他们对奥利奥的感知和期望。这些活动可以帮助奥利奥获得更深层次的消费者洞察，为产品创新和市场传播策略的制定提供指导。

通过这些方法，奥利奥不仅能够深化对消费者情感和期望的理解，还能在产品开发中更加精准地去创新，从而保持其市场领导地位并持续吸引新的消费者。

案例三

1. 答案解析：句子完成法在互联网医疗用户消费心理调查中主要被用来揭示用户的内在需求、动机、偏好及担忧等心理特征。以句子"我选择互联网医疗服务的主要原因是_____"为例，用户可能填写"方便快捷""不用排队"或"可以获取更多医生意见"。这些回答能帮助研究者深入了解用户选择互联网医疗服务的真正动机，从而指导企业设计出更符合用户需求的产品和服务。此方法的价值在于能够绕过直接询问带来的社会期望偏差，让用户在较为放松的状态下自然表达内心的真实想法。

2. 答案解析：故事完成法通过让用户完成一个未完的故事，能够有效揭示用户对于互联网医疗服务体验的深层次情感反应和态度。以张明的故事为例，用户通过补充张明遇到的问题和反应，可以展示其对应用操作界面、服务流程、医生专业性等方面的实际感受和评价。这种方法能够激发用户的情感投入，使得回答更加生动和真实，为研究者提供丰富的情感和态度信息，有助于更好地理解用户体验中的痛点和不足，进而优化服务设计。

3. 答案解析：第三者技法通过让被试者讨论第三者的情况而非直接谈论自己，有助于减轻被试者的自我防御机制和社会期望的影响，使得被试者能更自由和客观地表达对互联网医疗服务的看法。以"患者 1 和患者 2"的比较为例，被试者通过比较两种不同的就医方式（线下医院与互联网医疗平台），可以更客观地反映出互联网医疗服务的优势和不足。这种方法使得被试者在评价时能够绕开直接涉及自己的敏感性和主观性，提供更真实、客观的观点。

4. 答案解析：墓志铭法通过让用户想象如果某个品牌或服务突然消失，会留下什么样的记忆和评价，来深入挖掘用户对品牌的情感连接和价值评价。这不仅能揭示用户最看重品牌的哪些方面（如便捷性、服务质量、个性化服务等），还能反映出品牌在用户心目中的独特地位和不可替代性。通过用户对某品牌的墓志铭想象，研究者可以深入理解品牌的核心竞争力和用户忠诚度的来源，为品牌发展策略和持续优化提供重要参考。这种方法的深层价值在于通过对消极情境的设想，反向揭示品牌的正面价值和影响力。

第五章

观察调查法案例

一、知识要点

观察调查法，作为科学研究的基石，旨在收集并分析人类行为、社会及自然现象的数据。此法历史悠久，源自古人观天象、察生物以洞悉自然。随着科学的发展，它成为探究人类行为与社会现象的关键工具。实施观察时，需明确目标，规划详尽，备齐记录工具，如笔记、录音、摄像等，并设计标准化记录模板以确保数据系统一致。观察者应保持客观无偏，具备敏锐的观察力、良好的记忆力与高效的记录能力，同时遵循伦理原则，尊重隐私。此法直取真实数据，规避问卷访谈中的误导，展现全面视角，于自然环境中捕捉行为真相，验证数据可靠性，促进深度分析，揭示行为模式与趋势，深化对社会现象的理解。

观察调查法是社会科学研究中的数据采集利器，直接瞄准对象行为与环境来捕获信息。依据研究目的与情境，可以分类为参与与非参与、结构化与非结构化、公开与隐蔽、连续与非连续、现场与实验室观察。实施流程精炼为六步：一、明确观察对象；二、选定观察策略；三、设计记录工具；四、执行观察计划；五、整理分析数据；六、撰写结论报告。

二、习题巩固

（一）单项选择题

1. 观察调查法中，非参与观察的特点是（　　）。

    A. 可以在远处进行观察　　　　B. 需要深入到研究对象的环境中

    C. 无法了解研究对象的真实情况　　D. 可以与研究对象进行互动

2. 在运用观察调查法收集信息时，不是观察者必须具备的条件是（　　）。

A. 明确的观察目标和计划　　　　　　B. 准备好必要的记录工具

C. 强烈的个人偏见　　　　　　　　　D. 保持无偏见的态度

3. 观察调查法的主要目的是（　　　）。

A. 验证理论　　　　　　　　　　　　B. 收集数据

C. 指导实践　　　　　　　　　　　　D. 提高研究者的兴趣

4. 以下观察方式中，观察者作为参与者加入被观察群体的类型是（　　　）。

A. 非参与观察　　　　　　　　　　　B. 参与观察

C. 隐蔽观察　　　　　　　　　　　　D. 连续性观察

5. 以下观察方法中，标准化程度高、数据容易量化和分析的是（　　　）。

A. 非结构化观察　　　　　　　　　　B. 隐蔽观察

C. 连续性观察　　　　　　　　　　　D. 结构化观察

6. 在实施观察之前，首要的步骤是（　　　）。

A. 选择观察方法　　　　　　　　　　B. 设计观察工具

C. 确定观察对象　　　　　　　　　　D. 数据整理与分析

7. 现场观察的主要优势是（　　　）。

A. 控制环境变量　　　　　　　　　　B. 易于量化和分析数据

C. 获得真实的行为数据　　　　　　　D. 避免对被观察对象的干扰

8. 以下观察方式中，可能会导致对象行为不自然的是（　　　）。

A. 公开观察　　　　　　　　　　　　B. 隐蔽观察

C. 非连续性观察　　　　　　　　　　D. 实验室观察

9. 观察调查法的关键步骤中，需要对收集到的数据进行系统处理的是（　　　）。

A. 确定观察对象　　　　　　　　　　B. 数据整理与分析

C. 设计观察工具　　　　　　　　　　D. 撰写报告

10. 在观察调查中，不是数据分析的方法是（　　　）。

A. 描述性分析　　　　　　　　　　　B. 因子分析

C. 方差分析　　　　　　　　　　　　D. 定性分析

（二）多项选择题

1. 观察调查法作为科学研究方法，其重要性体现在（　　　）。

A. 能够直接获取真实数据　　　　　　B. 验证其他数据收集方法的结果

C. 提供全面的视角以发现潜在问题　　D. 适用于所有科学研究领域

E. 易于大规模推广和应用

2. 在进行观察时，观察者要确保收集到的数据可靠，必须做的工作包括（　　　）。

A. 制订详细的观察计划　　　　　　　B. 准备多种记录工具以防万一

C. 预先设定个人立场和观点　　　　　D. 设计标准化的记录表格

E. 确保整个观察过程符合伦理标准

3. 观察调查法中，非参与观察的优点包括（　　　）。

A. 能够更深入地了解研究对象　　　　B. 可以在远处进行观察

C. 能够避免干扰研究对象的正常行为 D. 可以与研究对象进行互动

E. 更容易获得深入的理解和解释

4. 实验室观察相比现场观察的优势包括（   ）。

   A. 能够更好地控制环境变量   B. 更容易获取大样本数据

   C. 观察结果更具普遍性   D. 能够模拟现实生活情境

   E. 观察对象的行为更自然

5. 在设计观察计划时，研究者需要考虑的因素包括（   ）。

   A. 研究目的和问题   B. 观察对象的特征和行为模式

   C. 观察时间和地点的选择   D. 观察工具的选择和使用

   E. 数据分析方法和预期结果

6. 以下会影响观察调查法的信度和效度的因素包括（   ）。

   A. 观察者的经验和技能   B. 观察工具的精确性和适用性

   C. 观察时间的长度和频率   D. 观察环境的控制程度

   E. 被观察者的文化背景和个体差异

7. 非连续性观察与连续性观察的主要区别在于（   ）。

   A. 观察的持续时间   B. 观察的频率

   C. 观察的地点   D. 观察的目的

   E. 观察的详细程度

8. 以下适合使用隐蔽观察的情况包括（   ）。

   A. 研究对象对观察行为非常敏感

   B. 需要避免观察行为对被观察者产生影响

   C. 研究资源有限，无法获得被观察者的知情同意

   D. 研究对象的行为具有高度的公开性和透明性

   E. 研究对象的行为受到法律或道德规范的限制

9. 观察调查法在商业研究中的应用包括（   ）。

   A. 市场趋势分析   B. 消费者行为研究

   C. 产品测试和改进   D. 员工满意度调查

   E. 大规模样本的统计分析

10. 观察调查法在社会科学研究中的局限性主要体现在（   ）。

   A. 难以直接观察到被观察者的内心世界

   B. 观察结果可能受到观察者主观偏见的影响

   C. 观察法通常不适用于大规模样本的研究

   D. 观察过程可能会对被观察者产生干扰，影响其自然行为

   E. 观察法无法提供关于因果关系的直接证据

三、案例分析

案例一：W公司坚果袋的诞生

（一）背景介绍

W公司是中国坚果休闲食品行业的领军企业，自1999年成立以来，始终致力于为消费者提供安全、新鲜、美味、营养的坚果休闲食品。公司以"质造美味坚果，分享快乐时刻"为使命，集自主研发、规模生产和市场营销为一体，经过多年发展，已成为坚果炒货行业的龙头企业。公司以"瓜子+坚果"双轮驱动，产品矩阵丰富。在国内瓜子市场上，W公司的市场占有率过半，而在坚果类产品业务上，公司也实现了快速增长。W公司在坚果行业不断创新，以满足消费者多样化的需求。公司从原料种植、储存、生产加工、包装等各环节不断进行技术创新和改进，确保产品的品质和口感。例如，W公司坚果袋"每日坚果"运用了独有的关键保鲜技术，如八段控温、低温轻焙等，激发坚果的酥脆口感，并采用八重保鲜工艺，确保产品的新鲜和营养。坚果袋是如何成功的呢？观察调查法在探究过程中起到了重要的作用。

（二）坚果袋的市场机遇

W公司进入坚果市场，源于对食品行业发展趋势的深刻洞察。随着全球健康饮食理念的普及，坚果市场因其高营养价值与广泛的消费者基础展现出巨大的增长潜力。作为食品行业的领军企业，W公司敏锐地捕捉到这一市场机遇，旨在通过多元化战略拓展业务版图，降低经营风险，并进一步提升品牌形象与市场份额。

W公司进入坚果市场还与其国际化战略紧密相关。在全球化的背景下，食品行业的竞争已跨越国界，品牌国际化成为企业提升竞争力的关键。W公司凭借其在食品领域的深厚积淀与广泛的销售网络，积极拓展国际市场，而坚果作为具有全球普遍接受度的健康食品，为W公司的国际化进程提供了有力支撑。通过进入坚果市场，W公司不仅能够进一步丰富其产品线，增强市场竞争力，还能够加速其品牌国际化进程，提升在全球食品行业的地位与影响力。

（三）W公司坚果袋的诞生

在深入探索并优化市场策略的过程中，W公司展现出了非凡的洞察力与执行力。项目负责人李明与张薇——两位市场领域的精英，携手踏上了一场为期七天的沉浸式市场探索之旅。他们选择在超市里进行观察实验，一方面，超市通常拥有庞大的客流量，涵盖了不同年龄、性别、职业和消费习惯的消费者群体，这种多样性使得在超市进行观察能够更全面地反映市场的真实情况，提高数据的代表性和可靠性；另一方面，超市为消费者提供了一个真实的购物环境，包括货架布局、产品陈列、促销活动等，这些元素都会对消费者的购买决策产生影响。在超市中进行观察，能够更真实地模拟消费者的购物体验，从而收集到更加贴近实际的数据。具体观察步骤分为以下6步。

1. 确定观察目的与问题：精准定位，深度剖析

此次观察旨在揭开"每日坚果"这一新兴品类在消费者心中的神秘面纱，同时审

视现有产品包装信息如何影响消费者的购买决策。他们带着明确的问题出发：消费者究竟如何认知 W 公司的产品？他们在面对货架上琳琅满目的商品时，如何快速捕捉并理解 W 公司的产品信息？这些信息又是如何影响他们的购买决定的？

2. 选择观察方法与工具：科技助力，细节为王

为了确保观察的全面性和准确性，李明与张薇精心策划了观察方案。他们采用了参与式观察法，亲自上阵，与消费者面对面交流，记录下每一个细微的表情变化、每一次询问的内容，以及试吃后的即时反馈。同时，他们还配备了先进的销售数据记录系统，以及便携式摄像机（在征得消费者同意的情况下进行非侵入性拍摄），以便后续进行更加深入的数据分析和行为研究。

3. 制定观察计划：周密部署，全面覆盖

为了确保观察的连续性和代表性，他们制订了详尽的观察计划。连续七天的时间里，从晨光初照到夜幕降临，他们坚守在销售现场，覆盖了不同时间段和不同类型的消费者群体。他们深知，只有全方位、多角度的观察，才能捕捉到最真实的市场反馈。

4. 实施观察并记录：身临其境，细致入微

在销售现场，李明与张薇仿佛化身为消费者心中的"读心者"。他们不仅关注消费者的购买行为，更深入挖掘其背后的心理活动和决策逻辑。每当有消费者驻足于 W 公司产品的货架前，他们都会敏锐地捕捉到那一瞬间的目光停留，记录下消费者的询问内容，观察他们的试吃反应，并耐心倾听他们的意见和建议。同时，他们还利用手中的销售数据记录系统，实时追踪销售额、询问频率和购买转化率等关键指标，与原有售货员的业绩进行横向对比，从而更加直观地感受到自己努力带来的成效。

5. 分析观察结果：洞见未来，引领变革

经过七天的连续观察与记录，李明与张薇收获了宝贵的第一手资料，W 公司坚果袋观察表截取片段如表 5-1 所示。

表 5-1　W 公司坚果袋观察表截取片段

观察日期	时间段	消费者数量/人	询问频率/次	试吃人数/人	购买转化率/%	关键信息识别问题	包装满意度评分(1~5)
4 月 1 日	09:00—11:00	100	20	15	18	内容组成不明确	3.0
4 月 1 日	11:00—13:00	120	25	22	21	图片吸引力不足	3.2
4 月 1 日	13:00—15:00	90	18	12	16	信息排版杂乱	2.8
…	…	…	…	…	…	…	…
4 月 7 日	17:00—19:00	130	30	28	24	信息量过大,难以快速理解	3.4
总计		5 000	861	805	19.5		3.1

他们发现，第一，针对坚果袋询问频率较高：观察期间，消费者对"每日坚果"的询问频率较高，特别是在产品内容组成方面，显示出消费者对于产品成分的具体信息有较高需求。第二，试吃促进购买：试吃活动显著提高了消费者的购买转化率，表明试吃体验是影响购买决策的重要因素。第三，包装信息问题：现有包装在关键信息

的传达上存在不足，如内容组成不明确、图片吸引力不足、信息排版杂乱，以及信息量过大，难以快速理解等，这些问题直接影响了消费者的购买决策。第四，包装满意度中等：整体而言，消费者对现有包装的满意度评分处于中等水平，有较大的提升空间。第五，购买转化率有待提升：尽管试吃活动对购买转化率有正面影响，但整体购买转化率仍相对较低，表明在吸引消费者购买方面还有进一步优化的空间。

综上，消费者对"每日坚果"这一新品类的认知确实存在模糊之处，尤其是在产品内容组成上表现出较高的询问频率。同时，他们也意识到现有包装信息编码的不足之处包括关键信息传达不清、信息损耗严重等问题，严重影响了消费者的购买决策。基于这些发现，他们提出了有针对性的改进建议：重新设计包装主画面，以直观、清晰的方式列出产品内容（4 种坚果+3 种果干），并配以诱人的图片和说明；同时加大产品的市场推广力度，提高消费者对"每日坚果"品类的认知度和接受度。

6. 提出改进建议：创新引领，持续优化

在提出改进建议的过程中，李明与张薇展现出了前瞻性的思维和敏锐的市场洞察力。他们深知市场的变化是永恒的，只有不断创新和优化产品才能保持竞争优势。因此他们建议不仅要在包装设计上做出改变，还要在营销策略上不断创新以吸引更多消费者的关注。同时他们也强调了持续改进的重要性，指出在未来的市场中只有不断倾听消费者的声音、理解他们的需求并据此进行调整和优化，才能确保产品的长期成功。

在广告语的策划上，广告公司打造"促使行动"的语言艺术，为 W 公司量身定制了"掌握关键保鲜技术"的品牌口号，通过关键词的精妙组合，构建了强有力的心理暗示，跨越了消费者的心理门槛，激发了其购买冲动。同时，该口号巧妙融合了符号学思维，将"缓带"这一全球共通、广受欢迎的文化符号，作为 W 公司品牌的超级视觉标识，实现了终端视觉的强制性吸引，加速了品牌识别与记忆构建，进一步巩固了市场地位。

2019 年 7 月 18 日，W 公司正式宣布启用"掌握关键保鲜技术"的全新品牌战略，伴随设计的全新包装同步上市，首月即实现销售同比增长 120% 的显著成效，销量与市值均创历史新高，这一成绩深刻验证了营销策略的专业性与实效性。

问题：

1. 在品牌发展过程中，W 公司是如何运用观察调查法来发现市场机会和消费者需求的？

2. 观察调查法在 W 公司制定的产品战略中扮演了怎样的角色，它对产品成功上市和市场表现产生了哪些具体影响？

案例二：零售巨擘 H 超市策略与运营的深度剖析

（一）案例背景

H 超市自 1989 年创立以来，便开创性地引领了中国大陆零售业的革新潮流，作为首个将生鲜农产品融入现代超市体系的流通先锋，它不仅标志着中国零售业的一次重大飞跃，更在随后的十余年间，逐步蜕变成为以零售业为核心、现代物流为支柱、食品工业与现代农业为双翼、实业开发为基石的综合性大型企业集团。在 W 省，H 超市更是独占鳌头，被誉为"商业流通及农业产业化"领域的双料龙头。

面对零售业市场日益激烈的竞争态势，H超市凭借不懈的努力与创新，成功稳固了国内零售品销售领域的领军地位，其市场份额与国际大型商超并驾齐驱，展现出非凡的竞争力与韧性。

在深入探讨H超市的运营效率与销售策略时，若我们剥离外部环境的复杂性与干扰因素，其核心表现力的真实面貌便成为关注的焦点。在当前这个市场格局快速演变、挑战与机遇交织并存的情境下，H超市是否能够有效维系并巩固其作为业界前十大企业的卓越地位，进而在行业中发挥引领作用，成为一个亟待细致剖析与评估的议题。这一探讨不仅关乎H超市自身竞争力的持续性评估，也映射出零售行业在动态市场环境中战略调整与适应能力的普遍规律。

本次调查旨在深入剖析这一核心议题，通过全面而细致的实地调研，力求捕捉H超市运营管理的精髓，提炼出具有前瞻性和实用性的策略建议，为公司未来的战略规划提供坚实的数据支撑与决策参考。诚然，受限于调查人员的认知局限、信息获取的不完全性以及环境因素的制约，本报告可能存在一定的局限性与不足，但我们将秉持客观公正的态度，力求呈现最真实的调查成果，供各方参考借鉴。

（二）调查方法：观察调查法

在针对H超市运营管理的深度调研中，本研究首先聚焦于店铺外观与环境、商品陈列与展示等物理层面，旨在通过细致观察与量化分析，揭示这些因素如何影响顾客的第一印象、购物体验及购买决策。同时，对于顾客服务、销售策略与促销活动、价格与竞争等运营策略层面的考察，本研究采用定性与定量相结合的方法，深入剖析超市在提升顾客满意度、市场竞争力及盈利能力方面的具体举措及其成效。此外，附加服务与设施的完善程度亦被纳入研究范畴，以全面评估超市在提供增值服务、增强顾客黏性方面的努力与成效。

线上观察：深入探索H超市的线上世界，我们首先通过其官方网站进行全面浏览，细致记录其产品线的广度与深度，涵盖各类商品种类、实时价格动态及当前活跃的促销活动与优惠信息。随后，积极订阅H超市的社交媒体平台账号，紧密追踪其发布的创意广告、引人入胜的推文及社交媒体营销策略，洞悉品牌传播的新趋势与消费者互动模式。

线下观察：为了获取更加直观与丰富的体验，我们亲自踏访H超市的实体店。在店内，我们细致观察商品的陈列艺术，从布局美学到标签清晰度，无一不细。同时，记录下各商品的价格标签，分析其价格策略与市场竞争态势。此外，与一线销售人员互动，深入了解产品独特卖点、价格体系的构建逻辑及背后的销售策略，力求从顾客视角感受服务品质。参与H超市精心策划的线下活动，如新品首发庆典、行业交流展会等，不仅给我们提供了直接接触市场前沿的机会，也让我们能够收集到更多关于行业动态与消费者偏好的宝贵信息。观察记录表见表5-2。

表 5-2 观察记录

项目一：店铺外观与环境	评价
1. 超市外观是否整洁、有吸引力	好
2. 超市入口是否易于找到和进入	好
3. 超市内部布局是否合理，便于顾客购物	好
项目二：商品陈列与展示	评价
1. 商品陈列是否整齐、有序	好
2. 货架上的商品是否充足	好
3. 新品和促销商品的展示是否明显、吸引人	好
4. 是否有季节性商品或节日商品的特别展示	好
项目三：顾客服务	评价
1. 超市员工是否友好、专业，能否及时回答顾客问题	普通
2. 结账区域是否足够，结账是否快捷	好
3. 是否有足够的购物车和购物篮供顾客使用	普通
4. 超市内是否提供顾客休息区或儿童游乐区	普通
项目四：销售策略与促销活动	评价
1. 超市是否经常进行促销活动（如打折、满减、赠品等）	好
2. 促销活动的标识是否清晰、显眼，容易吸引顾客注意	好
3. 超市是否使用社交媒体或其他线上渠道进行促销宣传	好
4. 超市是否提供会员制度或积分系统，以及相应的会员优惠	好
项目五：价格与竞争	评价
1. 与竞争对手相比，超市的价格定位如何	好
2. 超市是否提供价格比较工具或标识，帮助顾客比较价格	极好
3. 超市的特价商品和促销商品的性价比如何	普通
项目六：附加服务与设施	评价
1. 超市是否提供送货服务或线上购物平台	普通
2. 超市是否设有自助结账系统或移动支付功能	好
3. 超市是否提供退换货服务，以及相关的政策标识是否清晰	好

（三）结果分析

从表 5-2 的详尽观察结果中不难发现，H 超市在服务领域的整体表现可圈可点。撇开其核心产品不谈，其提供的便利服务与支持性服务均展现出了较高的水准。

在店铺外观与环境方面，我们设立了三个观察维度，均获得了顾客的高度认可。这里的"好"，不仅意味着达到了行业标准，更超越了普遍预期，展现出 H 超市外观的整洁、现代感，以及强烈的视觉吸引力。内部空间布局匠心独运，商品分类一目了然，宽敞的过道为顾客营造了一个愉悦而高效的购物环境。

商品陈列与展示亦是亮点纷呈，四个观察点均收获了顾客的好评。商品排列井然有序，货架充盈，有效减少了缺货现象。新品与促销商品的展示策略尤为出色，不仅位置显眼，且创意十足，季节性及节日商品的特别展示更是锦上添花，成功吸引了顾客的眼球，激发了购买欲望。

然而，在顾客服务方面，尽管多数观察点表现良好，但仍有三处被评为"普通"，这引发了我们的深思。经小组讨论，我们认为可能的原因包括但不限于：信息获取的时间局限性导致观察结果不全面；分店地理位置的特殊性可能未能全面反映 H 超市的服务水平；超市在成本控制与顾客体验间寻求平衡，可能更倾向于在产品质量上加大投入；服务营销策略中对一线员工重视不足。

销售策略与促销活动方面，H 超市同样表现出色，四个观察点均获好评。频繁且多样化的促销活动，如打折、满减、赠品等，有效激发了顾客的购买热情。同时，超市利用多种渠道进行宣传，特别是社交媒体和线上平台，显著扩大了品牌影响力。会员制度与积分系统的实施，更是为忠实顾客带来了实实在在的优惠与福利。

价格与竞争策略上，H 超市同样展现出了竞争力。价格定位合理，并辅以价格比较工具，极大地增强了顾客的购买信心。虽然特价商品与促销商品的性价比评价为普通，但这或许是超市策略性地利用价格杠杆清理库存，同时也不失为一种吸引顾客的手段。

最后，在附加服务与设施方面，H 超市在自助结账、移动支付及退换货服务上表现出色，但线上购物平台与送货服务尚存提升空间。未来，通过优化线上平台界面、提升操作便捷性并扩大送货服务范围，H 超市有望进一步提升顾客满意度，扩大市场份额。

（四）意见与建议

作为深入的观察者，我们深切感受到 H 超市在上述诸多领域均展现出了不俗的实力与成效。然而，面对日益加剧的市场竞争态势，我们坚信，为了长期稳固其市场领先地位，H 超市还需在服务领域持续深耕细作，不断优化与创新。基于我们细致入微的暗访调研，特提出以下几点建议，以期为公司未来的发展提供有价值的参考。

首先，人才是企业发展的核心驱动力。H 超市应致力于打造一支高素质的销售团队，这包括积极吸纳具备专业知识或丰富销售经验的精英人才，并建立起常态化的培训体系，定期对一线服务人员进行培训，实现技能与理念的双重提升。在团队管理方面，构建一套科学合理的绩效奖惩机制，激发员工积极性，确保服务质量与效率的双赢。与业界标杆如沃尔玛、家乐福等相比，H 超市应力求在销售团队建设上达到并超越同等水平。

其次，促销活动的品质与效果直接关系到消费者体验与品牌形象。因此，超市在筛选促销商品时应秉持严谨态度，确保每一款降价商品在价格优惠的同时，仍能保持原有的品质水准。优先挑选那些质量上乘、口碑优良的商品进行推广，避免低价策略带来的负面效应，维护并提升品牌形象。

最后，针对当前送货服务覆盖范围有限的问题，H 超市应加快步伐，逐步拓展服务区域，以满足更多消费者的多元化需求。这包括积极寻求与本地优质物流企业的合作，拓宽配送网络，实现服务区域的全面覆盖。同时，加强技术团队的建设与管理，确保线上平台（包括网站与移动应用）的稳定运行与数据安全，定期进行系统维护与更新，及时修复潜在漏洞，建立高效的紧急响应机制，确保在任何突发情况下都能迅速恢复服务，保障消费者体验。

问题：

1. 在使用观察调查法评估 H 超市的运营状况和销售策略时，如何确保观察结果的客观性和准确性？如何克服观察者的主观偏见和可能的误差？

2. 在进行实地观察时，如何确保观察的全面性和深度，以充分捕捉 H 超市运营和销售策略的关键要素？

案例三：传音非凡路①

（一）传音公司背景

传音控股（Transsion Holdings）2006 年成立，其作为一家在香港注册并运营的中国企业，专注于智能终端设备的研发与互联网服务的提供，致力于在全球新兴市场中拓展其业务版图，特别是在非洲等国家，通过精准定位消费者偏好，成功推出了备受欢迎的智能终端产品及高质量的互联网服务。其核心业务紧密围绕以手机为核心的智能终端设计、研发、生产及销售，并有效管理手机品牌运营，现已跻身全球手机供应领域的重要参与者之列。

在品牌矩阵上，传音控股旗下拥有诸如 TECNO 与 itel 等知名品牌，这些品牌不仅代表了技术创新与市场适应性的高度融合，也彰显了公司在手机市场细分领域的深耕细作。通过分析其产品销售地理分布，可以清晰地观察到传音控股在非洲及东南亚等关键新兴市场中的强劲营销攻势，这些区域已成为其主要的增长引擎。多年来，传音控股通过持续的市场探索与深耕，在非洲地区不仅显著提升了市场份额，扩大了用户基础，还构建了多元化的市场战略布局。公司针对不同手机品牌定制了专属的供应链体系，有效支撑了扩张的市场需求，并成功推动了如 Oraimo 等数码配件品牌的市场渗透力，进一步巩固了其在消费者心中的品牌形象。综上所述，传音控股的发展历程不仅是对新兴市场开发策略的成功实践，也为全球手机行业的本地化与全球化融合提供了宝贵的案例研究。

（二）传音公司在非洲的发展历程

初期探索与品牌建立阶段：诺基亚与三星等国际知名品牌早于 2006 年抢占了非洲的手机市场，但没有准确了解非洲人民对手机价格与功能等的真正需求。传音公司正是抓住了这一空白机会，对非洲人民的手机需求进行了较为详尽的调查后，综合分析非洲人民对手机的需求特点，推出了拍照美黑、四个手机卡多功能的低端实惠型手机，获得了非洲人民的喜爱。通过精准的市场定位和全球营销网络的布局，传音手机迅速在非洲市场站稳脚跟，为后续的快速发展奠定了坚实的基础。

产品本土化与市场份额提升阶段：进入非洲市场后，传音公司深刻理解并适应了

---

① 金智颖. 传音公司手机产品在非洲市场的营销策略改进研究［D］. 成都：西南交通大学，2022.

当地消费者的独特需求。公司针对非洲市场的特点，开发了一系列本土化的产品功能，如优化相机技术以适应深色皮肤，以及设计符合非洲音乐喜好的低音炮和音箱等。这些创新举措赢得了非洲消费者的青睐，推动了传音手机市场份额的快速增长。同时，传音公司还建立了完善的售后服务体系，通过 Carlcare 等品牌为当地消费者提供便捷的维修服务，进一步巩固了市场地位。

深耕非洲与多元化发展阶段：随着在非洲市场的持续深耕，传音公司不仅在手机领域保持了领先地位，还开始探索家电、数码配件等多元化领域。传音公司推出了 Oraimo 数码配件品牌和 S 传音 inix 家电品牌，进一步丰富了产品线。此外，传音公司还积极布局移动互联业务，通过音乐流媒体平台 Boompla 传音和短视频平台 Vskit 等应用，构建了在非洲的移动互联网生态系统。在保持非洲市场领先地位的同时，传音公司还积极拓展南亚、东南亚、拉丁美洲等新兴市场，实现了业务的全球化布局。如今，传音公司已成为非洲智能手机市场的领军企业，并继续在全球市场中展现出强劲的增长势头。

（三）传音公司竞争对手分析

非洲的手机市场格局鲜明，以外来品牌为主导，而本土品牌如卢旺达的 Mara 手机等虽在努力，但发展步伐相对迟缓。非洲手机市场集中度高，少数头部品牌牢牢占据着市场的主导地位。

在功能手机领域，传音公司凭借其卓越的市场营销策略，展现出了压倒性的优势。美国权威研究机构国际数据公司（international date corporation，IDC）的数据揭示，传音公司的功能手机出货量在非洲市场的占比从 2015 年的 32.2%，稳步攀升至 2018 年的 58.7%，并在 2021 年达到了惊人的 76.6%，连续多年稳居市场榜首，彰显了其强大的市场统治力。

转向智能手机市场，非洲则成为各大品牌竞相角逐的战场，竞争态势尤为激烈。英国知名市场调研机构 Canalys 的数据表明，2021 年在非洲及中东地区，传音公司凭借 TECNO、itel 和 Infinix 三大品牌，其智能手机出货量占据了总出货量的 38%，展现出强大的品牌集群效应。同时，三星手机凭借其品牌影响力和产品实力紧随其后，占据了约 27% 的市场份额。小米手机则凭借出色的产品性能和营销策略，成功赢得了 11% 的市场份额，成为市场中的一股不可忽视的力量。这五大手机品牌共同占据了非洲市场 76% 的出货量，进一步凸显了市场的高度集中特性。

传音公司精心挑选了具备丰富市场经验和敏锐洞察力的团队成员，组成了一支跨部门的调查小组。小组成员涵盖市场营销、产品研发、销售策略等多个领域，确保调研的全面性和专业性。

调查小组深入非洲多个主要城市及农村地区，对当地手机销售市场进行了全面走访。通过直接观察各品牌手机在实体店、集市、路边摊等销售渠道的展示与销售情况，获取第一手市场信息。小组还随机抽取了部分消费者进行深度访谈，了解他们对不同品牌手机的购买意愿、价格敏感度、使用反馈等信息。调查小组重点考察了三星、小米、华为等竞争对手的专卖店、代理商及授权店，观察其店内陈列、促销活动、价格标签等细节，以获取竞争对手的定价与营销策略信息。

观察发现，三星在非洲市场采取了多层次定价策略，高端 S 系列和 Note 系列定价较高，主要针对高收入群体；而 A 系列和 C 系列则面向中端市场，价格相对亲民；J 系列则定位为低端市场，价格极具竞争力。尽管整体价格偏高，但三星通过精准细分价格区间，有效覆盖了不同消费层次的需求。三星在非洲市场加强了品牌宣传，通过户外广告、社交媒体、电视广告等多种渠道提升品牌知名度。同时，三星还举办了一系列体验活动，让消费者亲身体验其产品的卓越性能，增强购买意愿。

小米在非洲市场延续了其高性价比的定价策略，多款产品定价远低于同配置竞品，如小米 5 合约机仅售 160 元，极具市场竞争力；红米 12 仅售 799 元。小米通过低价策略快速占领市场份额，吸引了大量价格敏感型消费者。小米在非洲市场的营销策略相对灵活，除了传统的销售渠道外，还积极探索线上销售模式。尽管初期成效不显著，但小米通过不断优化产品组合、提升售后服务质量等方式，逐渐赢得了消费者的信任与认可。

华为在非洲市场主要聚焦中高端市场，定价策略相对稳健。尽管受到芯片等核心元器件短缺的影响，华为仍努力维持其在非洲市场的竞争力。通过推出多款入门级智能手机，华为试图覆盖更广泛的消费群体。华为在非洲市场充分利用其通信设备领域的优势，加强与当地运营商的合作，推动智能手机销售。同时，华为还通过赞助体育赛事、文化活动等方式提升品牌形象，扩大品牌影响力。

从表 5-3 可以看出，与三星类似型号手机相比，传音公司的售价仅为三星的 42.35%，甚至在电池等组件方面，传音公司的手机产品配置更高。传音公司的目标市场是非洲的中低端消费者，这些客户的收入水平有限，具有极强的价格敏感性，在非洲手机市场上推行低价策略，推广宣传性价比较高的手机产品，与非洲民众消费习惯相符合。

表 5-3　类似机型竞争对手对比

	Tecno Spark 9	三星 Galaxy A23	Redmi Note 12	华为畅想 60
上市时间	2022 年 7 月 18 日	2022 年	2022 年 10 月 27 日	2023 年 3 月 24 日
屏幕尺寸	6.6 英寸①	6.4 英寸	6.67 英寸	6.75 英寸
后置摄像头/像素	5 000 万	5 000 万	4 800 万	4 800 万
前置摄像头/像素	800 万	800 万	800 万	800 万
运行内存容量	6 GB	6 GB	4 GB	8 GB
存储内存	128 GB	128 GB	128 GB	128 GB
售价	847 元	2 000 元	799 元	1 299 元

通过本次观察调研，传音公司深刻认识到非洲手机市场的多样性和复杂性。竞争对手们各自采取了不同的定价与营销策略，以适应非洲市场的特殊需求。对于传音公司而言，要想在非洲市场保持领先地位，必须不断创新与调整策略，加强品牌建设、

① 1 英寸≈2.5399 厘米。

优化产品组合、提升服务质量，并密切关注市场动态和消费者需求变化，以灵活应对激烈的市场竞争。

此外，观察结果还表明，低价策略虽然能够迅速占领市场份额，但长期来看可能会损害品牌形象和利润空间。因此，传音公司应在保持性价比优势的同时，注重提升产品附加值和品牌影响力，以实现可持续发展。

问题：

1. 在传音公司进入非洲市场初期，观察法如何帮助公司准确捕捉非洲消费者的特定需求，并转化为产品创新的关键要素？

2. 在传音公司产品本土化与市场份额提升阶段，公司如何运用持续的观察和反馈机制来优化产品与服务，进一步巩固其在非洲市场的领先地位？

四、延伸阅读

阅读材料：垃圾不会说谎①

美国亚利桑那大学人类学系的威廉·雷兹教授收到雪佛龙公司的委托，请他的团队帮助研究图森市的垃圾。威廉·雷兹教授接受了委托。他们首先确定了一年时间内的多个垃圾收集日，在这些日子里，他们都会从垃圾堆中抽选出数袋垃圾，将各袋中的垃圾按原产品的名称、重量、数量、包装形式等进行分类、记录和研究分析。

威廉·雷兹教授团队通过对垃圾的研究，得出了图森市居民食品消费情况的很多有价值的发现：①劳动者阶层比高收入阶层消费的进口啤酒多，并得出各类进口啤酒品牌的占比；②中等阶层人士浪费的食物比其他阶层多，可能是因为他们没有时间处理剩余的食物；③依照重量计算，浪费的食物中有15%是可以吃的食品；④对垃圾内容分析可以得出人们消耗各种食物的情况，如减肥清凉饮料与压榨的橘子汁属高阶层人士偏好的消费品等。

威廉·雷兹教授总结说："垃圾袋绝不会说谎和弄虚作假，什么样的人就丢什么样的垃圾。查看人们所丢弃的垃圾，是一种更有效的行销研究方法。"

五、实践实训

（一）任务目标

通过实训，能够识别咖啡店在服务流程、顾客与员工互动、店内环境等方面的优点与不足，为咖啡店提供改进建议，从而提升其整体顾客体验和满意度。

---

① 吕燕. 市场调查与预测：理论、技术与实务［M］：北京：机械工业出版社，2023.

（二）任务描述

设计一个旨在评估咖啡店顾客服务质量和满意度的实地观察方案，包括明确观察内容如顾客与员工互动、服务流程、店内环境等，设计数据收集工具以系统记录信息，通过标准化工具和多次观察确保结果客观准确，最后运用适当方法处理分析数据，撰写报告并提出改进建议。

（三）实训步骤

准备阶段需明确观察目标、设计工具、确定观察计划与人员培训；实施阶段进行现场观察并详细记录信息；数据收集后进行分类整理；通过统计分析深入分析数据，评估服务质量与满意度；最后撰写报告、总结表现并提出改进建议，提交给咖啡店管理层参考。

（四）考核记录表

1. 基本信息

观察日期：＿＿＿＿＿＿＿＿＿观察时间：＿＿＿＿＿＿＿＿ 至 ＿＿＿＿＿＿＿＿

观察地点：＿＿＿＿＿＿＿＿＿观察员：＿＿＿＿＿＿＿＿

2. 观察内容与记录

表 5-4　咖啡店顾客服务质量与满意度评估实训观察

观察点	具体内容	记录情况
员工问候顾客	员工是否主动、热情地问候顾客	
解答疑问	员工解答顾客疑问的耐心与准确性	
处理投诉	员工处理顾客投诉的方式与效果	
顾客满意度	顾客对员工服务的直接反馈	
点餐流程	点餐过程是否顺畅，有无等待过长情况	
等待时间	从点餐到取餐的具体时间	
支付方式	支付方式是否多样且便捷	
核对订单	取餐时员工是否仔细核对订单内容	
店内整洁	桌面、地面、吧台等区域的整洁程度	
光线通风	店内光线是否明亮，通风是否良好	
氛围营造	音乐选择与店内氛围是否协调	
座位布局	座位舒适度与整体布局是否合理	

六、参考答案

（一）单项选择题

1. 答案：A。非参与观察可以在远处进行观察，而不需要深入到研究对象的环境中。

2. 答案：C。在运用观察调查法时，观察者需要保持无偏见的态度，而不是带有强烈的个人偏见。这是为了确保观察结果的客观性和准确性。

3. 答案：B。观察调查法的主要目的是收集数据，通过对研究对象进行观察来获取相关数据。

4. 答案：B。参与观察是观察者作为参与者加入被观察群体，进行内部观察的方法。这种方法可以获得更深入的了解，但可能会影响观察对象的自然行为。

5. 答案：D。结构化观察使用预先设计好的观察表格或清单，按照既定标准记录信息，因此标准化程度高，数据容易量化和分析。

6. 答案：C。在实施观察之前，首先需要确定观察对象，这是整个观察研究的基础和起点。

7. 答案：C。现场观察在自然环境中进行，能够获取真实的行为数据，尽管环境变量难以完全控制，但这正是其优势所在。

8. 答案：A。公开观察中，被观察对象知道自己正在被观察，这可能会导致他们调整自己的行为以符合某种期望或标准，从而不自然。

9. 答案：B。数据整理与分析是观察调查法的关键步骤之一，它涉及对收集到的数据进行系统处理，以便后续的分析和解释。

10. 答案：D。定性分析不是数据分析的方法，而是对数据进行分类、归纳和解释的过程。

（二）多项选择题

1. 答案：ABC。观察法的重要性体现在能够直接获取真实数据、验证其他数据收集方法的结果，以及提供全面的视角以发现潜在问题。虽然观察法在科学研究中广泛应用，但它并不适用于所有领域，且不一定易于大规模推广和应用。

2. 答案：ABDE。为了确保观察数据的可靠性，观察者需要制订详细的观察计划、准备多种记录工具以防万一、设计标准化的记录表格，并确保整个观察过程符合伦理标准。然而，观察者不应预先设定个人立场和观点，以免影响观察的客观性。

3. 答案：AB。非参与观察的优点是可以更深入地了解研究对象，以及在远处进行观察，避免干扰研究对象的正常行为。

4. 答案：AD。实验室观察相比现场观察的优势在于能够更好地控制环境变量，并通过人为设置情境来模拟现实生活情境。然而，实验室观察并不一定更容易获取大样本数据，其观察结果也不一定更具普遍性，因为人为设置的情境可能与现实生活存在差异。此外，实验室观察中观察对象的行为可能受到环境控制的影响，不如现场观察自然。

5. 答案：ABCD。在设计观察计划时，研究者需要考虑研究目的和问题、观察对象的特征和行为模式、观察时间和地点的选择，以及观察工具的选择和使用。这些因素将直接影响观察研究的实施和结果。虽然数据分析方法和预期结果也是研究过程中的重要部分，但它们通常在设计观察计划之后才会进行考虑和规划。

6. 答案：ABCDE。所有列出的因素都会影响观察调查法的信度和效度。观察者的经验和技能决定了其能否准确捕捉和记录观察对象的行为；观察工具的精确性和适用性直接影响数据的准确性；观察时间的长度和频率决定了数据的完整性和代表性；观察环境的控制程度影响数据的可重复性和可靠性；被观察者的文化背景和个体差异则可能导致对同一行为的不同解释和记录。

7. 答案：AB。非连续性观察与连续性观察的主要区别在于观察的持续时间和频率。非连续性观察是在较短时间内进行的一次性观察，而连续性观察则是对某一现象或行为进行长期、持续的观察。观察的地点、目的和详细程度并不是区分这两种观察方法的主要标准。

8. 答案：AB。隐蔽观察适用于研究对象对观察行为非常敏感或需要避免观察行为对被观察者产生影响的情况。然而，这并不意味着在资源有限或无法获得知情同意时就可以随意使用隐蔽观察。此外，如果研究对象的行为已经具有高度的公开性和透明性，那么隐蔽观察就失去了必要性。至于研究对象的行为受到法律或道德规范的限制，这通常与是否使用隐蔽观察无直接关联。

9. 答案：ABC。观察调查法在商业研究中的应用包括市场趋势分析、消费者行为研究和产品测试和改进。

10. 答案：ABE。A 选项"难以直接观察到被观察者的内心世界"是观察调查法的一个显著局限，因为观察只能记录外在行为，无法直接洞察内心。B 选项"观察结果可能受到观察者主观偏见的影响"也是观察调查法的一个潜在问题，因为观察者的主观判断可能会影响对观察结果的解释。E 选项"观察调查法无法提供关于因果关系的直接证据"指出了观察调查法在解释因果关系方面的不足，因为观察只能描述现象之间的关联，不能直接证明因果关系。C 选项虽然提到了观察调查法可能不适用于大规模样本的研究，但这并不是观察调查法本身的局限性，而是取决于研究的具体情况和资源限制。D 选项"观察过程可能对被观察者产生干扰，影响其自然行为"更多的是参与观察调查法的问题，而非参与观察调查法则通过保持一定距离来减少这种干扰。

（三）案例分析题

案例一

1. 答案解析：观察调查法作为关键工具被广泛应用以发现市场机会和深入理解消费者需求。具体而言，团队进行了全面的市场调研，通过问卷调查、数据收集与分析，了解坚果及早餐市场的整体趋势、消费者偏好及竞争对手的表现。这种系统性的调研帮助团队识别出市场中的空白点和潜在机会。为了更深入地了解消费者需求，他们进行了面对面的消费者访谈。通过访谈，团队不仅获取了消费者对现有产品的反馈，还洞察了他们对未来产品的期望和未满足的需求。团队利用社交媒体平台监听消费者对坚果产品的讨论和反馈，及时捕捉市场动态和消费者情绪的变化。这种实时观察有助于团队快速响应市场变化，调整策略方向。通过对竞争对手产品的观察和分析，识别出竞品的优缺点，从而确定 W 公司产品的差异化竞争点。这种基于竞品观察的策略制定，使得 W 公司产品能够在市场中脱颖而出。

2. 答案解析：观察调查法在 W 公司制定的产品战略中扮演了至关重要的角色。它不仅为产品战略的制定提供了数据支持和洞察，还直接影响了产品的设计、定位和推广策略。通过观察调查法获取的市场和消费者信息，为 W 公司设计了符合市场需求和消费者偏好的产品。例如，W 公司坚果袋"每日坚果"的包装设计就是基于对市场趋势和消费者审美偏好的观察结果而制定的。观察调查法帮助团队明确了 W 公司产品在市场中的定位。通过对比竞品和分析市场需求，W 公司产品找到了独特的市场定位，如健康、便捷、高品质的坚果零食等。基于观察调查法的洞察，制定了有效的推广策略，他们通过精准的目标市场选择和有效的营销渠道布局，成功地将 W 公司产品推向市场。同时，通过观察市场反馈和消费者行为数据，及时调整推广策略，持续优化产品的市场表现。

案例二

1. 答案解析：在使用观察调查法评估 H 超市的运营状况和销售策略时，确保观察结果的客观性和准确性至关重要。制订详细的观察指南，明确观察的目标、内容、方法和标准，确保所有观察者都按照统一的规范进行观察和记录。采用多个观察者同时对同一场景进行观察，并对观察结果进行交叉验证。这样可以减少单个观察者可能存在的偏见和误差，提高观察结果的可靠性。利用现代科技手段，如录像、拍照、录音等辅助工具，记录观察过程，这些工具可以在后续分析时提供客观的参考依据，有助于验证观察结果的准确性。对观察者进行专业培训，提高他们的观察能力、分析能力和沟通技巧。培训内容包括观察技巧、记录方法、数据分析等，以确保观察者具备足够的专业素养。在观察过程中及时收集观察者的反馈，对观察方法和工具进行调整和优化。同时，对观察结果进行定期回顾和分析，以发现潜在的问题和偏差，并及时进行纠正。

2. 答案解析：在进行实地观察时，确保观察的全面性和深度是评估 H 超市运营和销售策略的关键。在观察前明确观察的目标和范围，确保观察内容涵盖 H 超市运营和销售策略的各个方面。例如，可以关注店面布局、商品陈列、顾客流量、销售技巧等关键要素。制订详细的观察计划，包括观察的时间、地点、频率和具体步骤。计划要充分考虑各种可能的情况和因素，以确保观察的全面性和深入性。结合直接观察、间接观察、隐蔽观察等多种方法，从不同角度和层面观察 H 超市的运营和销售策略。这样可以更全面地了解实际情况，发现潜在的问题和机会。对观察结果进行深入的分析和解读，挖掘其中的关键要素和规律，可以运用统计方法、比较分析法等手段对观察数据进行处理和分析，以得出准确的结论和建议。对观察结果进行持续跟踪和反馈，及时了解 H 超市运营和销售策略的变化情况。同时，根据观察结果提出有针对性的改进建议，帮助 H 超市优化运营和销售策略，提升竞争力。

案例三

1. 答案解析：在传音公司进入非洲市场初期，观察调查法发挥了至关重要的作用，帮助公司准确捕捉了非洲消费者的特定需求，并将其转化为产品创新的关键要素。公司派遣了跨部门的调查小组，深入非洲多个主要城市及农村地区，通过直接观察消费者的购买行为、使用习惯及市场中的竞品表现，获取了第一手市场信息。观察小组特别关注了非洲消费者对于手机价格、功能及外观等方面的独特需求。例如，他们发现非洲消费者倾向于选择经济实惠且功能实用的手机，同时对拍照功能有特定的美黑美颜需求，以适应他们的肤色特点。基于观察结果，传音公司迅速将这些消费者需求转化为产品创新的关键要素。他们推出了具有美黑美颜功能的手机，以及支持多个 SIM 卡插槽的低端实惠型手机，这些创新产品迅速赢得了非洲消费者的喜爱。在初步成功的基础上，传音公司继续运用观察调查法收集市场反馈，不断优化产品性能和设计，以满足非洲消费者日益增长的多样化需求。

2. 答案解析：在传音公司产品本土化与市场份额提升阶段，公司建立了一套持续的观察和反馈机制，以优化产品与服务，进一步巩固其在非洲市场的领先地位。传音公司通过设立专门的市场调研部门和客服中心，建立了一套全面的观察和反馈系统。该系统能够实时收集消费者使用产品后的反馈意见、市场变化信息及竞争对手的动态。公司定期派遣调查小组深入市场一线，进行实地走访和观察。他们关注消费者在购买、使用产品过程中的真实体验，以及竞争对手的产品展示、促销活动等情况。收集到的观察和反馈数据会被输入到数据分析系统中进行处理和评估。通过数据分析，传音公司能够识别出产品与服务中的优点和不足，以及市场中的新趋势和机会。基于数据分析结果，传音公司会及时对产品进行迭代升级，优化产品性能和设计。同时，他们也会不断完善售后服务体系，提升消费者满意度。例如，公司推出了 Carlcare 品牌提供便捷的维修服务，以满足非洲消费者对于售后服务的需求。在持续优化产品与服务的同时，传音公司还会根据市场反馈和数据分析结果调整市场策略。他们会针对不同地区、不同消费群体的特点制定差异化的营销策略和推广方案，以进一步提升市场份额和品牌影响力。

参考文献：

1. MARSHALL C，ROSSMAN G B. Designing qualitative research［M］. Thousand Oaks：Sage，1995.

2. DAVIS F. The martian and the convert：ontological polarities in social research［J］. Urban Life，1973，2（3）33-43.

3. 巴比. 社会研究方法［M］. 11 版. 邱泽奇，译. 北京：华夏出版社，2018：279-280.

4. 卡尔·麦克丹尼尔，罗杰·盖茨. 当代市场调研［M］. 10 版. 李桂华，等译. 北京：机械工业出版社，2019：163.

5. 王月辉，杜向荣，冯艳. 市场营销学［M］. 北京：北京理工大学出版社，2017.

第六章

实验调查法案例

一、知识要点

实验调查法是一种科学的研究方法，其核心在于通过操控某种变量 X，观察或衡量另一个变量 Y 的变化，以此推断 X 与 Y 之间的因果关系是否成立。这种方法有意识地改变自变量 X，随后观察因变量 Y 是否随之发生变化，因此也被称为因果性调研。实验调查法具有强大的能力，能够验证一种变量的变化是否会引起另一种变量产生可预见的变化。

在实验调查法中，使用特定的符号来表示变量和测量值。Y 代表因变量，即实验过程中需要正式观察和测量的变量。为了追踪因变量在不同时间段的变化，可以使用 Y_0、Y_1 等符号来表示。而 X 则代表自变量，即研究人员选择并操纵的变量，它决定了其他变量的变化。当实验涉及多种处理水平时，会使用 X_1、X_2 等符号来区分。

变量在实验调查法中扮演着关键角色。自变量是研究人员主动选择并控制的变量，它被视为因果关系中的原因，独立于其他变量。因变量则是结果变量，其变化取决于自变量的操纵。此外，控制变量也是不可忽视的，它们是指除了实验因素（自变量）以外的所有可能影响实验结果的变量，这些变量不是实验研究的重点，因此被称为无关变量或非实验因子。

实验调查法通常涉及实验组和对照组（或控制组）的设置。实验组是接受自变量激发的对象组，而对照组则是不接受自变量激发的对象组。在实验开始之前，这两组对象在各方面条件和状态上应保持一致，以确保实验结果的准确性。

实验调查法的实施包含多个要素：实验者是实验调查有目的、有意识的活动主体；实验对象是通过实验调查所要了解认识的市场现象；实验环境是实验对象所处的市场环境及其各种社会条件；实验活动是改变市场现象所处市场环境的实践活动，通常被称为"实验激发"；实验检测则是在实验过程中对实验对象进行的检验和测定，包括前测和后测，以观察因变量是否发生变化及变化的具体情况。

实验调查法的实施步骤通常包括：①提出明确的研究假设；②根据假设进行实验设计，确定自变量、因变量和控制变量的具体操作方法；③选择合适的实验对象，并尽量保持实验组和对照组的一致性；④控制实验环境，减少外部因素对实验结果的影响；⑤收集实验数据，进行统计分析，验证研究假设是否成立。

根据实验组织方式的不同，实验设计可以分为多种类型。第一种是实验前后无控制组对比实验，仅对实验组进行前后对比；第二种是实验组与控制组对比实验，同时设置实验组和对照组进行对比；第三种是实验前后有控制组对比实验，这一类型结合了前两种类型的优点，既进行了实验组的前后对比，又进行了实验组与对照组的对比，从而提高了实验结果的可靠性和准确性。

二、习题巩固

（一）单项选择题

1. 实验调查法在市场调查中主要用于（　　）。

    A. 描述市场现状　　　　　　　　B. 预测市场趋势

    C. 检验变量间的关系　　　　　　D. 收集历史数据

2. 以下选项中，（　　）不是实验调查法的一个基本要素。

    A. 实验单位　　　　　　　　　　B. 实验环境

    C. 实验效应　　　　　　　　　　D. 实验时间

3. 在实验设计中，控制组的作用是（　　）。

    A. 接受实验处理　　　　　　　　B. 不接受实验处理，作为对比基准

    C. 同时接受多种实验处理　　　　D. 用于初步数据收集

4. 随机化在实验设计中的目的是（　　）。

    A. 确保实验结果的准确性　　　　B. 减少实验误差

    C. 消除所有外部影响　　　　　　D. 提高实验效率

5. 以下选项中，（　　）实验设计最容易受到外部因素的影响。

    A. 前后对比设计　　　　　　　　B. 对照组设计

    C. 交叉设计　　　　　　　　　　D. 因子设计

6. 在市场实验中，以下选项中，（　　）不属于常见的实验因子。

    A. 价格变动　　　　　　　　　　B. 广告投放

    C. 消费者年龄　　　　　　　　　D. 产品包装

7. 实验调查法相比其他市场调查方法的主要优势是（　　）。

    A. 成本更低　　　　　　　　　　B. 数据收集更快

    C. 能直接评估因果关系　　　　　D. 适用范围更广

8. 在实验结束后，分析数据时常用的统计方法是（　　）。

    A. 描述性统计　　　　　　　　　B. 推论性统计

    C. 回归分析　　　　　　　　　　D. 方差分析

9. 实验调查法的局限性之一是不适用于（　　）。

    A. 长期效果研究　　　　　　　　　B. 短期促销效果评估

    C. 不可重复的市场环境　　　　　　D. 消费者行为研究

10. 实验伦理中，以下选项中，（　　）是必须遵循的原则。

    A. 实验参与者需知情同意　　　　　B. 实验结果必须公开

    C. 实验可以对参与者造成轻微不适　D. 实验无需考虑社会影响

（二）多项选择题

1. 实验调查法在市场调查中的主要步骤包括（　　）。

    A. 确定研究目标　　　　　　　　　B. 选择实验单位

    C. 设计实验处理　　　　　　　　　D. 收集和分析数据

    E. 撰写实验报告

2. 实验设计中，为了减少误差，可以采取的措施有（　　）。

    A. 随机分配实验对象　　　　　　　B. 设立控制组

    C. 重复实验　　　　　　　　　　　D. 盲测

    E. 使用统计方法分析数据

3. 以下选项中，（　　）是实验调查法可能面临的挑战。

    A. 实验环境难以完全控制　　　　　B. 实验成本高昂

    C. 实验结果可能受外部因素干扰　　D. 实验伦理问题

    E. 实验结果难以推广至所有市场

4. 在选择实验设计时，需要考虑的因素包括（　　）。

    A. 实验目的　　　　　　　　　　　B. 可用资源

    C. 实验对象的特性　　　　　　　　D. 实验环境的可控性

    E. 数据分析的复杂性

5. 实验调查法适用于以下哪种类型的研究（　　）。

    A. 新产品测试　　　　　　　　　　B. 价格敏感性分析

    C. 广告效果评估　　　　　　　　　D. 市场需求预测

    E. 消费者偏好研究

6. 以下哪些是多因素实验设计的优点（　　）。

    A. 能同时检验多个变量的影响　　　B. 提高实验效率

    C. 更全面地模拟市场环境　　　　　D. 易于分析

    E. 成本较低

7. 实验结束后，数据分析阶段可能包括的步骤有（　　）。

    A. 数据清洗　　　　　　　　　　　B. 描述性统计分析

    C. 假设检验　　　　　　　　　　　D. 回归分析

    E. 结果解释

8. 实验调查法的局限性包括（　　）。

    A. 不适用于所有市场环境　　　　　B. 实验结果可能难以推广到实际市场

C. 实验过程可能受到法律和伦理限制　D. 实验成本可能较高

    E. 实验结果总是准确无误

9. 在设计实验时，以下选项中，（　　）是需要考虑的实验要素。

    A. 实验单位的选择　 B. 实验因子的确定

    C. 实验环境的控制　 D. 实验时间的安排

    E. 实验数据的收集方法

10. 实验伦理原则主要包括（　　）。

    A. 知情同意　 B. 保护实验对象权益

    C. 实验结果保密　 D. 避免对实验对象造成伤害

    E. 确保实验目的的正当性

三、案例分析

案例一：深植于心与随风潜入——植入式与非植入式广告效果分析

（一）中国植入式广告的发展历程

植入式广告作为一种与传统广告形式相区别的广告形态，通过将品牌或产品融入媒体内容中，以自然、隐性的方式传递广告信息，逐渐在中国市场崭露头角。随着中国市场经济的快速发展和消费者需求的多样化，植入式广告在中国的发展历程也呈现出一系列的特点和变化。

1. 初期探索阶段

中国植入式广告的初探可追溯至20世纪80年代至90年代，其起点与国外有所不同，起源于电视而非电影行业。其中，《正大综艺》与《编辑部的故事》作为央视的两档标志性节目，在植入式广告的探索上展现出了试验性与创新性。《正大综艺》作为中国首档商业性质电视节目，引入了泰国正大集团的冠名赞助，将品牌巧妙融入节目之中。而《编辑部的故事》作为中国首部系列喜剧电视剧，也尝试通过北京百龙绿色科技公司的资助，在剧集中融入植入式广告，以期实现商业化与广告效应的双重提升。

在这一阶段，中国市场经济初露端倪，影视制片商开始尝试将产品和品牌植入作品，以谋求额外收入与曝光机会。然而，由于市场经济尚不完善，植入式广告概念也未普及，初期的植入形式相对简单，观众往往能明显感知到广告内容的植入，可能在观看过程中感受到商业宣传的气息。

2. 增长与市场化阶段

进入21世纪，随着中国市场经济与影视产业的蓬勃兴起，植入式广告迎来了快速增长的契机。广告商与制片方敏锐捕捉到这一新型广告形式的潜力，纷纷探寻合作机遇。

以《超级女声》与"蒙牛酸酸乳"的携手为例，此番跨界合作实现了媒体与品牌的双赢，媒体借此获得品牌赞助与合作资金，而品牌则通过节目提升了自身形象，赢得了消费者的青睐与市场的回馈。此合作模式的成功，不仅助推了植入式广告的繁荣，也激励了更多广告商与媒体探索类似合作。相较于初期，植入式广告逐渐由直白显露转向更为隐蔽自然的融入方式，如电影《手机》与《天下无贼》中的品牌植入，巧妙而自然，更易被观众接受，其市场影响力与商业价值也随之日益凸显。

3. 多元化和整合阶段

进入 2010 年，植入式广告展现出多元化与整合并重的新态势。它不仅继续在传统电视剧、电影和综艺节目中发挥作用，还开始拓展至网络视频、微电影等新兴领域。

以电影《捉妖记》为例，该片成功植入了多个品牌广告，如中国移动、美的电器、汇源果汁等，这些品牌自然且巧妙地融入电影情节，既为品牌带来了观众观影时的曝光，也为电影剧组创造了经济收益。此外，影片还与美的电器等品牌进行了深度合作，推出了定制款"捉妖记电饭煲"，实现了品牌与电影的共赢。

同时，植入式广告也开始与不同形式的内容进行合作，实现多样化的整合。微电影便是一个典型代表，品牌与微电影制作公司携手，将产品或品牌自然地融入故事情节中，如百事可乐的微电影《把乐带回家》，给观众留下了深刻印象。这种多元化的合作方式使得植入式广告在更多平台和内容形式中实现整合，增加了品牌的曝光和影响力。

4. 数字化和互联网媒体

近年来，随着互联网与社交媒体的迅猛发展，植入式广告已悄然渗透到在线视频、短视频平台、社交媒体等数字化领域。广告商凭借互联网和数据技术，能够精准锁定目标受众，将广告与用户兴趣和行为紧密匹配，极大地提升了广告的个性。

短视频平台上的植入式广告尤为突出，如抖音、快手等，品牌与内容创作者携手将产品或品牌自然融入视频中，既避免了打扰用户体验，又有效提升了品牌曝光。同时，直播平台也为植入式广告开辟了新天地，主播与品牌合作，在直播中展示和推广产品，借助平台的实时互动性和高参与度，广告效果尤为显著。社交媒体同样成为植入式广告的重要舞台，品牌与 KOL、KOC[①]合作，将品牌信息自然融入其发布的内容中，借助广泛的用户基础和高度的用户参与度，实现品牌与用户的深度互动。

综上所述，植入式广告在数字化和互联网媒体阶段展现出多样化形式和渠道，与品牌内容有机融合，极大地提升了品牌曝光度和市场影响力，为市场营销带来了新机遇和挑战。

（二）植入式与非植入式广告效果实验[②]

近年来，植入式广告广泛地应用到电影、电视剧、娱乐节目中，并且取得了理想的效果，现实的需要对植入式广告的理论有了更高的需求，期待更好的理论指导植入式广告的应用，促进植入式广告良性发展。

在这样的背景下，众多专家学者对植入式广告的研究也重视起来，对植入式广告的研究越来越多，但是就得出的结论来看，一方面，结果莫衷一是，未达成一致；另

---

① KOC（key opinion consumer），即关键意见消费者，是指在某个领域或行业内拥有一定的影响力的普通用户。

② 闫明明. 植入式与非植入式广告效果的实验研究［D］. 上海：上海师范大学，2015.

一方面，研究方法和手段各有局限性，不能全方位探讨出植入式广告的效果。学者闫明明在其研究成果中，借助学习再认范式来探讨植入式广告与非植入式广告记忆效果的差异；进一步比较植入式广告与非植入式广告的偏好差异。

1. 实验材料

（1）植入式广告材料

实验小组选取了三部具有代表性的影视作品作为植入式广告的材料，分别是 2004 年的贺岁喜剧电影《天下无贼》、2010 年的喜剧电影《杜拉拉升职记》，以及 2013 年的影视剧《咱们结婚吧》。通过对这些作品的剪辑，实验小组制作出了六个片段，每个片段时长约 15 到 20 分钟，共计包含了 20 个植入式广告品牌。在选取片段时，小组尽量确保人物对话的完整性和剧情的连贯性，以保障植入式广告的信息嵌入。同时，这些片段都融入了一定的幽默元素，旨在使观众在观看后产生相似的情绪状态。

（2）非植入式广告材料

实验小组从网络上随机选择了 10 个广告品牌，并利用"会声会影 5.0"软件进行剪辑，制作成格式统一的非植入式广告视频，每段广告的平均时长为 30 秒。在实验设计中，小组将非植入式广告插入到带有植入式广告品牌的剧情中，插播顺序为"剧情—广告—剧情"。每两个剧情片段之间插播 2 到 3 个广告品牌，整个实验过程大约需要一个半小时。

（3）测验材料

测验材料包含四个主要的测量问卷：首先是品牌回忆问卷，用于评估受试者对品牌的记忆程度；其次是品牌再认问卷，该问卷中包含一个目标品牌和一个作为干扰项的品牌，旨在测试受试者对品牌的辨识能力；第三个是品牌偏好自评问卷，采用九级计分制，让受试者对广告品牌的偏好程度进行自我评价；最后一个是品牌偏好判断问卷，设计为二选一的形式，其中一个选项为目标品牌，另一个为干扰品牌，用于进一步探究受试者在两个品牌之间的选择偏好。

2. 被试对象

选取 65 名同一大学的在读大学生，男生 9 名，女生 56 名。被试对象视力或矫正视力正常，选取的 65 名被试者均按照要求完成实验。

3. 实验设计

实验以 2（广告植入与广告非植入）×2 时间间隔（即时水平和延时水平）为自变量，即时广告品牌、延时广告品牌偏好和记忆为因变量的两因素被试内实验设计。

4. 实验过程

实验过程分为两个阶段进行：第一阶段为即时实验研究，过程中向被试者宣读指导语后，播放视频内容供全体被试者共同观看，仅提示被试者"请集中注意力观看，并留意细节信息"。观看结束后，向被试者发放 4 个调查问卷以收集数据。第二阶段在即时试验后，进行延时实验。同一批被试者不再观看视频材料，仅完成 4 个调查问卷，随后回收所有问卷以进行后续分析。

本研究在配备有多媒体的静谧教室环境中进行，并且所有指导语均经过标准化处理，保持统一规范。

植入式与非植入式广告效果实验流程见图 6-1。

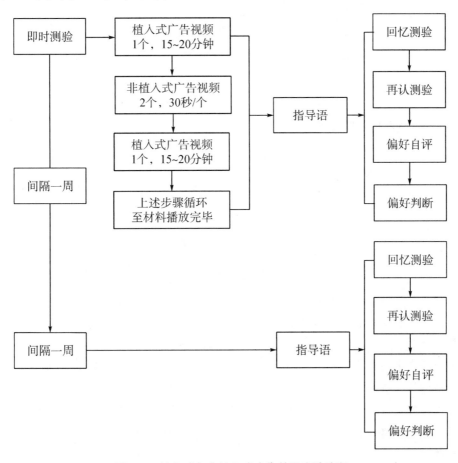

图 6-1　植入式与非植入式广告效果实验流程

5. 实验结果

实验采用重复测量方差分析的方法，以植入方式和时间间隔为自变量，以广告品牌回忆正确率为因变量，以植入方式和时间间隔为自变量，以广告品牌再认正确率为因变量，分别对上述两组变量的所得数据进行分析。实验中有两个因素，每个因素下有两个水平（植入式广告与非植入式广告、即时测验与延时测验），不用做球形度检验。可以对数据进行分析，数据使用 SPSS17.0 统计软件处理。

（1）广告品牌植入方式和测验方式记忆效果之间的差异

通过时隔一周的两个实验让被试对象进行广告品牌的回忆和再认，实验数据均表明，在即时测验和延时测验中，非植入式广告品牌的回忆和再认效果都优于植入式广告的回忆和再认效果。

（2）广告品牌植入方式和测验方式偏好程度之间的差异

本实验采用偏好自评和偏好判断两个指标来衡量被试者对广告的偏好程度，实验发现，对于广告品牌的偏好自评，植入方式和时间间隔两个因素主效应不显著，也就是改变品牌的植入方式以及观看时间，对品牌偏好并没有产生实质影响。原因可能是实验中是真实的广告品牌，所以被试者在以前的生活经验中，已经对这些品牌有自己的喜好程度，在当前的实验条件下很难改变这种态度。

但是两者之间存在交互作用，通过简单效应分析可知，在非植入式广告条件下，偏好自评的即时测验成绩显著高于偏好自评的延时测验成绩，说明广告品牌的熟悉度是影响广告效果的一个重要因素，即熟悉导致喜欢。熟悉的品牌更能够让消费者感到温暖和亲密[1]，品牌熟悉度越高，消费者会产生更强烈的购买意愿，更容易做出购买决策[2]。

（三）植入式广告的未来

综上所述，实验揭示了广告品牌植入方式与测验方式之间在记忆效果和偏好程度上的显著差异。非植入式广告在回忆和再认效果上展现出了优势，这表明观众在自然情境下接触品牌信息时，记忆留存更为持久。同时，尽管植入方式和时间间隔对品牌偏好自评的主效应不显著，但非植入式广告在即时测验中获得的偏好自评更高，凸显了品牌熟悉度对广告效果的重要影响。

展望未来，植入式广告的发展或许需要更多地考虑如何平衡创意与品牌信息的自然融入，以提升受众的记忆效果。创作者和广告商应当意识到，单纯依靠植入未必能有效提升品牌偏好，尤其是在消费者已有明确品牌偏好的市场环境中。相反，注重品牌故事的讲述、情感联结的建立，以及利用非植入式的创新营销手段，可能更有助于增强品牌熟悉度与好感度，进而促进消费行为的发生。

因此，未来在制定广告策略时，应充分考虑这些实验发现，不仅要关注广告的曝光度和创意性，更要深入理解消费者心理，注重品牌与消费者情感的长期培养，以实现广告效果的最大化。在快速变化的市场环境中，灵活调整策略，注重广告与受众生活的自然融合，将是植入式广告乃至整个广告行业持续发展的关键。

问题：

1. 若企业要给消费者投放他们不熟悉的品牌广告，结合上述实验内容，该企业可以采用何种做法？

2. "熟悉度与广告品牌偏好之间存在正相关的关系"，对于这个实验结果，今后在广告投放中，企业需要注意什么？

案例二：一毛不拔还是一掷千金？
——商品价格类型对大学生网络购买意愿的影响

（一）奇怪的年轻人：一毛不拔还是一掷千金

当代年轻人的消费观念展现出一种独特的反差现象：他们在奢侈与节俭之间灵活游走，对于大额支出如千元鞋履不吝啬，却对小额附加费如十元邮费表示不满，强调"价值决定支出"的原则。2024年上半年，这一消费现象尤为显著，年轻人在"一毛不拔"的同时，也不乏"一掷千金"——"一双鞋1 000元，好划算，邮费10块，抢

① ZAJONC R B, MARKUSR H. Affective and cognitive factors in preferences [J]. Journal of Consumer Research, 1982, 9 (2): 123-132.
② 顾子贝，冯彦彦，王晓明. 品牌熟悉度、参照群体和任务时间对购买决策的影响 [J]. 社会心理学，2014 (6): 31-35.

劫呀！""购物花个三五百块不心疼，一个购物袋要三毛，算了，我还是抱着回家吧。"他们努力平衡生活与工作的同时，追求精神上的松弛与愉悦。

"精准消费"成为当代年轻人的信条，多渠道比较与寻找平价替代品的趋势渐起，他们愿意为情感体验慷慨解囊，体现了对生活品质与情感价值的双重追求。这届年轻人既享受即时满足，也渴望建立工作与生活的清晰界限，他们在消费决策中寻求多重平衡，展现出前所未有的精明与审慎。他们不仅是理性觉醒的一代，更是追求特定领域内高品质与情感共鸣的局部豪放型消费者。

面对纷繁复杂的促销诱惑，曾经冲动购物的年轻人如今更多考虑"我需要"而非"我想要"。在豆瓣等社交平台上，抠门小组盛行，成员们分享省钱技巧，致力于减少非必要支出，包括但不限于废物利用、精细比价、使用优惠券、购买临期食品等策略。在这些年轻人眼中，废旧的矿泉水瓶、纸箱也被视为待开发的资源，通过创意改造，它们可变身花瓶、抽纸盒等，这类内容在 B 站、抖音等平台上播放量可观，广受欢迎。购物时，不经过多番比较就难以自称精明消费者，他们追求物超所值，擅长运用各种优惠手段以低价购得高质量商品，临期食品市场的繁荣便是例证，年轻人作为主力消费群体，乐于以极低的价格享受原价商品。

年轻人的抠门并非源于贫困，而是出于将资金集中于热爱之事的考虑。如女歌手杨超越所述，她曾不惜牺牲日常开销以满足对一条心仪裙子的渴望，这代表了众多年轻人的心声：愿意为兴趣和爱好慷慨投入，即便需要暂时牺牲其他方面的享受也在所不惜。反之，对于不感兴趣的事物，他们则坚守钱包，不愿多花一分。

综上所述，当代年轻人的消费观是复杂多维的，既注重实用价值，又不忽视情感与体验的满足，他们在消费选择中寻求个性与平衡，形成了新的市场趋势。

（二）偏爱网购的年轻人

随着互联网的快速发展，购买货物的形式也逐渐从实体购物演化出了电视购物、网络购物等。

2024 年 3 月，中国互联网络信息中心（CNNIC）发布的第 53 次《中国互联网络发展状况统计报告》（以下简称《报告》）显示，截至 2023 年 12 月，我国网民规模达 10.92 亿人，较 2022 年 12 月新增网民 2 480 万人，互联网普及率达 77.5%，在 2021 年的《报告》中，学生占比为 21.0%。2023 年 11 月，搜狐新闻—教育联合麦可思研究院开展了在校大学生消费情况研究，研究发现，51% 的在校大学生表示主要购物形式是网络购物，仅 32% 的受访大学生表示主要还是在实体店购物。互联网基因在现在的大学生购物行为上也得到了体现。

之前有个购物视频在网上火了一把，视频里的消费者挑了一堆名牌包包，最后却因为 10 美元的运费而决定放弃购买，这操作让网友们直呼"太真实了"，纷纷在评论区留言表示深有同感。新浪微博上也曾做过一个关于现代青年人消费观的调查，关于运费这个问题又成了热点。很多人都表示，宁愿商品价格上涨，也不想额外支付运费。当然，也有消费者表示，如果店铺信誉好，他们还是愿意支付运费的，但如果商品本身就很便宜，那最好还是免运费吧。

看看淘宝网，各种定价策略应有尽有，有的免运费，有的则要消费者自己承担。这不禁让人好奇，在何种情况下，大学生更愿意自己承担运费，什么情况下又更希望商家免运费呢？

（三）商品价格类型对大学生网络购买意愿的影响①

在当前大学生消费观念中，一种独特的现象日益凸显：他们愿意花费上千元购买心仪的包包，却对仅需支付 10 元运费的商品望而却步。这种"可以买 1 000 块的包，但不愿支付 10 元的运费"的消费态度，反映了大学生在价格感知与消费决策上的微妙差异。为了深入探讨这一现象背后的原因，并揭示分离定价（即商品价格和运费分开显示）与整合定价（即商品价格和运费合并为一个总价显示）在不同商品价格类型下对大学生网络购买意愿的具体影响，实验小组设计了一系列情境实验，旨在通过模拟真实的网络购物环境，创造多样化的购买情境，精确测量在不同商品价格背景下，分离定价与整合定价对大学生购买决策的不同影响。期望通过这一研究，能够更深入地理解大学生消费心理的独特性，揭示他们在面对不同定价策略时的行为倾向，以及这些倾向如何受到商品价格水平的调节。

1. 实验假设

基于此，实验小组提出了以下五个假设，旨在全面探讨不同商品价格类型下，分离定价与整合定价策略对大学生网络购买意愿的影响：

假设一：在分离定价和整合定价策略下，被试者的购买意愿存在显著性的差异。

假设二至五：无论商品的价格是低于、等于、高于还是远远高于运费价格，被试者在整合定价策略下的购买意愿均高于分离定价策略下的购买意愿。

2. 实验材料

实验使用根据研究内容编制的情境材料，请被试者阅读相关的材料，然后根据自己的真实感受对商品进行购买意愿评分，评估标准为 7 分制，1 至 7 分表示购买意愿逐渐增加。

3. 被试对象

为了深入探讨定价策略对大学生网络购买意愿的具体影响，实验小组基于实验的便利性和可操作性原则，采用了简单抽样的方法，从成都某高校和北京某高校中选取了具有网络购物经验的大学生作为研究对象。

样本的性别分布呈现出一定的特点，其中男性占样本总数的比例为 29.80%，而女性因所选院校总体男女比例的限制，占比相对较高，达到 70.20%，这一比例基本满足了实验的操作要求。在生活费水平方面，大多数被试者的月均生活费集中在 800 至 2 000 元之间，占比约为 72.35%，这确保了样本的集中性，使得参与调查样本的消费水平保持在大致相同的水平线上。此外，根据实验要求，实验小组对无效数据进行了剔除处理，最终确保所有剩余的被试者均为在校且具有网络购物经验的学生。

---

① 何玉兰. 分离定价和整合定价对大学生网络购买倾向的影响［D］. 昆明：云南师范大学，2020.

4. 实验设计

实验采用4（商品价格类型：低于运费、等于运费、高于运费、远远高于运费）×2（定价策略：分离定价、整合定价）的被试内设计，因变量为被试对商品的购买意愿评分。

实验参考常用的购物平台淘宝网平台的实际情况将运费的价格固定为12元，结合实际情况，将商品的价格类型设定为：低于运费（0.1元）、等于运费（12元）、高于运费（108元）、远远高于运费（11 988元）四种类型情况。考虑到个体对于同一物品的不同感知，本实验不设定具体的物品，只标注商品的价格。

5. 实验过程

（1）实验前告知

您现在有足够的预算在某淘宝店铺购买一些商品，店铺有如下商品价格的展示内容，请您根据商品的展示情况，选择您对某商品的购买意愿，1至7表示购买意愿的增强，数字越大，您的购买意愿越强烈。如1表示完全不愿意购买，7则表示完全愿意。选择没有对错之分，您的信息也不会有任何泄露，请您放心作答。

（2）实验情景

完成实验前的告知后，通过文字形式，向被试对象展示两个商品及商品价格信息，展示过程中告知被试对象，两个商品完全相同，不必想象其商品种类，只需根据价格信息，判断自己的真实想法。

（3）实验展示内容

不同店铺商品价格的购买意愿如表6-1所示。

表6-1 不同店铺商品价格的购买意愿

展示内容	购买意愿						
店铺1	1	2	3	4	5	6	7
商品的价格为0.1元，运费12元							
商品的价格为12.1元，运费0元							
店铺2							
商品的价格为24元，运费0元							
商品的价格为12元，运费12元							
店铺3							
商品的价格为120元，运费0元							
商品的价格为108元，运费12元							
店铺4							
商品的价格为11 988元，运费12元							
商品的价格为12 000元，运费0元							

6. 实验结果

（1）整合定价与分离定价对大学生的影响

实验结论显示，在商品价格分别低于、等于、高于以及远高于运费的不同情境下，消费者对于采用整合定价方式的商品所展现的购买意愿，均显著地高于采用分离定价方式的商品，这一发现表明，受试者在整体上更倾向于选择整合定价策略。

此外，随着商品价格的逐渐上升和附加费占比的相应下降，消费者在面临分离定价条件时的购买意愿呈现出上升的趋势。这一观察结果进一步证实了附加费的比例确实是影响消费者在分离定价条件下购买意愿的关键因素。

然而，在整合定价的条件下，情况却有所不同。随着商品价格的上涨，消费者的购买意愿反而有所降低，这表明商品价格本身对消费者的购买意愿产生了直接的影响。特别是当商品价格低于运费时，消费者在整合定价条件下的购买意愿达到最高值；而当商品价格远高于运费时，消费者在整合定价条件下的购买意愿则降至最低点。这种变化可能反映了过高的商品价格对消费者购买意愿的抑制作用。

（2）不同性别大学生对于整合定价和分离定价的表现差异

实验还发现了一个有趣的现象：在商品价格低于运费和运费相等、高于运费以及远高于运费这四种情况下，男性的购买意愿竟然都比女性要高，尤其是在商品价格和运费相等或更高的时候，这种差异特别显著。在日常生活中，女性通常是网购的主力军，购物频率也相对较高。然而，在这项研究中，女性的购买意愿却意外地低于男性。这可能是因为研究的商品并没有特别针对女性的需求，因此对女性的吸引力相对较低。另外，当商品价格过低或过高时，男性可能会考虑更多的因素，从而降低他们的购买意愿。

这种差异并不仅仅是由商品价格类型、商品类型或性别特点所决定的，还可能与个体对分离定价方式的接受程度有关。总的来说，男性似乎比女性更容易接受分离定价的方式。然而，当商品价格远高于运费时，男性并没有表现出更高的接受度。这可能是因为当商品价格已经很高时，人们会开始质疑附加费的合理性，认为过高的商品价格再加上额外的运费是不合理的。

（四）年轻人"抠门"新解：省钱不是守财，而是智慧消费的艺术

在当今社会，年轻人常被贴上"抠门""省钱"的标签，但他们其实并非守财奴，而是将钱花在刀刃上，即他们真正喜欢、认为有价值的东西上。这种消费观，或许在一些人看来有些畸形，但买到心仪之物所带来的那份快乐，是旁人难以体会的情感寄托和满足。

要深入理解这种消费观，我们得认清一个核心概念——"心理账户"。它就像是我们心中的一个小本本，详细记录着每一笔支出或收益。然而，这些记录并不是随意堆砌的，而是被精心划分到了不同的"目录"下，比如"生活必需品""娱乐消遣""自我提升"等。这些"账户"之间，大多时候是不互通的，因为我们在心理上为它们设定了不同的价值和意义。

当你在商场里犹豫是否要买下一双1 000元的鞋时，你的心理账户正在迅速地进行着计算。你考虑的不是简单的价格高低，而是这双鞋是否符合你的审美、品质是否上乘、穿在脚上是否舒适，以及它是否能给你的生活带来愉悦。如果答案是肯定的，那么你愿意为这双鞋支付 1 000 元，因为它在你的"自我提升"或"生活品质"账户中，是一笔值得的投资。然而，当你面对 10 块钱的运费时，你的心理账户却可能给出不同的答案。你可能觉得，运费应该是免费的，或者至少不应该这么贵。这是因为，在你的"生活必需品"或"日常开销"账户中，运费并不被视为一笔必要的支出，因此你对其价格更加敏感。

这种消费观，其实是一种非常个性化的金钱管理方式。它并不是简单地根据口袋里的钱多钱少来做出消费决策，而是更多地依赖于我们对物品价值的判断和价格的预期。这种方式不仅可以帮助年轻人快速做出消费决策，还能让他们更好地理财。他们知道，每一分钱都应该花在刀刃上，既要满足生活的需求，又要追求内心的愉悦和满足。

因此，不要再轻易地说年轻人"抠门"或"畸形消费"了。他们只是在用自己的方式，智慧地管理着每一分钱，确保每一笔支出都能带来最大的满足感和幸福感。这种消费观，实际上是一种生活智慧，它教会我们如何在有限的资源下，追求最好的生活品质和内心的满足。这样的消费观，无疑值得我们深入学习和借鉴。

问题：

1. 实验调查法如何帮助揭示商品价格和运费对消费者购买意愿的复杂影响？

2. 商家应如何利用这一实验结论来优化定价策略，以吸引更多不同性别的年轻消费者？

案例三：拿捏"色彩"的生意经

（一）"多巴胺"消费催热"色彩经济"

多巴胺是一种神经传导物质，用来帮助细胞传送脉冲的化学物质。这种脑内分泌主要负责大脑的感觉，将兴奋及开心的信息进行传递。这一在神经科学中扮演着传递快乐与兴奋信息的化学信使，如今跨越了科学的界限，以一股绚烂的潮流之姿，在2023 年的夏日里绽放于各大社交平台，引领了一场名为"多巴胺穿搭"的时尚风暴。这股风潮以其高饱和度的色彩盛宴，为夏日增添了一抹不可忽视的活力与热情。

"多巴胺"这一网络新词，不仅承载着色彩的斑斓与搭配的创意，更巧妙地将夏日水果的鲜亮色彩融入日常穿搭之中，成为各大品牌竞相追逐的"流量密码"。从星巴克推出的 Pink Drink 粉粉生咖与 Dragon Drink 幻紫生咖，到瑞幸咖啡精心策划的"多巴胺冰咖"系列，每一款饮品都如同艺术品般，以其独特的色彩语言诠释着多巴胺的魅力，搭配精心设计的宣传图，让每一口咖啡都成为一场视觉与味觉的双重盛宴。

泡泡玛特、施华洛世奇等知名品牌亦不甘落后，纷纷以多巴胺为灵感，推出限量版盲盒与配饰，将这份快乐与激情传递给每一位追求个性的消费者。唯品会等电商平台更是借势而上，多巴胺彩妆商品销量飙升，展现了消费者对这一潮流的热烈追捧。

不仅如此，多巴胺元素还渗透到了餐饮、娱乐等多个领域。汉堡王推出的芭比粉色汉堡与粉色奶昔，好利来打造的 Pink 主题店，从内到外无一不散发着多巴胺的甜蜜气息，让人们在品尝美食的同时，也能感受到一份来自色彩的愉悦与治愈。

在这场多巴胺狂欢中，品牌与消费者共同编织了一个关于色彩、快乐与自我表达的梦幻世界。它不仅仅是一种穿搭风格或营销手段，更是一种生活态度的展现——在繁忙与压力之中，寻找那一抹能够触动心灵的色彩，让生活因色彩而精彩，因多巴胺而充满活力。

（2）消费市场需要快乐因子

在当今的消费市场中，快乐已成为一种不可或缺的驱动力，而多巴胺，这一被誉为"快乐因子"的神经传导物质，正以其独特的魅力引领着消费新风尚。它不仅在生物学上扮演着传递兴奋与愉悦信息的角色，更在消费领域激发了消费者对色彩与情绪释放的无限向往。

业内资深观察家指出，色彩的盛宴正悄然唤醒人们内心深处的积极情感，多巴胺的流行浪潮，映射出当代社会对于情绪释放与压力缓解的迫切需求。这一趋势在数据上得到了有力支撑，"天眼查"专利信息显示，围绕"情绪价值"的专利申请已突破3 060项，彰显了行业对情绪管理的高度重视。

尤为值得关注的是，Z世代（1995—2009年出生）这一庞大且充满活力的消费群体，正在成为消费市场的主力军。凯度腾讯发布的《Z世代消费力白皮书》深刻揭示了这一群体的消费哲学：新一代年轻消费者消费动因都来自自我的个性化表达，通过消费来表达情绪是这一群体的重要特征。

多巴胺恰好契合了Z世代追求独特性与自我表达的需求，其色彩斑斓的特性成为他们展示个性风格的理想载体。不仅如此，社交媒体平台的兴起更是为多巴胺消费添上了浓墨重彩的一笔。消费者乐于在平台上分享自己的多彩生活，通过晒图打卡的方式，不仅展现了个人品位与生活态度，更在互动中收获了来自同龄人的点赞与认同，这种正向反馈进一步推动了多巴胺消费的热潮。

有专家指出，多巴胺营销本质上是一场围绕情绪的精心布局。品牌们纷纷洞悉并响应消费者对情绪价值的渴望，通过赋予产品以丰富的色彩与情感共鸣，成功触动了消费者的心弦。在这场"情绪生意"中，色彩不仅是视觉的盛宴，更是心灵的慰藉，它让消费不仅是满足物质需求的过程，更成为一种自我实现与情感交流的方式。

（三）色彩对个体生理和心理的影响

色彩的三要素精妙地涵盖了明度、色相与纯度（或称饱和度），它们共同编织出色彩斑斓的世界。色相，这一术语直观而贴切，它直指色彩的本质面貌，其根源深植于色光波长的独特属性之中。作为辨识色彩差异的核心标尺，色相以其鲜明的特征，引领我们穿梭于多彩的视觉盛宴。追溯至色彩的基本构成，最初的色相基石稳固地矗立于红、橙、黄、绿、蓝、紫这六大色系之上。而在这六大色系间，巧妙地穿插进一系列细腻的中间色调，就可按光谱划分为：红、橙红、黄橙、黄、黄绿、绿、绿蓝、蓝绿、蓝、蓝紫、紫、红紫。

经典色觉理论更多地倾向于把颜色分为冷色和暖色，波长较长的红色为暖色，而波长较短的蓝色为冷色。红、橙、黄色作为暖色，通常作为表达热情、温暖和愉快的情绪线索；以蓝色为代表的冷色，通常作为表达寒冷、郁闷或冷静的情绪线索[①]。此外，暖色调和冷色调会引起人不同的生理感觉变化，暖色调使人兴奋，冷色调使人安静[②]。

生理反应是个体受到外界刺激时机体有所反应的一种紧张状态。不同的颜色能引起人的不同生理反应。暖色如红色和黄色会刺激兴奋交感神经，而冷色如蓝色会刺激兴奋副交感神经。交感神经兴奋会使个体的心率加快、血压升高；副交感神经兴奋会产生完全相反的效应，被试者的心率减慢，血压降低[③]。有学者认为，色彩使被试者产生的生理上的反应并不是物理上的真实情况，相反，是被试者视觉的心理联想。例如，蓝色给人相对较远的感觉，因此在路上看到蓝色汽车时，应注意保持距离，避免追尾；而红色给人相对较近的感觉，红色传递着一种危险的信号，司机会更注意保持车距[④]。

颜色的视觉效应能够诱发人不同的情感，影响人们的情绪和心理状态，进而影响到人们的行为反应[⑤]。有一些研究认为，红色比起蓝色更能引发积极情绪，有的研究结果却恰恰相反，认为蓝色更能引发积极的情绪。同时，不同色彩的背景对面孔的中性情绪识别具有重要的影响，与冷色背景（代表色为蓝色）相比，在暖色背景（代表色为橙色）下，被试者更倾向将中性情绪的面孔识别成愉快，更多地做出愉快判断[⑥]。

冷暖色对人们的影响不仅存在于行为方面，它对人们的认知判断同样有重要的影响。冷暖色对人的道德判断是存在影响的，人们在绿色背景下对道德行为的评价比在红色背景下要更积极[⑦]。色彩对空间距离判断具有重要影响，由于色调的差异，人们对同一距离的判识往往会出现不同结果。人们对绿色（冷色）障碍物空间距离判断明显远于红色（暖色）障碍物[⑧]。

色彩对空间距离的判断具有重要影响，而在社会心理学领域，空间距离经常被用于测量社会距离，那么色彩是否对人际距离感有影响呢？

（四）色彩对易亲近程度影响的实验研究

学者朱玉婷在其研究成果中，探讨色彩的冷暖色调对个体人际距离感的影响，具体内容为探讨身着不同色彩的服装对个体易亲近程度的影响。具体实验内容如下[⑨]。

---

① 黄希庭，黄巍，李小融. 关于中国人颜色情调的研究 [J]. 心理科学，1991 (6)：3-9，66.

② 于光，黄丽，葛秋芬，等. 关于颜色的心理学研究进展 [J]. 社会心理学，2011 (10)：30-34.

③ 刘承宜，唐勉. 关于中医色光疗法机理的植物神经模型 [J]. 华南师范大学学报（自然科学版），1998 (1)：56-60.

④ 艾敏，刘玉红，漆晓红，等. 颜色对人体生理和心理的影响 [J]. 中国健康心理学杂志，2015，23 (2)：317-320.

⑤ 赵倩. 色彩构成 [M]. 北京：中国水利水电出版社，2011.

⑥ 顾子贝，杨昭宁，代亚男，等. 背景颜色对中性面孔情绪识别的影响：隐喻的视角 [J]. 心理科学，2016，39 (3)：541-546.

⑦ BLOCK T D, PANDELAERE M, KENHOVE P V. When colors backfire: the impact of color cues on moral judgment [J]. Journal of Consumer Psychology, 2013, 23 (3): 341-348.

⑧ 赵炜华，刘浩学，董宪元，等. 昼间颜色对行驶中驾驶人距离判识的影响 [J]. 长安大学学报（自然科学版），2009，29 (5)：90-94.

⑨ 朱玉婷. 色彩对人际距离感影响的实验研究 [D]. 南京：南京师范大学，2018.

1. 实验目标与假设

研究目标：探讨穿着不同色彩的服装对个体易亲近程度的影响。研究假设：个体看到穿着暖色服装的人物图片，感觉图片中的人更容易亲近；个体看到穿着冷色调服装的人物图片，感觉图片中的人更不容易亲近。

2. 实验设计

（1）被试对象

选取南京市在校大学生和研究生60名（其中男生27名，女生33名），平均年龄23.76岁（男生23.96岁，女生23.61岁）。被试者裸眼视力或矫正视力正常，色彩辨认能力正常，无色盲或色弱，熟悉电脑操作，并知情同意参加本研究。

（2）材料准备

第一步，根据电脑标准使用的RGB体系制作12种颜色图片，包括红、橙红、橙、黄、橙黄、绿、紫、深绿、蓝紫、蓝绿、蓝、靛青的颜色图片。

第二步，制定打分表。邀请在校大学生和研究生60名（男生27名，女生33名），平均年龄为23.76岁（男生23.96岁，女生23.61岁），让其根据指导语对图片的冷暖程度进行评分（评分1至9分，数值越小，颜色越偏冷，反之则偏暖）。打分结果证明120名学生在冷暖色判断上具有一致性。

第三步，根据所选的冷暖色彩，用Photoshop制作10张穿着不同颜色服装但其他特征都相同的人物图片。暖色包括红色、橙红、橙色、黄色、橙黄这5张图片；冷色包括靛青、蓝色、蓝绿、蓝紫、暗绿这5张图片。

（3）实验设计

实验为2（色调：暖色、冷色）×2（性别：男性、女性）的两因素混合实验设计，其中组内变量为色调，组间变量为被试者的性别。因变量为被试者对图片中人物容易亲近程度的评分，评价指标是1-5的评分。

（4）实验过程

实验在安静的实验室机房进行，邀请南京市在校大学生和研究生参加实验。

实验开始前对被试者进行色彩辨认能力检测，确保被试者无色盲或色弱，然后登记被试者信息（姓名、性别、年龄、电话），开始实验。

实验的图片统一呈现在电脑屏幕上。被试者距电脑屏幕约60 cm，平视屏幕中央。向被试者依次呈现10张穿着不同颜色服装但其他特征都相同的人物图片，要求被试者对图片中的人物进行主观评分。

指导语：您好！欢迎参与本实验。您将在屏幕上看到一系列人物图片，请您每看完一张图片后，在打分表上对图片中人物容易亲近程度进行评分，评分表如表6-2所示：

编号：　　　性别：　　　年龄：　　　专业：

您好，请您对图中的人容易亲近的程度进行评分，分数越接近"1"，表示越难以亲近，分数越接近"5"，表示越容易亲近。请根据您的实际情况，在相应选项上打"√"。

表 6-2　不同颜色对人际距离影响的评分

图片编号	非常难以亲近（1分）	比较难亲近（1分）	一般（1分）	比较容易亲近（1分）	非常容易亲近（1分）
1					
2					
3					
4					
5					
6					
7					
8					
9					
10					

为了更充分地了解被试者评分的标准和心理感受，实验结束后对被试者进行简短的访谈。访谈内容包括：

（1）看到这些颜色您有没有产生什么联想？联想到什么（红色、橙红、橙色、橙黄色、黄色、蓝绿色、暗绿色、蓝色、蓝紫色、靛青色)?

（2）实验过程中，您觉得图片中人物容易亲近或不容易亲近的原因是什么？是否受衣服颜色的影响？您联想到什么？

（3）您对图片的喜欢程度如何？请对图片喜欢程度进行 1 至 5 的评分（"1"=非常讨厌，"2"=比较讨厌，"3"=不确定，"4"=比较喜欢，"5"=非常喜欢）。

实验结束后将被试者性别、年龄和评分录入电脑，计算每位被试对暖色图片、冷色图片打分的平均分。使用 Excel 和 SPSS 22.0 对数据进行处理和统计分析。

（5）实验结果

图片易亲近程度的描述分析：结果显示，被试者对暖色组图片的易亲近程度高于对冷色组图片的评分。被试者对暖色组图片的易亲近程度评分为 3.49±0.48 属于一般容易亲近，对冷色组的评分为 2.83±0.54，属于比较难以亲近。

图片易亲近程度的差异分析：为探究图片中人物服装的颜色、被试者的性别对易亲近程度的影响，实验采用重复测量方差分析。结果显示：被试者对图片中人物易亲近程度评分的色彩主效应显著，被试者对穿着暖色服装的人物易亲近程度评分显著高于对穿着冷色服装的人物评分。性别主效应不显著，女性被试者和男性被试者在图片中人物的易亲近程度评分上没有显著的差异。色彩与性别的交互效应显著，具体表现为：在暖色组，女性被试者对图片中人物易亲近程度的评分明显高于男性被试者的评分，在冷色组，女性被试者对图片中人物易亲近程度的评分明显低于男性被试者的评分。

被试者对图片中人物易亲近程度评分的色彩主效应显著，被试者对穿着暖色服装的人物易亲近程度评分显著高于对穿着冷色服装的人物评分。实际上，色彩可以诱发人不同的情感和联想，人们倾向于将暖色和愉快、热情联系在一起①，将冷色和孤独、伤感联系在一起②。

因此，个体认为穿暖色服装的人更活泼、热情，更容易亲近；认为穿冷色服装的人有距离感，不喜欢被打扰，更难以亲近。学者王岱莹模拟餐厅就餐情景，通过改变餐厅的颜色（冷色和暖色），研究色彩对空间距离的影响，发现被试者在暖色条件下，无论是与好朋友或普通朋友，其座位的直线距离比冷色条件下的更近③。这一发现与实验研究结果不谋而合，具体而言，暖色系能够增强个体之间的人际亲近感，仿佛缩短了彼此间的距离；相反，冷色系则营造出一种人际较为疏远的感觉，增加了心理上的距离感。

（五）挖掘情绪的消费潜力

在当今这个色彩斑斓的消费时代，多巴胺营销正悄然引领一场"情绪革命"，它不仅仅是一种营销策略，更是一场深刻影响消费者行为模式的心理盛宴。这一趋势的核心，在于精准捕捉并满足消费者内心深处的情感需求，通过色彩、创意与情感共鸣的巧妙融合，激发消费者的多巴胺分泌，让购物不再仅仅是物质交换，而是一场心灵的愉悦之旅。

1. 传统与新兴的碰撞

回望往昔，消费市场曾被品牌力、价格竞争和产品质量三大支柱牢牢支撑。而今，随着消费者自我意识的觉醒，多巴胺消费模式如同一股清流，打破了这一传统格局。它鼓励消费者追求个性表达，享受色彩带来的视觉盛宴，以及产品背后所承载的情感价值。例如，某知名运动品牌推出的限量版彩虹跑鞋，不仅色彩斑斓，设计独特，更融入了环保与健康的理念，成功吸引了大量年轻消费者的目光，他们在穿着这些跑鞋时，不仅展现了个性，也传递了对生活的热爱与追求。

2. 机遇与挑战并存

面对这一趋势，品牌们迎来了前所未有的机遇，但同时也伴随着严峻的挑战。成功的品牌如星巴克，通过其独特的店面设计、季节限定饮品以及温馨的社交氛围，营造了一种"第三空间"的体验，让顾客在享受咖啡的同时，也收获了情感上的满足。然而，也有部分企业陷入了误区，盲目追求视觉冲击力，忽视了产品的创新与品质，导致消费者新鲜感过后迅速流失。比如，某些网红食品，虽然外观华丽，却因过度使用添加剂或口味单一，最终难以长久吸引顾客。

3. 真正的多巴胺营销之道

业内专家指出，真正的多巴胺营销应当是一场色彩、情绪与价值的完美交响。它要求品牌不仅要在外观设计上下功夫，更要深入理解并满足消费者的情感需求，创造出既有颜值又有内涵的产品。比如，某家居品牌推出的"情绪照明"系列灯具，通过

---

① 顾子贝，杨昭宁，代亚男，等. 背景颜色对中性面孔情绪识别的影响：隐喻的视角 [J]. 心理科学，2016，39（3）：541-546.

② 杨蕾. 现代汉语颜色词之认知研究 [D]. 扬州：扬州大学，2009.

③ 王岱莹. 冷暖色对个体心理距离远近感知的影响 [D]. 金华：浙江师范大学，2015.

智能调节光线色彩与亮度，帮助用户在不同场景下营造适宜的氛围，从而在日常生活中找到情绪的出口，实现心灵的放松与愉悦。

随着"多巴胺经济"的兴起，我们有理由相信，未来的消费市场将更加注重消费者的情感体验与个性化需求。品牌们需要不断探索与创新，将色彩、创意与情感深度融合，为消费者带来更加丰富多元、触动心灵的消费体验。在这场"情绪生意"的浪潮中，唯有那些能够深刻理解并精准把握消费者情感脉搏的品牌，方能乘风破浪，引领潮流。

问题：

1. 色彩对易亲近程度的影响是否受文化背景的制约？

2. 除了服装颜色外，还有哪些因素可能影响个体的易亲近程度？

3. 色彩冷暖感知的个体差异如何影响实验结果？

四、延伸阅读

实验调查法的伦理问题

实验调查法作为科学研究中的一种重要手段，其目的在于通过系统的实验设计和数据收集来验证假设、揭示规律。然而，在运用实验调查法的过程中，伦理问题始终是研究者不可忽视的重要方面。实验调查法涉及对研究对象（包括人类、动物、植物等）的干预和观察，这一过程中不可避免地会触及伦理道德的边界。

1. 隐私与知情同意

在进行人体实验或涉及个人隐私的调查中，保护研究对象的隐私权和获取其知情同意是首要原则。正如《世界医学协会赫尔辛基宣言》等国际伦理准则所强调的，研究人员必须确保研究对象在充分了解实验目的、过程、潜在风险及受益后，自愿做出参与决定，并签署知情同意书。这一做法体现了对研究对象自主权的尊重，也是避免隐私泄露和滥用个人信息的重要保障。

2. 损害风险与动物福利

在动物实验中，损害风险与动物福利是伦理问题的重要方面。我国《实验动物管理条例》及国际上关于动物实验和体外实验研究的伦理准则均对动物实验的伦理要求作出了明确规定。研究人员需确保实验设计合理，尽可能减少动物的痛苦和不安，采用科学的饲养和使用方法，保障动物福利。此外，还应考虑使用替代方法，如计算机仿真或细胞实验，以减少对动物的依赖。

3. 正当性与利益冲突

实验调查的正当性也是伦理问题的重要考量。研究目的和方法必须合法、正当，符合社会伦理和道德标准。同时，研究人员应警惕利益冲突，确保实验结果的客观性和可靠性。例如，在药物临床试验中，研究人员应独立评估药物效果，避免受到制药公司或其他利益团体的影响。

4. 跨文化与尊重多样性

实验设计还可能涉及跨文化问题，需要遵循跨文化原则，尊重不同文化和价值观的权益。在跨国或跨文化的实验中，研究人员应充分了解并尊重当地的文化习俗、宗教信仰和伦理观念，确保实验过程不会侵犯当地人的权益和尊严。

为解决实验调查法中的伦理问题，可采取以下措施：一是加强伦理教育和培训，增强研究人员的伦理意识和道德水平；二是建立健全伦理审查制度，对实验方案进行严格的伦理审查；三是加强国际合作与交流，形成共识，共同推动科研伦理事业的发展；四是完善相关法律法规和伦理准则，为实验调查提供坚实的法律保障和道德指引。

总之，实验调查法的伦理问题是一个复杂而重要的议题，只有遵循伦理原则，保护研究对象的权益和安全，才能确保科学研究的健康发展和社会福祉的提升。

五、实践实训

（一）任务目标

本实验旨在通过科学的实验方法，探究某品牌咖啡在广告中选择外表吸引人的人做代言人还是一般的人做代言人，以及选择男性形象还是女性形象对消费者态度、购买意愿的影响。期望通过实验数据的分析，为某品牌咖啡的广告设计提供有力的消费者洞察和策略建议。

（二）任务描述

本实验将采用实验调查法，设计不同版本的广告，分别展示给随机分配的目标消费者群体。通过收集和分析消费者对各组广告的反馈数据，评估不同代言人形象对消费者感知、态度及购买意向的影响，从而回答某品牌咖啡应该用外表吸引人的人做代言人还是一般的人做代言人，以及应该用男性形象还是女性形象的问题。

（三）实训步骤

明确某品牌咖啡的主要消费群体，如年轻上班族、咖啡爱好者等，确保样本具有代表性，再制作有关外表和性别不同版本的咖啡广告，确保广告内容除代言人形象外，其他元素保持一致。接着准备问卷，向各实验组展示对应的广告版本，随后请参与者填写问卷，以获取他们对广告的感知、态度及购买意愿的数据。最后基于分析结果，撰写实验报告。报告应包括实验设计、样本描述、数据分析结果、消费者洞察，以及针对某品牌咖啡广告设计的策略建议。确保报告内容清晰、逻辑严谨，能够为公司的广告决策提供有力的支持。

（四）考核记录表

请将任务完成情况的评价填入以下考核记录表：

組別:　　　　　　　　　　　　　　姓名:

序号	考核点	分值	得分
小组评价	自变量、因变量的选择正确性	10	
	广告设计或描述的规范性	10	
	实验过程设计的规范性	10	
	实验结论代表性	10	
个人评价	考勤	10	
	个人有效贡献	10	
	实验调查法技能运用	10	
教师评价	调研设计、过程和结论解读的专业水平	15	
	实验设计的规范水平	15	

六、参考答案

(一) 单项选择题

1. 答案:C。实验调查法主要用于检验不同变量之间的关系,特别是因果关系。

2. 答案:D。实验调查法的基本要素包括实验单位、实验因子(变量)、实验环境及实验效应,时间虽重要,但不是其基本构成要素。

3. 答案:B。控制组是不接受实验处理的组,用于与实验组对比,评估实验效果。

4. 答案:B。随机化可以减少实验误差,确保实验组和控制组之间的差异仅由实验处理引起。

5. 答案:A。前后对比设计只观察同一组在实验前后的变化,容易受外部因素干扰。

6. 答案:C。消费者年龄是自然属性,不属于可以通过实验操控的因子。

7. 答案:C。实验调查法能够直接评估变量间的因果关系,这是其他方法难以做到的。

8. 答案:D。方差分析(ANOVA)常用于实验数据,以检验不同组之间的差异是否显著。

9. 答案:C。实验调查法需要可控的环境,对于不可重复或难以控制的市场环境不适用。

10. 答案:A。实验参与者需充分了解实验内容并自愿同意参与,是基本的伦理原则。

(二) 多项选择题

1. 答案:ABCDE。这些步骤涵盖了实验调查法从设计到实施的全过程。

2. 答案:ABCDE。这些都是减少实验误差、提高结果可靠性的有效方法。

3. 答案：ABCDE。实验调查法在实际应用中确实会面临这些挑战。

4. 答案：ABCDE。这些因素都会影响实验设计的选择和实施。

5. 答案：ABCE。实验调查法特别适合这些可以通过操控变量来研究的领域。

6. 答案：ABC。多因素实验设计可以同时考虑多个变量，提高实验的全面性和效率，但分析可能更复杂，成本也可能更高。

7. 答案：ABCDE。这些都是数据分析阶段常见的步骤，用于提取和解释实验数据。

8. 答案：ABCD。实验调查法有其局限性，包括适用范围、结果推广性、法律和伦理限制，以及成本问题。实验结果并非总是准确无误。

9. 答案：ABCDE。这些都是设计实验时需要考虑的关键要素。

10. 答案：ABDE。实验伦理原则强调保护实验对象、确保实验正当性，但并不要求实验结果必须保密，除非涉及个人隐私或商业机密。

（三）案例分析题

案例一

1. 答案解析：对于广告商而言，将不为大众所熟知的产品首次植入到影片中，确实蕴含一定风险。植入式广告作为品牌宣传的策略之一，若要有效提升品牌熟悉度，还需与其他宣传形式相辅相成。多样化的宣传手段更有利于企业营销信息的广泛传播。在当今新媒体时代，网络整合营销传播意味着构建一个多维度的跨媒体营销传播体系，实现线上线下的无缝结合，在受众可能接触的每一个点进行信息传播。该方式以创意为灵魂，主要聚焦于"年轻态"消费群体。同时，广告商还应结合传统的硬广告营销传播渠道，在品牌知名度达到一定水平后，再巧妙运用植入式广告形式进行品牌形象的加强与提升。

2. 答案解析：熟悉度与品牌偏好之间存在着紧密的正相关关系。这意味着，当我们对某个品牌有了更多的接触和了解，我们对其产生的正面情感也会随之增加。植入式广告正是利用了这一点，通过持续的、温和的曝光，使品牌逐渐融入我们的日常生活，成为我们心中不可或缺的一部分。然而，值得注意的是，植入式广告的效果并非无限制的。过度的曝光或生硬的植入方式，都可能引发观众的抵触情绪，甚至损害品牌形象。因此，在设计植入式广告时，我们需要精准把握尺度，既要确保品牌信息的有效传达，又要避免给观众带来不必要的困扰。

案例二

1. 答案解析：实验调查法作为一种科学研究方法，通过人为地控制和改变某些条件（即自变量），观察并记录被试者在这些条件下的反应（即因变量），从而揭示变量之间的因果关系。在探讨商品价格和运费对消费者购买意愿的影响时，实验调查法具有独特的优势，主要体现在以下几个方面：

因果关系明确：实验调查法能够在较为可控的环境中操纵商品价格和运费这两个关键因素，直接观察这些变化如何影响消费者的购买意愿。这有助于排除其他外部因素的干扰，明确价格与运费对购买意愿的因果关系。

变量控制严格：为了确保实验结果的准确性，实验调查法要求严格控制除自变量以外的其他所有可能影响实验结果的变量（即控制变量）。例如，在实验过程中，需要保持商品的质量、品牌、促销活动等其他因素不变，以单独考察价格和运费对购买意愿的影响。

数据收集与分析系统：实验调查法通常涉及大量样本数据的收集与分析，通过统计学方法验证实验结果。这有助于量化价格与运费对购买意愿的具体影响程度，并发现潜在的交互效应。

2. 答案解析：针对实验结论中提到的性别差异，商家在制定定价策略时可以考虑性别因素。由于男性的购买意愿评分在商品价格等于或高于运费时高于女性，商家可以针对男性消费者推出一些价格稍高但品质优良的商品，并强调其性价比，以吸引男性消费者的购买。同时，对于女性消费者，商家可以更加注重运费的设置，考虑采用包邮或低运费等促销策略，降低女性消费者对运费的敏感度，从而提升其购买意愿。此外，商家还应充分利用实验结论中提到的整合定价偏好。无论是在商品价格低于、等于、高于还是远远高于运费的情况下，被试者都倾向于选择整合定价的商品。因此，商家在制定定价策略时，可以优先考虑整合定价，将商品价格与运费合并计算，给消费者一个更为直观和简洁的价格信息，从而降低消费者的购买门槛，提高其购买意愿。

案例三：

1. 答案解析：从色彩心理学的广泛研究来看，色彩对情感和行为的影响确实可能受到文化背景的制约。不同文化对色彩的象征意义、偏好和解读可能存在显著差异，这可能会影响个体对色彩所传递信息的理解和感受。因此，虽然本研究未直接探讨文化背景的影响，但色彩对易亲近程度的影响在更大范围内可能确实受到文化背景的制约。

2. 答案解析：在案例实验中，主要关注的是服装颜色对个体易亲近程度的影响。然而，除了服装颜色外，还有许多其他因素可能影响个体的易亲近程度，包括但不限于：

面部表情。人的面部表情是传达情感和态度的重要方式，微笑、友善的面部表情通常会让人更容易感到亲近。身体语言。身体姿势、动作和姿态等非言语信号也能传达出个体的开放性和可接近性。声音特征。语调、音量、语速等声音特征也会影响人们对他人亲近程度的感知。个人特质。个体的性格、气质、自信程度等个人特质也会影响其易亲近程度。情境因素。人们在不同的情境下可能会展现出不同的行为模式，从而影响其易亲近程度。例如，在正式的商务场合，人们可能显得更加严肃和不易亲近；而在休闲的社交场合，则可能更加放松和易于亲近。

3. 答案解析：在案例实验中，虽然研究者对色彩的冷暖程度进行了标准化的评分和选择，但色彩冷暖感知的个体差异仍然可能对实验结果产生一定影响。

感知差异：不同个体对同一色彩的冷暖感知可能存在差异。这可能是由于个体生理、心理或文化背景的不同所导致的。例如，某些人可能更倾向于将某些颜色视为暖色，而另一些人则可能将其视为冷色。

情感联结：个体对色彩的情感联结也可能影响其对色彩冷暖的感知和判断。如果某个人对某种颜色有积极的情感联结（如红色代表热情和活力），那么他可能更倾向于将该颜色视为暖色，并认为穿着这种颜色服装的人更容易亲近。

实验偏差：色彩冷暖感知有个体差异，一些被试者可能在对图片进行评分时带入了自己的主观偏见和情感色彩，从而导致实验结果的偏差。为了减少这种偏差，研究者可以尽量控制实验条件，确保被试者在评分时保持客观和理性。

综上所述，色彩冷暖感知的个体差异可能通过影响被试的感知、情感和判断过程来间接影响实验结果。因此，在进行类似研究时，需要充分考虑并控制这些潜在的影响因素。

第七章

抽样调查法案例

一、知识要点

抽样调查法起源于 19 世纪，作为全面调查的替代方案，其因规模小、效率高而逐渐发展。该方法通过从总体中随机或非随机抽取部分样本进行调查，并据此推断总体特征。法国数学家皮埃尔-西蒙·拉普拉斯利用新生儿出生率推算总人口数的案例是早期抽样调查的经典案例。抽样调查法不仅经济高效，还能迅速反映总体情况，广泛应用于各个领域，包括产品质量检测、农产品试验及医药临床试验等。

抽样调查的显著特征在于其经济性、时效性和广泛适用性。其通过随机原则确保样本代表性，基于概率论和数理统计原理进行科学推断，数据质量高且误差可控。抽样方法分为随机抽样（如简单随机、等距、分层、整群抽样）和非随机抽样（如任意、重点、判断、配额、滚雪球抽样）。这些方法各有特点，适用于不同的研究需求。

实施抽样调查需遵循一系列关键步骤：①明确调查目的、制定研究方案、设计抽样框架并选择抽样方法；②确定样本规模并抽取样本，进行实地调查并收集数据；③整理分析数据，撰写报告并得出结论；④应用成果并总结经验。整个流程注重科学性、代表性和准确性，确保调查结果的有效性和可靠性。

二、习题巩固

（一）单项选择题

1. 抽样调查法的主要目的是（　　）。

　　A. 对全体研究对象进行全面分析

　　B. 对全体研究对象进行精确测量

　　C. 从全体研究对象中抽取部分样本进行分析，以推断总体情况

D. 对部分研究对象进行深入调查

2. 在抽样调查中，（　　）方式能够确保每个样本被选中的机会都是相等的。

    A. 随机抽样　　　　　　　　　　B. 分层抽样

    C. 系统抽样　　　　　　　　　　D. 便利抽样

3. 抽样调查中，样本的代表性指的是（　　）。

    A. 样本的数量足够多　　　　　　B. 样本能够反映总体的主要特征

    C. 样本的选取具有随机性　　　　D. 样本的调查结果准确可靠

4. 下列选项中，（　　）不是抽样调查法的优点。

    A. 节省时间和资源

    B. 调查结果具有较高的代表性

    C. 可以对全体研究对象进行全面分析

    D. 适用于大规模或难以全面调查的研究对象

5. 在进行抽样调查时，（　　）能够确保样本的可靠性。

    A. 增加样本数量

    B. 选用最具有代表性的样本

    C. 遵循严格的抽样方法和程序

    D. 使用最先进的调查工具和技术

6. 下列情况中，（　　）不适合采用抽样调查法。

    A. 研究对象数量庞大，进行全面调查成本高昂

    B. 需要对研究对象进行深入访谈以获取详细信息

    C. 研究对象具有较为相似的特征，便于进行抽样

    D. 研究对象分布广泛，难以进行全面调查

7. 在抽样调查中，分层抽样的主要目的是（　　）。

    A. 确保样本的代表性　　　　　　B. 提高样本的可靠性

    C. 减少抽样误差　　　　　　　　D. 降低调查成本

8. （　　）方法最适用于对研究对象进行定期、连续的监测。

    A. 随机抽样　　　　　　　　　　B. 系统抽样

    C. 便利抽样　　　　　　　　　　D. 分层抽样

9. 在进行抽样调查时，如果总体中的个体存在明显的差异，并且这些差异对研究结果有重要影响，那么最适合采用（　　）方法。

    A. 简单随机抽样　　　　　　　　B. 分层抽样

    C. 系统抽样　　　　　　　　　　D. 整群抽样

10. 抽样调查中，（　　）不是控制抽样误差的有效方法。

    A. 增加样本量　　　　　　　　　B. 选择具有代表性的样本

    C. 严格遵循抽样方法和程序　　　D. 使用复杂的统计模型进行数据分析

（二）多项选择题

1. 抽样调查法的优点包括（　　）。

    A. 节省时间和资源

B. 能够对全体研究对象进行全面分析

C. 调查结果具有较高的代表性

D. 适用于大规模或难以全面调查的研究对象

E. 抽样误差可以完全避免

2. 下列选项中，（　　）属于概率抽样。

　　A. 简单随机抽样　　　　　　　　B. 便利抽样

　　C. 分层抽样　　　　　　　　　　D. 系统抽样

　　E. 自愿样本

3. 在进行抽样调查时，（　　）会影响样本的代表性。

　　A. 样本数量　　　　　　　　　　B. 抽样方法

　　C. 调查人员的专业水平　　　　　D. 样本的地理分布

　　E. 调查工具的选择

4. 抽样调查中，减少抽样误差的方法有（　　）。

　　A. 增加样本数量　　　　　　　　B. 选择最具有代表性的样本

　　C. 严格遵循抽样方法和程序　　　D. 使用复杂的统计模型进行数据分析

　　E. 扩大研究范围以包括更多样本

5. 下列情况中，（　　）适合采用抽样调查法。

　　A. 研究对象数量庞大，进行全面调查成本高昂

　　B. 需要对研究对象进行深入访谈以获取详细信息

　　C. 研究对象具有较为相似的特征，便于进行抽样

　　D. 研究对象分布广泛，难以进行全面调查

　　E. 研究对象数量少，易于进行全面调查

6. 在选择抽样方法时，以下选项中，（　　）是需要考虑的。

　　A. 总体的大小和异质性　　　　　B. 研究的目的和问题

　　C. 可用的时间和资源　　　　　　D. 研究对象的意愿

　　E. 数据分析的技术水平

7. 分层抽样的优点包括（　　）。

　　A. 可以提高样本的代表性　　　　B. 便于在层内进行比较分析

　　C. 适用于总体异质性较大的情况　D. 抽样误差通常较小

　　E. 抽样过程简单且易于操作

8. 以下选项中，（　　）方法属于非概率抽样。

　　A. 便利抽样　　　　　　　　　　B. 判断抽样

　　C. 系统抽样　　　　　　　　　　D. 配额抽样

　　E. 滚雪球抽样

9. 在进行抽样调查时，以下选项中，（　　）可以帮助提高样本的可靠性。

　　A. 选择具有代表性的样本　　　　B. 增加样本数量

　　C. 遵循严格的抽样程序　　　　　D. 使用先进的调查工具

　　E. 对样本进行多次调查以验证结果

10. 抽样调查中，以下选项中，（　　）可能导致抽样误差。

　　A. 样本数量过小　　　　　　　　B. 抽样方法选择不当

　　C. 调查员的主观偏见　　　　　　D. 总体内部的异质性

　　E. 调查问卷设计不合理

三、案例分析

案例一：鸡蛋养殖行业诞生不了大型企业？

（一）北京正大蛋业有限公司背景

北京正大蛋业有限公司位于北京市平谷区，是正大集团全资子公司。该公司成立于 2008 年，注册资本 4 700 万美元，是集饲料生产、鸡蛋养殖、鸡蛋生产加工和销售于一体的一条龙企业。该公司的经营范围包括饲料生产、畜禽养殖、蛋制品加工销售，该公司创新了一种"四位一体"的产权式农业模式，是亚洲现代化程度最高、规模最大的鸡蛋养殖项目。位于北京市平谷区峪口镇西樊各庄村的蛋鸡产业项目，占地 779亩，蛋鸡存栏量达 300 万只，每年可生产 5.4 万吨鲜蛋，生产规模居亚洲前列[①]。北京平谷正大绿色方圆的 300 万只蛋鸡现代化产业项目曾两度被纳入哈佛大学课程。这座看似普通、位置不显眼的蛋鸡养殖场，为何会拥有如此巨大的影响力？它背后究竟隐藏着什么样的秘密？

（二）现代化鸡舍的高效管理与科技应用

在北京正大蛋业有限公司，进入场区的人员、车辆和物品必须经过严格消毒，有些操作间还需洗澡。工作人员需要在消毒房中待至 30 秒后，才能进入现代化的鸡舍。鸡舍高达 8 层，分为 6 联，可容纳 17 万只鸡，一名饲养员即可管理。鸡舍的喂水、喂料、温湿度控制和收集蛋都实现了自动化，链条式料槽每日三次投料，水线上的乳头供鸡饮水，专用养殖灯可以调节光照。空气循环系统有效排除粉尘，同时风机将鸡粪吹干，便于处理和储存，人工智能能够实时监测鸡舍的温湿度及鸡群的健康状况。

饲料厂年产 18 万吨饲料，通过封闭管道自动输送到鸡舍，确保了饲料的新鲜和安全。饲料主要由玉米和豆粕组成，确保了蛋的品质。生产的鸡蛋通过全自动系统进行严格检验，包括流清蛋检测、隐纹蛋检测、紫外线杀菌和称重分级，确保每枚鸡蛋的质量。

（三）2015 年销售挑战，正大蛋业开展北京市 6 个区域的调研

在 2015 年，北京正大蛋业有限公司面临了销售困境，鸡蛋售卖量显著低于往年水平。为深入了解这一问题的根本原因，公司高层决定进行全面调研。此次调研覆盖北京市的六个行政区，以系统评估销售链条中可能存在的各种因素，包括市场需求变化、

---

　　① 纪玲玲，张军红，刘冀豫. 小鸡蛋，大科技 北京平谷正大绿色方圆 300 万只蛋鸡现代化产业项目调研 [J]. 经济，2021（11）：57-59.

分销渠道效率及供应链管理等方面。通过这一专业化的调研，正大蛋业旨在精准识别问题源头，优化策略，提升销售绩效。根据《2013年北京市统计年鉴》，2012年北京市限额以上的餐饮企业总数为1 949家。由于餐饮企业数量庞大、分布广泛且规模差异显著，本次调研采用了配额抽样方法，重点对北京市6个城区内的大型、中型、小型规模餐饮企业进行市场调研。收集到配额样本数据后，对数据进行相关分析。在调研前，领导对此次调研做出了详细的规划。

1. 明确了本次调研的主要目标是深入分析不同规模餐饮企业在鸡蛋采购上的行为特征及存在的问题，了解各类餐饮企业的采购习惯、采购频率、采购量及影响采购决策的因素，识别不同企业在鸡蛋采购过程中可能遇到的主要挑战和问题，以便为企业提供改进建议和策略。

2. 本次调研采用配额抽样方法。这种方法将根据餐饮企业的规模、地区分布等因素设置配额，确保样本在不同类型的餐饮企业中具有代表性。样本配额按照每个城区不低于20个餐饮企业、每个城区均需涉及大中小型餐饮企业、总餐饮企业样本中大型餐饮企业样本量不低于40个、中型餐饮企业样本量不低于70个和小型餐饮企业样本量不低于40个的原则进行配额抽样。设计涉及调查问卷，问卷内容涉及餐饮企业的规模分类（大型、中型、小型）、鸡蛋采购的频率和数量、鸡蛋采购的类型（品牌鸡蛋、非品牌鸡蛋）、采购决策过程及其影响因素（如价格、质量、供应稳定性），问卷内容见表7-1。

3. 本次调研选择合适的调查方式，包括线上问卷调查、电话访谈和现场访问，以获取全面且准确的数据。

4. 调研覆盖北京市的6个区域，对不同区域内餐饮企业的情况进行全面了解。这些区域包括但不限于北京市中心和主要商业区、住宅区及工业区，以反映不同地理位置的市场特征。

根据研究目标，确定样本规模，以确保能够代表北京市的大型、中型和小型餐饮企业。样本规模的确定将考虑几个因素，如餐饮企业的总体数量和分布、预期的调查精度、预算和时间限制、在各个区域内选择适当数量的样本，确保涵盖所有规模类型的餐饮企业，从而为分析提供准确的数据支持。

表7-1 配额抽样调查问卷内容

维度	指标
鸡蛋采购量	每月采购多少千克
鸡蛋采购类型	非品牌鸡蛋（普通蛋）/品牌鸡蛋（有机蛋、土鸡蛋、乌鸡蛋）
鸡蛋采购频率	1天购买一次/2天购买一次
影响采购决策的因素	价格/质量/供应链稳定性

（四）北京市餐饮企业鸡蛋采购调研概况

1. 样本分布及基本情况

本次调研对北京市 6 个城区进行调查，共计调查 182 个餐饮企业和 36 个蛋糕店。其中，对 182 个餐饮企业的调研数据进行整理，最终获得 160 份有效样本，样本有效率为 87.9%，样本区位分布情况见表 7-2。各区样本数量符合调研预期目标，可用来系统分析餐饮企业鸡蛋采购的行为特征及其存在的问题。

表 7-2　抽样样本分布情况

类别	样本量	丰台区	石景山区	西城区	东城区	朝阳区	海淀区
大型餐饮企业	49	6	10	8	9	5	11
中型餐饮企业	71	14	7	14	8	17	11
小型餐饮企业	40	6	6	9	5	8	6
总计	160	26	23	31	22	30	28

2. 鸡蛋的采购量

从调研数据可以得出，中式餐饮企业的鸡蛋采购量略高于西式餐饮企业。本次配额抽样调研的统计结果表明，2014 年北京市各类餐饮企业的平均每月鸡蛋采购量为 328.2 千克（不同企业采购量详见表 7-3），年均采购量达到 3.94 吨。这些调研数据表明，餐饮企业是鸡蛋产业供应链的重要组成部分。

表 7-3　不同企业鸡蛋采购量　　　　　　　　　　　　　　单位：千克/月

类别	平均采购量	中式餐饮	西式餐饮
大型餐饮企业	465.40	258.54	206.86
中型餐饮企业	310.50	202.88	107.62
小型餐饮企业	208.70	115.87	92.83

3. 采购的鸡蛋类型

从数据来看，北京市的餐饮企业主要采购非品牌鸡蛋（普通鸡蛋）占比较高。尽管品牌鸡蛋（土鸡蛋、乌鸡蛋和有机鸡蛋等）也被采购，但其比例较低。这些品牌鸡蛋价格较高，会增加餐饮企业的采购成本，并且消费者群体较少，因此采购比例较低。

调研数据显示，不同规模餐饮企业在品牌鸡蛋的采购上存在差异。大型餐饮企业的品牌鸡蛋采购比例为 39.13%，中型和小型餐饮企业的比例分别为 20.97% 和 11.96%（见表 7-4）。这一差异可能是因为大中型餐饮企业更重视鸡蛋的品质，品牌鸡蛋在食品安全和可溯源性上优于普通鸡蛋。相对而言，小型餐饮企业更加关注生产成本，因此更倾向于采购非品牌鸡蛋，其采购比例达到 88.04%。

表 7-4　抽样餐饮企业采购鸡蛋类型　　　　　　　　　　　　　　　　单位:%

类别	品牌鸡蛋	非品牌鸡蛋
大型餐饮企业	39.13	60.87
中型餐饮企业	20.97	79.03
小型餐饮企业	11.96	88.04

4. 采购鸡蛋的频率

调研结果显示,各类餐饮企业在鸡蛋采购的频率上存在细微差异,见表7-5。具体而言,大型餐饮企业的平均采购频率为每天一次,而中型餐饮企业的平均采购频率,有54.65%为每天一次,45.35%为每两天一次,小型餐饮企业的平均采购频率,有35.87%为每天一次,64.13%为每两天一次。无论是大型还是中小型餐饮企业,其鸡蛋采购周期均不超过两天。这主要是因为追求成本最低的小型餐饮企业通常缺乏完善的储存设施,需要更频繁地采购鸡蛋。

表 7-5　抽样餐饮企业采购鸡蛋的频率　　　　　　　　　　　　　　　单位:%

类别	每天 1 次	每两天 1 次
大型餐饮企业	90.3	9.7
中型餐饮企业	54.65	45.35
小型餐饮企业	35.87	64.13

(五) 正大蛋业迅速做出相关决策

正大蛋业根据相关人员的调研结果,迅速采取了相关的策略来优化其销售决策,从而度过此次危机。

1. 调研数据显示,北京市餐饮企业的鸡蛋采购中,非品牌鸡蛋占比远远高于品牌鸡蛋的占比。因此,该企业应重点加强非品牌鸡蛋的生产和供应,确保满足市场的主要需求。虽然高营养的土鸡蛋、乌鸡蛋和有机鸡蛋的采购比例较低,但这些产品具有市场潜力。该企业可以考虑提升这类产品的市场推广和品牌建设,以吸引对鸡蛋品质有较高要求的餐饮企业,尤其是大型餐饮企业。

2. 由于大型餐饮企业对品牌鸡蛋的采购量相对较大,企业应加强与这些大型餐饮企业的合作,提供符合食品安全标准的品牌鸡蛋,并且提供更具吸引力的价格或服务方案。中小型餐饮企业的品牌鸡蛋采购比例较低,企业可以通过成本控制、优化配送服务和提升非品牌鸡蛋的性价比,吸引这类企业采购。

3. 调研还显示大型餐饮企业的采购频率几乎为每日一次,而中小型餐饮企业多数为每两天一次。该企业应根据这些采购频率优化物流安排,确保及时供货,并提供灵活的配送服务以满足不同企业的需求。对于追求低成本的中小型餐饮企业,正大蛋业可以提供适当的储存建议或临时解决方案,以减少频繁采购的压力,同时提供具有竞争力的价格。

4. 利用配额抽样法调研数据,正大蛋业可以对不同区域、不同规模的餐饮企业进行市场细分，制定更有针对性的营销策略。正大蛋业还需要建立完善的市场数据监测系统，定期分析市场变化趋势，及时调整销售策略以适应市场需求的变化。

新的计划一出，正大蛋业立马开始实施。这些精准的决策不仅提升了市场响应速度和客户满意度，还显著增强了正大蛋业在餐饮行业中的竞争力。改进后的销售策略有效地提升了公司的市场份额，推动了整体业务的持续增长。正大蛋业凭借卓越的市场洞察力和精准的策略执行，取得了显著的业绩提升，市场表现愈加强劲，发展前景愈加广阔，稳固了在行业中的领导地位。

问题：

1. 为何在本次调研中采用了配额抽样法？

2. 如何通过配额抽样方法保证调研样本的有效性和可靠性？

案例二：如今互联网医院为何"建而不用"？

（一）推动健康医疗的数字化革新：互联网医疗政策与实践

自 2018 年 4 月国务院办公厅发布《关于促进"互联网+医疗健康"发展的意见》以来，国家卫生健康委陆续出台了多项配套政策，尤其是 2018 年 7 月发布的《互联网诊疗管理办法（试行）》、2019 年 2 月国家卫生健康委发布的《关于开展"互联网+护理服务"试点工作的通知》、2022 年 2 月发布的《互联网诊疗监管细则（试行）》等，这些文件的发布旨在激励和规范互联网医疗行业的发展。2020 年 11 月，国家医疗保障局发布了《积极推进"互联网+"医疗服务医保支付工作的指导意见》，解决了互联网医疗医保支付的难题。2022 年 3 月，国家中医药局等十部门联合发布了《基层中医药服务能力提升工程"十四五"行动计划》，要求三级中医医院带头组建互联网与医院的共体，推动"互联网+中医"服务的蓬勃发展。2020 年到 2022 年，新型冠状病毒感染疫情期间，互联网医疗服务经历了规模性增长。然而，许多互联网医院在建设互联网医疗后却未能实际运营，真正实现有效持续运营的情况并不多。到底是哪个环节出了问题呢？

（二）互联网医疗的发展

"互联网医疗"并非一个新兴概念，回顾我国互联网医疗行业的发展历程，早在 2000 年，丁香园、39 健康网等健康网站的建立标志着该行业的初步萌芽。2014 年，原国家卫生计生委发布了《关于推进医疗机构远程医疗服务的意见》，首次明确定义了"远程医疗服务"，指其为一种通过通讯、计算机及网络技术，为该医疗机构诊疗患者提供技术支持的医疗活动[①]。自此，我国互联网医疗行业迅速发展。2017—2019 年，国务院办公厅陆续发布了《关于促进"互联网+医疗健康"发展的意见》（国办发〔2018〕26 号）、《互联网诊疗管理办法（试行）》（国卫医发〔2018〕25 号）、《远程医疗服务管理规范（试行）》（国卫医发〔2018〕25 号）等一系列政策文件，为互联网医疗行业的规范化发展提供了指导。2020 年以来，受新冠疫情和相关政策的影响，我国

---

① 国家卫生计生委. 卫生计生委关于推进医疗机构远程医疗服务的意见［EB/OL］.（2014-08-21）［2024-10-20］. https://www.gov.cn/gongbao/content/2014/content_2792664.htm.

互联网医疗行业进入了快速发展时期。根据国家卫生健康委官方网站数据，截至2022年7月7日，全国已建成超过1 700家互联网医院，并有7 700余家二级以上医院提供预约诊疗和互联网咨询服务。

为了弄清楚为何会出现互联网医院"建而不用"的现象，相关部门开展了一系列的调查。本次所要调查的互联网医疗包括互联网诊疗和互联网医院。疫情期间，互联网诊疗得到了广泛推广。从需求方面来看，它有效地满足了患者的医疗需求；从供给方面来看，它充分利用了医生的碎片化时间，并利用互联网高效传播信息，有助于医生个人品牌的建立①。目前，国内知名的互联网医疗品牌有39健康网、好大夫在线等。而互联网医院实际为依托信息网络技术来为患者提供互联网诊疗、远程医疗活动的医疗机构②。

（三）互联网医疗建设与运营状况调查研究

为深入了解互联网医疗建设与运营现状，调查组针对"建而不用"的现象展开了抽样调查。该调查旨在全面掌握各级医疗机构信息中心、互联网医院管理办公室等负责人及工程师建设与运营管理互联网医疗的实际情况，为推动互联网医疗的发展和实现持续有效的运营提供科学依据与策略建议，该部门在调查前制订了详细的计划，以便调研顺利有效的开展。

1. 本次调查是为了全面了解各地各级医疗机构关于互联网医疗（包括互联网诊疗和互联网医院）的建设和运营情况，为推动互联网医疗的发展提供数据支持。具体内容包括：各类医疗机构互联网医疗建设情况、互联网医疗管理部门建设情况、互联网医疗发展的主要目的、医生参与互联网诊疗的激励机制、互联网医疗建设运营遇到的主要困难等。

2. 研究方案的制定。首先确定随机抽样的框架和总体范围为全国各地各级医疗机构，包括大医院、中小医院以及社区卫生服务中心等。其次确定随机抽样框架，使用全国医院信息中心、互联网医院管理办公室数据库作为抽样框架，确保涵盖不同地区、规模和类型的医疗机构。再次是调查前的准备工作，如利用互联网医疗建设与运营方面的专家意见，设计涵盖互联网诊疗和互联网医院各方面的详细问卷。表7-6为此次抽样调查的问卷内容。调查员的培训内容包括问卷调查技巧、随机抽样方法和保密性要求，确保调查员了解调查目的和问卷内容。最后是数据采集和整理环节，通过电子问卷或电话访问的方式进行数据采集，确保信息的准确性和及时性。对收集到的数据进行初步整理，删除明显无效或不完整的问卷。对整理后的数据进行统计分析，包括描述性统计和相关性分析。根据专家经验和开放式问题的回答，进行深入的定性分析，理解背后的原因和动机。

3. 抽样方法的确定和样本规模的确定在研究方案中是非常关键的步骤，它们直接影响研究结果的代表性和可靠性。本次抽样方法主要是简单随机抽样。在随机抽样中，

---

① 赵敏，刘俊宏. 我国互联网医疗所涉新型法律风险防范研究 [J]. 医学与社会，2024，37 (7)：115-122.
② 张世翔，黄天翔，冯瀛尹. 以高水平互联网医院建设实现医院高质量医疗服务策略研究 [J]. 中国医院，2024，28 (7)：7-11.

每个医疗机构都有相等的机会选入样本，从而保证了样本的代表性和统计推断的可靠性。同时还使用了分层抽样，分层抽样可以根据医院的地理位置、规模（大医院、中小医院、社区卫生服务中心等）进行分层，然后在每个分层中进行随机抽样，确保各类医院都有代表。此外，考虑到可能出现的偏差，比如抽样框架中未收录的新兴互联网医院或特定地区的少数民族医疗机构，可以在抽样过程中进行适当的调整和补充，以确保样本的全面性和代表性。

4. 本次确定样本规模考虑到以下几个因素：第一，样本的总体大小和多样性。全国各地各级医疗机构数量众多，样本规模应当能够反映出这种多样性，覆盖不同地区、不同规模和类型的医院。第二，统计推断的需求。样本规模要足够大，以确保在统计分析时能够得到可靠的结果。一般来说，样本规模越大，统计推断的置信度就越高。第三，可行性和资源限制。考虑到调查的时间、人力和财力成本，样本规模需要在可行的范围内确定，既能够达到研究目的，又不会超出可支持的范围。通常，样本规模的确定可以通过计算统计学上的样本量，以确保在给定的置信水平和误差范围内，能够得到足够的样本数。在实际操作中，可以利用统计软件或者公式来计算所需的样本量，然后根据具体情况进行调整。总体来说，抽样方法和样本规模的选择应当在确保科学性和代表性的基础上进行，以支持后续数据分析和结论的可靠性和有效性。

5. 调查实施和数据分析解读。按照随机抽样的顺序进行调查，确保代表性和全面性。结合定量和定性分析的结果，撰写详尽的调查报告。报告应包括总体情况概述、各维度的具体分析和建议。

表 7-6   医疗机构参与互联网医疗建设情况调查问卷

项目	选项
互联网医疗建设情况	A 已上线互联网医院； B 上线了互联网诊疗服务，但未上线互联网医院； C 尚无互联网医疗服务
互联网医疗管理部门建设情况	A 设置专门的管理部门； B 未设置专门的管理部门
发展互联网医疗的主要目的	A 提升业务增量，通过互联网医疗增加患者数量； B 消化业务存量，将部分线下复诊患者引导至线上； C 满足区域医疗中心专科联盟等建设需求； D 提升对患者的服务质量，缩短无效住院时间； E 绩效考核指标要求
医生参与互联网诊疗的激励机制	A 医院建立了对医生参与互联网诊疗的激励制度； B 医院未建立对医生参与互联网诊疗的激励制度
互联网医疗建设运营遇到的主要困难	A 医保配套政策不完善； B 建设资金不足； C 医生积极性不足； D 运营能力不足； E 患者认可度不够； F 互联网医疗收费标准不完善

（四）互联网医疗行业调查与分析

1. 调查医院互联网医疗建设基本情况

由表 7-7 可知，参与调查的 115 家医疗机构中，"已上线互联网医院"的医疗机构数量为 73 家，占比 63.48%；"上线了互联网诊疗服务，但未上线互联网医院"的医疗机构数量为 15 家，占比 13.04%；"尚无互联网医疗服务"的医疗机构数量为 27 家，占比 23.48%。七成以上受调查医疗机构开展了互联网医疗相关建设。

表 7-7　调查医院互联网医疗管理部门建设情况分布

互联网医疗建设情况	数量/家	占比/%
已上线互联网医院	73	63.48
上线了互联网诊疗服务，但未上线互联网医院	15	13.04
尚无互联网医疗服务	27	23.48

2. 调查医院互联网医疗管理部门设立基本情况

提供互联网医疗服务的 88 家医院中，48 家医院设立了专门的互联网医疗管理部门，占比 54.55%；另有 40 家医院没有设立专门的管理部门，互联网医疗相关职能暂由其他部门负责，占比 45.45%。详情见表 7-8。

表 7-8　调查医院互联网医疗管理部门设立情况分布

医院是否有管理互联网医疗的专设部门	数量/家	占比/%
有	48	54.55
没有	40	45.45

未单独设立互联网医疗管理部门的 40 家医院中，由医务处、信息科、门诊办代为负责的医院较多，分别为 13 家、9 家、18 家。

3. 医院发展互联网医疗的主要目标和任务

调查结果显示，提供互联网医疗服务的 88 家医院中，多数医院发展互联网医疗的主要目标是"提升业务增量，通过互联网医疗增加患者数量"，占比 59.1%；其次为"消化业务存量，将部分线下复诊患者引导至线上"，占比 19.3%。值得注意的是，选择"提升患者服务质量，缩短无效住院时间"占比也较高，为 9.1%（详情见表 7-9）。

表 7-9　医院发展互联网医疗的主要目标和任务

医院发展互联网医疗主要目标	数量/家	占比/%
提升业务增量，通过互联网医疗增加患者数量	52	59.1
消化业务存量，将部分线下复诊患者引导至线上	17	19.3
满足区域医疗中心专科联盟建设要求	5	5.7
提升患者服务质量，缩短无效住院时间	8	9.1
绩效考核指标要求	6	6.8

4. 医院对医生参与互联网诊疗的激励机制

由表 7-10 可知，在提供互联网医疗服务的 88 家医院中，35 家医院有对医生参与互联网诊疗的激励制度，占比为 39.77%；53 家医院没有对医生参与互联网诊疗的激励制度，占比为 60.23%。

表 7-10　医院是否有对医生参与互联网诊疗激励制度

医院是否有对医生参与互联网诊疗激励制度	数量/家	占比/%
是	35	39.77
否	53	60.23

5. 医院互联网医疗建设运营遇到的主要困难

提供互联网医疗服务的 88 家医院中，在互联网医疗建设与运营中面临的主要困难，前 3 位分别为医保配套政策不完善、建设资金不足和医生积极性不足，所占比例分别为 28.4%、19.3%、17%。此外，运营能力不足、患者认可度不够、互联网医疗收费标准不完善的困难也较多，所占比例分别为 12.5%、11.4%、11.4%。详细数据见表 7-11。

表 7-11　医院互联网医疗建设运营遇到的主要困难

医院互联网医疗建设运营遇到的主要困难	数量/家	占比/%
医保配套政策不完善	25	28.4
建设资金不足	17	19.3
医生积极性不足	15	17
运营能力不足	11	12.5
患者认可度不够	10	11.4
互联网医疗收费标准不完善	10	11.4

（五）互联网医疗未来发展方向与建议

通过此次的简单随机抽样调查，该部门给出了相关的分析与建议。在互联网医疗的线上线下一体化建设方面，需要加强病历数据共享，优化检查检验预约和药品配送服务，同时采用智能技术提升服务的全面性，如智能导诊、电子处方和药事服务等。加强组织机构建设，尤其是设立互联网医疗管理部门，并推动跨部门协作。建议成立互联网医疗领导小组，促进互联网医疗服务能力培训，并借鉴互联网企业服务体系。强调建立医生参与互联网诊疗的激励机制，将服务质量和效率作为评价指标，并推动不同级别医院间的合作，以提升整体服务效能。完善互联网医疗监管政策，包括医保结算和收费政策，加强事前和事中监管，确保互联网医疗服务质量和安全。

问题：

1. 为何在调查互联网医疗建设与运营状况时选择使用简单随机抽样方法？

2. 在确定样本规模时，如何平衡统计推断的需求与实际的可行性？

案例三：小红书如何促进社交电商平台用户之间的关系？

（一）小红书的兴起改变了传统的电商平台

在传统的电商平台中，消费者购买商品通常受个人需求驱动，首先会进行搜索和浏览，随后通过多种渠道对商品进行查询和比较，最后完成购买。然而，社交电商平台则带来了不同的购物模式[①]。在这种平台上，用户的购买决策更多是受到社交分享和内容推荐的影响。他们通过社交关系、平台的信任机制或者内容的引导，迅速产生购买冲动，并在购买后积极在社群中分享和传播购物体验。小红书的崛起尤其突显了这一变化，它颠覆了传统电商的模式，将人、货、场三者的关系重塑为以社交互动为核心的购物体验[②]。社交电商平台的成功与否，往往取决于社交圈内的互动关系，这成为决定其成败的关键因素。

自 2013 年 6 月上线以来，小红书凭借其"内容+社交+电商"的独特模式，依托社区互动为核心的年轻女性用户提供优质的购物信息，通过网红和明星的带货效果，激励社区保持活跃。小红书通过优质的图文、短视频和直播等内容形式，连接消费者，并将内容流量转化为购买力，已成为内容型社交电商的领先应用。对于小红书这种内容型社交电商平台来说，其核心在于基于社区内容和用户互动的产品模式。了解用户之间的网络结构和关系，小红书能够对用户进行分级和分类，这有助于提升用户的活跃度和留存率，对产品优化和用户运营至关重要。

（二）小红书从跨境电商到社区产品的探索与挑战

小红书崛起之后，跨境电商和社交电商领域的竞争愈发激烈。洋码头、网易考拉和天猫海淘等同类跨境海淘电商对小红书形成了围攻，而传统电商平台如淘宝和蘑菇街则通过直播和短视频等内容形式培养社区网红和 KOL，以争夺小红书的流量入口。许多淘宝和微商店主也利用小红书发布广告，将流量引导至其他电商平台进行交易。尽管小红书拥有庞大且忠诚的用户群体，但在自营电商的转化过程中面临不少挑战。

2019 年 2 月，小红书对内部业务和组织架构进行了重大调整，拆分了电商业务，打破了原有的社区与电商分离的业务模式，将第三方商家的平台与社交体系合并，并重新命名为"品牌号"，集中围绕入驻品牌进行营销和交易[③]。这标志着"跨境电商"模式的终结，小红书将全力以赴地提升日活跃用户数（daily active user，DAU），优化用户和广告主的社区服务，未来的战略重点将是增强社区的活跃度。为更深层次地挖掘小红书用户之间存在的潜在联系，调查组将对小红书用户开展一次大规模的抽样调查。

---

① 田敏，张闯，斯浩伦. B2B 电商平台：研究现状、分析框架与未来研究方向 [J]. 管理现代化，2024，44（3）：181-193.

② 别君华，曾钰婷. 算法想象的平台参与及情感网络：基于"小红书"的用户分析 [J]. 中国青年研究，2024（2）：15-23.

③ 刘洋，段宇杰，张鑫，等. 今天你上"小红书"了吗？在线社区用户信息分享的主题提取与动机分析 [J]. 图书情报知识，2024（4）：110-120，145.

（三）滚雪球抽样方法在小红书用户关系网络研究中的应用

本抽样以此为背景和目的，运用社会网络分析方法，通过滚雪球抽样进行数据采集和处理，对用户关系网络结构进行分析，通过此次调查深入探讨小红书社区内用户基于关注关系的信息传播、情感表达和互动参与的关系。本次调研在该背景下使用滚雪球法进行抽样，旨在探讨小红书从跨境电商转型为社区产品的过程，深入研究社区内的用户关系结构，通过分析用户网络关系和社区内容传播路径，探索小红书中用户之间的潜在关系，为新的发展模式和策略提供帮助。以下内容是针对本次调研所开展的详细规划。

1. 滚雪球抽样方法简介

滚雪球抽样是一种非概率抽样方法，用于研究难以定义的目标人群。该方法从初始样本开始，通过获取这些样本的社交联系，逐步扩展样本群体①。在社会网络分析中，滚雪球抽样能够有效捕捉目标人群的真实社交关系，尤其适用于虚拟社区的用户网络研究。

2. 抽样对象及抽样单位

本次抽样的目标是分析小红书平台用户之间的关系网络。社会网络中的行动者可以是个人、群体、公司或其他社会实体。对于小红书平台来说，行动者包括小红书官方管理者和所有用户，用户可以根据其身份分为明星、网红达人、普通用户，对小红书用户按从低到高的成长等级进行排列，如尿布薯、奶瓶薯、困困薯等十类。

为了研究用户网络关系，本研究主要关注"关注"机制，因为这种机制下的用户关系更为紧密、稳定，并且在数据采集和节点捕捉上具有较高的技术可行性。因此，选择根据身份类型划分的小红书用户作为网络节点。

3. 实施步骤

步骤一：确定初始样本。

本次抽样选择小红书官方认证的艺人林某作为研究的起点。林某作为早期入驻的小红书艺人之一，通过较高活跃度和在该 App 中发布高质量的内容积累了大量粉丝，她的账号是研究用户关系网络的理想起点。

步骤二：收集初始样本的社交网络数据。

通过林某的账号，提取她的粉丝列表以及与林某互动的用户。这些数据包括关注关系、评论、点赞等互动记录。由于林某的粉丝数量庞大（截至 2023 年 12 月有 1 032.4 万），对林某的所有粉丝进行筛选是不现实的。因此，通过 Python 进行筛选，筛选的标准包括用户和林某的互动频次、评论质量、点赞数等内容。

步骤三：扩展样本网络。

使用滚雪球抽样方法，通过林某提名的用户扩展样本网络。选择林某热门笔记评论区中的活跃用户作为第二阶网络节点，然后从这些用户的粉丝中继续提名下一阶段

---

① 耿磊磊. "滚雪球" 抽样方法漫谈 [J]. 中国统计，2010（8）：57-58.

的用户。重复这一过程，最终选取 63 个样本用户，并形成 63×62 即 3 906 个关系点的网络数据，（具体如图 7-1 所示）。

步骤四：数据整理与分析。

将收集到的数据导入 UCINET 进行处理。UCINET 能够处理大规模的社会网络数据，通过矩阵形式存储、展示和分析网络数据。

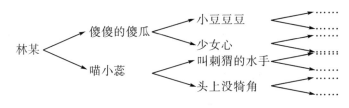

图 7-1　滚雪球抽样示意

（四）小红书社区用户网络结构

对明星博主林某的滚雪球抽样数据的二进制值数据进行处理，我们发现（详见表 7-12），小红书社区内基于关注关系的用户网络显示出较低的网络密度和连通性。这表明，用户之间的关注关系较弱，网络的整体凝聚力不强，信息传播需要经过多个节点，可能导致信息在传播过程中发生变形。虽然存在个别联系较紧密的网络节点，但整体的离散程度较低。

表 7-12　用户相互关注矩阵

	林某 Jelly	傻傻的傻瓜	喵小蕊	小豆豆豆	少女心	叫刺猬的水手	头上没犄角
林某 Jelly	0	0	0	0	0	0	0
傻傻的傻瓜	1	0	1	0	0	0	0
喵小蕊	1	0	0	1	0	0	0
小豆豆豆	1	0	0	0	0	0	0
少女心	1	1	0	0	0	0	0
叫刺猬的水手	1	0	0	0	0	0	0
头上没犄角	1	0	1	0	0	0	0

根据数据采集结果构建的互动关系矩阵，将其导入 UCINET 软件，经过"Vsualize→Netdraw"可视化操作得到该样本关系网络社群图（如图 7-2 所示）。网络中存在多个关键节点，它们在网络中具有较多的资源和较大的影响力。然而，这些节点的中心性较低，说明它们的控制作用并不突出，社区较为平等和开放。网络内部虽然存在小团体或小圈子作为凝聚子群，但这些子群之间的信息交流并不显著。整体网络具备边缘-核心模型的特点，核心主体和边缘用户之间存在较大的差异，虽然网络中有结构洞的节点，但这些节点并未显著掌控网络的连通性。

图7-2　样本关系网络社群

根据用户的内容生产频率和质量、粉丝数量及互动情况，小红书社区的传播主体可分为明星用户、专业用户、贡献用户、活跃用户和普通用户五类。

明星用户和专业用户这些核心节点在社区中具有较大的影响力和信息控制权力，通常承担问题呈现和利益赋予的职责。他们利用专业知识和资源优势，通过各种策略动员社区成员。贡献用户和活跃用户在信息传播和扩散过程中扮演关键角色。他们积极响应上一阶行动者的召唤，主动对信息进行二次转译，并根据个人情况丰富转译方式。普通用户处于边缘位置，互动较少，主要对上一阶行动者的转译信息进行识别和判断，较少进行多次转译。

（五）小红书的未来发展

1. 首先，根据用户体系的分级分类进行精细化运营，提升明星和专业用户的影响力，增加社区互动。根据用户在传播网络中的位置和行为，对用户进行精细化分类。最大化发挥明星和专业用户的作用，提高信息传播的效果。其次，给予贡献用户和活跃用户激励，鼓励他们积极参与信息传播和社区互动。最后，通过运营活动和激励机制提升普通用户的参与度，增强整体网络的互动性。

2. 优化产品功能设计，增强社交关系的增益功能，提高用户互动效率。在产品功能上强化互动关系引导，例如设置提醒功能来促使用户关注对方，或者提供自动评论选项来简化互动过程。优化用户匹配算法，使用户能够更容易发现并加入与自己兴趣相似的小组和话题，提升社交连接的质量。

3. 营造社区文化和互动仪式可以增强用户的社区认同感和依附感。通过提高小群体和派系之间的凝聚力，增强群体内部的互动，或者利用社区文化和互动仪式来增强用户的情感归属感，使个体能够更好地融入群体，增强群体的团结性。

问题：

1. 滚雪球抽样在小红书用户网络调研中的有效性如何？

2. 如何利用滚雪球抽样结果优化小红书的社区管理和运营策略？

四、延伸阅读

《文学文摘》的错判：1936年总统选举中的抽样灾难

1936年，美国总统选举的主要竞争者是富兰克林·D.罗斯福和他的主要挑战者阿尔弗雷德·兰登。罗斯福是民主党候选人，而兰登则代表共和党。罗斯福在上任后实施了"新政"，旨在应对大萧条带来的经济危机，这一政策得到了许多选民的支持。然而，在选举前夕，许多人对罗斯福的连任充满怀疑。

在这一背景下，美国著名的杂志《文学文摘》（*Literary Digest*）决定通过大规模的抽样调查来预测选举结果。该杂志通过邮件向其数百万读者发送调查表，这些读者大多是杂志的订阅者和忠实读者。调查的方式是简单地请读者填写他们对选举的投票意向，并将其返回给杂志社。这一调查方式在当时被认为是有效的，因为《文学文摘》拥有大量的读者基础。

然而，《文学文摘》的调查在设计和实施上存在严重的偏差。调查样本主要由该杂志的订阅者构成，这些订阅者大多属于中上层经济阶层。这一人群在社会经济地位上比普通选民更为富裕，且通常对政治问题有更强烈的关注和参与意愿。与此相对的是，罗斯福的支持者主要分布在社会经济地位较低的群体中，如工人和贫困阶层，而这些群体的代表性在《文学文摘》的样本中并未得到充分体现。因此，调查样本的经济和社会地位偏差严重影响了结果的准确性。

调查结束后，《文学文摘》发布了他们的预测结果，声称阿尔弗雷德·兰登将赢得选举。这一预测结果迅速引起了公众和媒体的广泛关注，许多人对罗斯福的连任前景感到悲观。然而，1936年11月的总统选举结果却让所有人感到震惊。富兰克林·D.罗斯福以压倒性的优势获胜，获得了超过60%的选票和所有选举人票（除缅因州和弗吉尼亚州外）。这次结果与《文学文摘》的预测形成了鲜明对比，暴露了《文学文摘》此次调查方法的严重缺陷。

这一事件成为统计学和社会科学领域中经典的案例，警示着调查和抽样研究中可能出现的偏差。通过这次错误预测，研究人员和政策制定者认识到，正确的抽样方法不仅要保证样本的代表性，还要考虑到社会经济层次等因素的影响。这一事件也推动了调查研究方法的改进，尤其是在确保样本的多样性和代表性方面。

五、实践实训

（一）任务目标

在本次实训中，我们的首要目标是运用抽样调查法来全面、深入地了解大学生的消费特征。我们希望通过这次实训，能够掌握抽样调查的基本原理和方法，提高数据收集、分析和解读的能力，并为未来的市场调研工作提供实践经验和参考。

（二）任务描述

实训任务围绕"大学生消费特征"展开，我们需要设计一份合理的调查问卷，并通过抽样调查的方式，收集来自不同年级、不同专业的大学生的消费数据。在数据收集的基础上，我们将运用统计分析方法，对大学生的消费习惯、偏好及消费趋势进行深入剖析，并撰写一份详细的调研报告。

（三）实训步骤

首先，我们要明确调研目标和调研内容，即了解大学生的消费特征。然后，我们要设计一份包含相关问题的调查问卷，确保问卷能够全面反映大学生的消费情况。同时，我们根据大学生的群体特征和分布情况，选择合适的抽样方法，如分层抽样、系统抽样等，并确定样本规模和抽样框。

在准备好问卷和抽样方案后，我们按照抽样方法从目标大学的学生群体中抽取样本。随后，我们通过线上或线下的方式，将问卷发放给样本学生，并指导他们完成问卷。在问卷回收后，我们对收集到的数据进行整理、清洗和预处理，确保数据的准确性和可靠性。

在数据分析阶段，我们对数据进行描述性统计分析，计算各项消费指标的平均数、中位数、众数等统计量，以了解大学生的整体消费结构。接着，我们进行交叉分析，探索不同消费类型、消费频率和消费金额之间的关联性和变化趋势。然后，我们利用图表、图像等形式将数据可视化，帮助理解数据之间的关系和变化趋势。基于数据分析结果，撰写一份详细的调研报告，对大学生的消费特征进行解读，并提出相应的建议。

（四）考核记录表

请将任务完成情况的评价填入以下考核记录表：

组别：　　　　　　　　　　　　姓名：

序号	考核点	分值	得分
小组评价	任务完成度	10	
	团队合作表现	10	
	抽样方法的选择难易程度	10	
	调研结论丰富性、代表性	10	
个人评价	考勤	10	
	个人有效贡献	10	
	抽样调查法专业技能运用	10	
教师评价	调研设计、过程和结论解读的专业水平	15	
	联想素材设计的创新水平	15	

六、参考答案

（一）单项选择题

1. 答案：C。抽样调查法的核心是通过抽取部分样本来推断总体情况，而非进行全面分析或精确测量。

2. 答案：A。随机抽样是确保每个样本被选中的机会都相等的一种抽样方式。

3. 答案：B。样本的代表性是指样本能够反映总体的主要特征。

4. 答案：C。抽样调查法并不能对全体研究对象进行全面分析，这是其局限性之一。

5. 答案：C。遵循严格的抽样方法和程序是确保样本可靠性的关键。

6. 答案：B。当需要对研究对象进行深入访谈以获取详细信息时，抽样调查可能无法提供足够的信息。

7. 答案：C。分层抽样的主要目的是通过减少层内差异和增大层间差异来减少抽样误差。

8. 答案：B。系统抽样能够按照某种固定的顺序或模式从总体中抽取样本，适用于定期、连续的监测。

9. 答案：B。当总体中的个体存在明显差异时，分层抽样可以根据这些差异将总体划分为不同的层，然后从每一层中抽取样本，以确保样本的代表性。

10. 答案：D。使用复杂的统计模型进行数据分析并不能直接控制抽样误差，但它能通过其他方式提高数据分析的准确性和可靠性。

（二）多项选择题

1. 答案：ACD。抽样调查法可以节省时间和资源，调查结果具有较高的代表性，适用于大规模或难以全面调查的研究对象。它不能对全体研究对象进行全面分析，且抽样误差是不可避免的。

2. 答案：ACD。简单随机抽样、分层抽样和系统抽样都属于概率抽样，因为它们都是基于随机原则进行的，每个样本被选中的概率是已知的。便利抽样和自愿样本则属于非概率抽样，因为它们的样本选择不是基于随机原则。

3. 答案：ABD。样本数量、抽样方法和样本的地理分布都会影响样本的代表性。调查人员的专业水平和调查工具的选择虽然对调查质量有影响，但它们不是直接影响样本代表性的因素。

4. 答案：ABC。增加样本数量、选择最具有代表性的样本和严格遵循抽样方法和程序都可以减少抽样误差。使用复杂的统计模型进行数据分析可以提高数据分析的精度，但不一定能直接减少抽样误差。扩大研究范围以包括更多样本虽然可能有助于提高样本的代表性，但不一定能减少抽样误差。

5. 答案：ACD。当研究对象数量庞大、具有较为相似的特征或分布广时，适合采用抽样调查法。需要对研究对象进行深入访谈以获取详细信息时，更适合采用全面调查或个案研究。研究对象数量少且易于进行全面调查时，则没有必要进行抽样调查。

6. 答案：ABC。在选择抽样方法时，需要考虑的因素包括样本总体的大小和异质性，研究的目的和问题，以及可用的时间和资源。研究对象的意愿可能在某些情况下是一个因素，但不是决定抽样方法的主要考虑因素。数据分析的技术水平虽然对研究有影响，但它更多的是影响数据分析而非抽样方法的选择。

7. 答案：ABCD。分层抽样的优点包括可以增强样本的代表性，便于在层内进行比较分析，适用于总体异质性较大的情况，抽样误差通常较小。分层抽样的过程可能相对复杂，因为它需要对总体进行分层并在每层中抽样，所以选项 E（抽样过程简单且易于操作）不正确。

8. 答案：ABDE。非概率抽样是指样本选择不是基于随机原则的抽样方法。便利抽样、判断抽样、配额抽样和滚雪球抽样都属于非概率抽样。系统抽样则是基于随机原则，因此属于概率抽样。

9. 答案：ABCE。提高样本可靠性的措施包括选择具有代表性的样本，增加样本数量，遵循严格的抽样程序，以及对样本进行多次调查以验证结果。虽然使用先进的调查工具可以提高调查效率和质量，但它并不直接提高样本的可靠性。

10. 答案：ABCD。抽样误差是指由于抽样方法本身的限制或操作不当而引起的误差。样本数量过小、抽样方法选择不当、调查员的主观偏见，以及总体内部的异质性都可能导致抽样误差。调查问卷设计不合理主要影响的是调查数据的质量和准确性，而不是直接导致抽样误差。

（三）案例分析题

案例一

1. 答案解析：配额抽样方法在本次调研中被选择，主要是为了确保样本的代表性和数据的全面性。北京市餐饮企业的规模和分布差异较大，配额抽样可以根据餐饮企业的规模（大型、中型、小型）及不同区域的分布情况设置抽样配额，从而确保样本在各类餐饮企业中具有足够的代表性。这种方法有助于系统地分析不同规模和类型餐饮企业在鸡蛋采购上的行为特征和存在的问题，避免了随机抽样可能导致的样本偏差。

2. 答案解析：

（1）设定明确的配额标准：根据餐饮企业的规模和区域分布情况，制定详细的配额标准。例如，设置每个规模（大型、中型、小型）及每个区域内的样本数量，以确保覆盖所有相关类型的餐饮企业。

（2）严格执行配额标准：在实际抽样过程中，确保每个配额的样本数量得到满足，并避免因样本选择不均匀而导致的数据失真。调研团队应严格按照设定的配额标准进行样本的选择和数据收集，以确保样本的代表性。

（3）定期检查样本数据：在数据收集和整理过程中，定期检查样本数据的分布情况，确保各类别样本数量符合预期目标。如果发现样本分布不均，及时调整抽样策略，以维持样本的平衡性。

案例二

1. 答案解析：使用简单随机抽样方法的主要原因在于其能够保证样本的代表性和研究结果的可靠性。简单随机抽样确保每个医疗机构都有相等的机会选入样本，从而避免了样本选择的偏差。这种方法有助于获得具有普遍性的数据，反映出全国各地各级医疗机构互联网医疗建设和运营的真实情况。此外，简单随机抽样还简化了抽样过程，提高了调查的公平性和统计推断的准确性，使得最终的研究结论能够更好地代表整体情况。

2. 答案解析：在确定样本规模时，需要综合考虑统计推断的需求与实际可行性。第一，样本规模应足够大，以满足统计分析的要求，确保结果的可靠性和置信度。例如，通过计算所需样本量来实现高置信水平和低误差范围。第二，实际可行性包括时间、人力和财力等限制因素。样本规模需要在可支持的范围内确定，以保证调查的资源得到有效利用，而不会超出实际操作的能力。在实际操作中，可以使用统计软件或公式来计算所需样本量，然后根据具体情况进行调整，以实现科学性和实际操作的平衡。

案例三

1. 答案解析：

滚雪球抽样是一种非概率抽样方法，特别适用于研究难以定义的目标人群或虚拟社区中的用户网络。在小红书用户关系网络研究中，这种抽样方法能够有效捕捉到用户之间的真实社交关系，具体体现在以下几个方面：

（1）适应复杂的虚拟社区环境。小红书作为内容型社交电商平台，用户群体庞大且多样化。传统的概率抽样方法可能无法全面覆盖所有用户，而滚雪球抽样通过社交联系逐级扩展，能够较为全面地获取各个层次的用户信息，包括影响力较大的核心用户和影响力较小的边缘用户。

（2）抽样过程的可控性和实施可行性。由于小红书用户庞大且活跃度高，单纯随机抽样难以获取足够的样本量。滚雪球抽样通过明确的起始节点（如林某）和逐级扩展的方式，能够控制抽样的过程和扩展的路径，保证数据的有效性和研究的实施可行性。

（3）捕捉社交关系的稳定性和强度。社交关系在小红书平台上往往比较稳定和持久，通过滚雪球抽样可以更好地捕捉到这种稳定的社交网络结构。例如，从一个核心用户出发，能够连续识别到他的粉丝和互动者，揭示用户之间的关注和互动模式。

2. 答案解析：

（1）精细化用户分析和分类。基于抽样结果，可以对小红书用户进行更精细化的分析和分类，识别出影响力较大的明星用户、专业用户，以及积极参与内容传播的贡献用户和活跃用户。针对不同类型的用户群体，设计个性化的互动和激励机制，提升他们的参与度和忠诚度。

（2）优化社区内容策略。分析抽样数据中用户的内容传播路径和影响力节点，优化社区的内容策略。例如，针对核心用户和活跃用户的互动频率和内容类型进行调整，以增强内容的吸引力和分享性，提升整体社区的活跃度。

（3）建立社交连接的增益方法。通过理解滚雪球抽样中捕捉到的用户关系结构，设计和优化社交连接的增益方式。例如，推出新的社交功能或工具，帮助用户更方便地发现和加入与自己兴趣相似的小组和话题，从而增强社区成员之间的互动和社交感。

第八章

定性预测法案例

一、知识要点

    定性预测法是一种依赖于领域内专家深厚的业务洞察力及综合分析能力的预测方法，它借助这些专家对历史信息的深刻理解及当前直观资料的把握，运用其个人独到的经验与逻辑推断能力，对事物的未来演变方向及其影响程度进行质性评估。定性预测方法主要有：经验判断预测法、专家预测法和德尔菲法等。基本原理在于，某些预测对象具有复杂的性质和信息性状，难以进行量化分析。在这种情况下，预测者的主观经验和专业知识成为预测过程中的重要依据。预测者会根据自己的经验和对市场、行业或产品的深入了解，结合历史数据和现实情况，对未来趋势进行非数量化的分析和判断。

    定性预测法提供了一种灵活、实用的预测手段，尤其适用于那些难以量化或数据不充分的预测对象。通过运用经验和专业知识，定性预测法能够捕捉到一些难以用数学模型量化的信息和规律，从而提高预测的准确性和可靠性。在人类文明早期，人们依赖观察和经验来预测自然与社会事件。近代以来，科技推动了预测方法的科学化，但定性预测法因其灵活性和实用性，在复杂或数据有限的情况下仍具有重要价值。现今，该方法广泛应用于经济、市场、科技等领域，与科学方法相辅相成，共同在现代社会中发挥关键作用。

    定性预测需要一个逻辑连贯且高效的流程。首先，必须明确预测的具体目标和背景，这是整个预测过程的基石。其次，广泛收集与预测目标紧密相关的信息，并进行深入分析，同时回顾历史经验和知识，以便从过去的案例中汲取教训并作为当前预测的参考。基于这些信息和历史经验，预测者需运用专业知识和直觉，形成对未来趋势的初步判断。在整个预测过程中，保持客观公正的态度，以避免个人偏见和情感因素的干扰至关重要。同时，团队间的充分沟通交流，集思广益，能够显著提升预测的准确性和可靠性。此外，预判者应持续学习，不断更新知识储备，以应对快速变化的市场环境和日益复杂的预测需求。最后，灵活调整预测策略以适应外部环境或目标对象的变化，是确保预测始终准确有效的关键。

二、习题巩固

（一）单项选择题

1. 经验判断预测法主要依赖（　　）来进行预测。
   A. 量化数据模型　　　　　　　　　B. 专家经验和直觉
   C. 市场调研问卷　　　　　　　　　D. 历史数据图表

2. 头脑风暴法中的"延迟评判"原则意味着（　　）。
   A. 在会议结束时统一评估所有想法
   B. 在提出想法时立即进行评判
   C. 在整个会议过程中不对任何想法进行评判
   D. 只在团队领导要求时才进行评判

3. 德尔菲法属于（　　）类预测方法。
   A. 统计预测法　　　　　　　　　　B. 经验预判法
   C. 因果分析法　　　　　　　　　　D. 时间序列分析

4. 以下选项中，（　　）不是经验预判法的特点。
   A. 灵活性强　　　　　　　　　　　B. 依赖量化数据
   C. 实用性高　　　　　　　　　　　D. 依赖专家经验

5. 经验预判法在预测过程中，通常不需要考虑（　　）因素。
   A. 历史数据　　　　　　　　　　　B. 专家情绪
   C. 市场动态　　　　　　　　　　　D. 竞争对手行为

6. 在德尔菲法中，专家之间以（　　）方式交流意见。
   A. 面对面讨论　　　　　　　　　　B. 匿名函询
   C. 电话会议　　　　　　　　　　　D. 集体讨论

7. 德尔菲法的工作步骤中（　　）是第一步。
   A. 准备资料　　　　　　　　　　　B. 初步预测
   C. 组成专家小组　　　　　　　　　D. 确定预测值

8. 专家预测法在预测过程中可能受到（　　）的影响。
   A. 匿名性不足　　　　　　　　　　B. 数据不充分
   C. 权威专家的意见影响　　　　　　D. 市场波动

9. （　　）能够避免会议讨论中的权威影响。
   A. 头脑风暴法　　　　　　　　　　B. 专家小组法
   C. 德尔菲法　　　　　　　　　　　D. 销售人员组合法

10. 在头脑风暴会议中，以下（　　）行为是不被鼓励的。
    A. 积极提出自己的想法　　　　　　B. 对他人的想法进行立即批评或评价

C. 尝试将不同的想法结合起来　　　D. 鼓励团队成员参与讨论

（二）多项选择题

1. 经验预测法主要依赖（　　）来进行预测。

    A. 历史数据　　　　　　　　　　B. 专家判断

    C. 市场调研　　　　　　　　　　D. 消费者行为分析

    E. 管理者直觉

2. 在运用头脑风暴法解决公司新产品推广策略时，以下做法符合该方法的核心理念的是（　　）。

    A. 鼓励自由联想，不论想法多么离奇

    B. 强调团队成员间的竞争，以激发最佳创意

    C. 延迟评判，不在创意产生阶段进行批评

    D. 设定严格的时间限制，确保会议高效进行

    E. 邀请外部专家，直接指导讨论方向

3. 关于德尔菲法的定义和特性，以下描述正确的是（　　）。

    A. 德尔菲法是一种定量的预测方法

    B. 它通过吸取和综合众多专家的意见来避免个人预测的片面性

    C. 德尔菲法要求专家面对面进行集体讨论

    D. 它采用匿名的方式进行，以避免从众行为

    E. 德尔菲法通常涉及多轮预测，以提高准确性

4. 在使用经验预测法时，以下做法正确的是（　　）。

    A. 忽视历史数据的价值　　　　　B. 充分利用管理者的专业知识和经验

    C. 过度依赖单一专家的意见　　　D. 结合多种经验方法进行综合预测

    E. 定期更新和调整预测模型

5. 以下措施能有效促进头脑风暴会议中的创意多样性的是（　　）。

    A. 鼓励使用思维导图记录想法

    B. 设定明确的主题限制，避免偏离

    C. 引入不同背景和技能的参与者

    D. 强调解决问题的紧迫性，加快讨论节奏

    E. 使用"头脑风暴接力"游戏，每位成员依次贡献想法

6. 德尔菲法在实施过程中，以下选项中，（　　）是必要的。

    A. 确定预测目标和问题　　　　　B. 邀请至少20位专家参与预测

    C. 专家们面对面讨论以达成共识　　D. 使用问卷或调查表收集专家的意见

    E. 对收集到的意见进行汇总、分析和反馈

7. 关于头脑风暴法的实施步骤，以下描述正确的是（　　）。

    A. 第一步是明确问题和目标

    B. 鼓励在会议初期就进行深入的讨论和评判

    C. 强调数量胜于质量，鼓励尽可能多的想法

    D. 结束后立即对所有想法进行筛选和评估

    E. 营造轻松、无压力的讨论环境

8. 以下选项中，可以帮助提升头脑风暴会议的效果的是（　　）。

    A. 主持人频繁打断发言，以控制会议进度

    B. 使用"搭便车"技巧，即在他人想法基础上进一步扩展

    C. 设定"疯狂想法"时段，鼓励提出最不可能实现的方案

    D. 对所有想法一视同仁，不进行任何形式的筛选

    E. 定期进行休息，保持团队成员的注意力和活力

9. 以下选项中，（　　）可能影响德尔菲法的预测效果。

    A. 专家的专业领域和知识水平   B. 问卷或调查表的设计质量

    C. 专家的数量和代表性   D. 预测问题的复杂性和不确定性

    E. 预测时间的长短

10. 经验判断预测法的局限性主要包括（　　）。

    A. 主观性强，易受个人偏见影响   B. 难以预测突发事件和极端情况

    C. 需要大量的历史数据支持   D. 预测结果可能不够精确

    E. 不适用于长期预测

三、案例分析

案例一：QXYQ 饮料公司引领无糖潮流，破局开创细分市场新纪元

    QXYQ 饮料集团是一家以"引领健康饮品潮流，创造美好生活"为使命，致力于研发生产高品质饮料的公司。自 2014 年成立以来，QXYQ 公司凭借卓越的产品质量和品牌影响力，已荣获国家高新技术企业等多项殊荣。目前，QXYQ 公司旗下拥有多款热销产品，包括茶饮系列、碳酸饮料系列、果汁系列及咖啡系列等，这些产品均以其独特的口感、健康的配方赢得了广大消费者的喜爱。公司的销售网络遍布全国超过 30 个省、市、自治区，并成功进军国际市场，产品远销加拿大、英国、西班牙等 40 多个国家和地区，实现了全球化布局。

    作为一家注重创新的公司，QXYQ 公司始终将研发作为公司发展的核心驱动力，投入大量资源用于产品研发，不断引入新技术、新工艺和新材料，以确保产品的独特性和竞争力。同时，QXYQ 公司还建立了完善的品质管理体系，从原材料采购到生产过程，再到产品包装和运输，每一个环节都严格把控，确保产品的品质和安全。公司始终保持着敏锐的市场洞察力，密切关注市场动态和消费者需求的变化，及时调整产品策略和市场策略，以适应市场的变化和行业的竞争压力。同时，QXYQ 公司积极与消费者沟通和互动，通过市场调研、社交媒体等方式了解消费者的需求和反馈，不断优化产品和服务。

    随着健康饮食观念的普及，消费者对无糖饮料需求日益增长，QXYQ 公司看到了巨大的市场机遇，决定进一步拓展其产品线，以满足这一市场需求。经过长时间的研

发和测试，QXYQ 公司成功推出了一款全新无糖饮料产品。这款产品不仅口感清爽，而且完全不含糖分，满足了现代消费者对健康饮食的需求。更重要的是，这款产品在市场上具有开创性的意义，因为它是首个进入特定细分市场的产品。

为了预测新品上市一个月的可能销售额，公司采用了德尔菲法进行预测，这是一种通过多轮匿名问卷和反馈来收集专家意见并达成共识的预测法。为此，公司精心挑选了 6 位专家，这 6 位专家各自在德尔菲法讨论过程中展现出了独特的特点和专长，共同为新品销售额的预测提供了全面而深入的视角。

（一）明确预测目标和问题

QXYQ 公司的首要任务是明确预测目标，即预测新研发的无糖饮料上市首月的可能销售额。这一目标不仅关乎公司的短期财务表现，还直接影响后续的市场策略、生产计划及资源配置。为了更精确地指导专家进行预测，公司进一步细化了相关预测问题，比如新的无糖饮料在目标市场中的接受度如何、竞争对手的反应及可能的市场策略、销售渠道的覆盖范围和效率、营销策略的吸引力和效果等。

通过细化这些问题，公司确保了每位专家都能从多个维度考虑预测因素，从而提供更为全面和准确的预测结果。

（二）组建专家小组

QXYQ 公司精心挑选了 6 位不同背景和专长的专家，以确保预测结果的全面性和权威性。以下是具体的专家介绍。

1. 业务经理李明（化名）。作为 QXYQ 饮料公司的资深业务经理，李明以其深厚的行业洞察力，在公司的业务发展中扮演着重要的角色。他不仅在整体业务运营上拥有宏观的视野和深刻的见解，而且在加入 QXYQ 饮料公司之前，李明曾在一家国际知名快消品企业担任市场部经理，负责过多个新品上市项目。他曾经主导过一款功能性饮料从概念构想到市场推广的全过程，该项目不仅成功占领细分市场，还通过创新的营销策略，在短时间内实现了销量的快速增长，为公司带来了丰厚的利润回报。这段经历让李明对新品上市的全过程有了深入的了解，并积累了丰富的实战经验。

2. 市场专家王峰（化名）。王峰具备敏锐的市场洞察力和深厚的市场营销知识，擅长分析市场趋势、预测市场对新品的反应和潜在需求。特别是在公司上次针对年轻职场人士推出的高端咖啡饮品项目中，王峰通过深入的市场调研和精准的数据分析，成功预测了市场对新品的热烈反应和潜在需求。他提出的差异化定价策略和线上线下联动的推广方案，不仅有效提升了产品的市场竞争力，还成功吸引了大量目标消费者的关注和购买。该项目最终实现销售额的快速增长，为公司带来了显著的经济效益。

3. 销售人员代表刘冲（化名）。作为 QXYQ 饮料公司的一位资深销售人员代表，刘冲有着在一线市场深耕多年的丰富经验，是公司内部公认的"市场活地图"。他在跨国食品公司担任区域销售经理期间，负责多个区域的销售工作。在推广新品薯片活动中，刘冲凭借其深厚的客户关系网络和精准的市场定位，带领团队超额完成了销售目标，该新品不仅在当地市场迅速占据了一席之地，还赢得了年度最佳销售团队的荣誉。转入 QXYQ 饮料公司后，刘冲继续发挥其在销售领域的专长，深入一线市场，与各类客户保持紧密沟通。无论是大型超市的采购经理，还是街边小店的店主，刘冲都能以真诚的态度和专业的建议赢得他们的信任和合作。

4. 数据分析师魏巍（化名）。魏巍是 QXYQ 饮料公司的明星数据分析师。海外留学期间，他在一家全球领先的市场研究机构担任高级分析师助理，参与了多个大型市场研究项目，涉及快消品、消费电子、金融服务等多个领域。通过这些项目，魏巍不仅掌握多种先进的数据分析工具和技术，如 Python、R 语言、SQL 以及 Tableau、Power BI 等可视化工具，还学会了如何在海量数据中抽丝剥茧，发现隐藏的规律和趋势。值得一提的是，魏巍还主导了一项针对公司旗舰饮品系列的新品销售额预测项目。该项目不仅涉及复杂的数据处理和分析，还需要考虑众多外部因素如季节性波动、竞争对手动态等。魏巍带领团队综合运用多种数据分析方法和技术，成功构建了一个高度准确的预测模型。该模型不仅准确预测了新品上市后的销售走势，还为公司制定科学合理的市场推广和销售策略提供了有力支持。最终，该新品在市场上取得了巨大成功，销售额远超公司预期，

5. 产品经理张坤（化名）。张坤，作为 QXYQ 饮料公司的资深产品经理，是公司内产品全生命周期管理的佼佼者。他拥有超过十年的产品管理经验，从最初的创意萌芽到产品最终走向市场并持续迭代优化，每个环节他都十分熟悉。他在 QXYQ 公司担任产品经理期间，负责多个畅销饮品的策划与管理工作。他亲手操刀了多个从 0 到 1 的产品创新项目。其中，一款针对健康意识日益增强的年轻消费者研发的零咖啡因饮品，在张坤的带领下，凭借其独特的配方、时尚的包装和精准的市场定位，成功在竞争激烈的市场中脱颖而出，迅速成为该品牌旗下的明星产品，年销售额突破亿元大关。

6. 财务分析师章辛（化名）。章辛已在 QXYQ 公司担任财务分析师多年，积累了丰富的财务分析与管理经验。他主要负责 QXYQ 企业的年度预算编制、成本控制及财务分析工作。面对复杂多变的市场环境，章辛凭借其扎实的财务基础和敏锐的市场嗅觉，成功帮助企业优化了成本结构，提高了资金使用效率，并有效降低了财务风险。这些成绩不仅给企业带来了显著的经济效益，也让章辛在财务分析领域树立了良好的口碑。

组建专家小组后，公司组织了一次简短的沟通会议。会上，公司负责人向 6 位专家介绍了预测目标、问题细化及预测过程的重要性。同时，也明确了专家的角色和责任，以及沟通机制和时间表。

（三）设计调查表并准备相关材料

调查表是德尔菲法中的核心工具之一。QXYQ 公司根据预测目标和细化问题设计了详细的调查表。调查表内容涵盖多个方面。

1. 市场情况分析

市场容量，包括预计新品无糖饮料市场规模（亿元）；过去三年年均增长率（%）。消费者偏好，包括无糖饮料市场渗透率（%）；相比传统饮料偏好度。

2. 产品特性评估

功能，产品独特卖点评分（1-10 分）；消费者试饮满意度（满意度调查平均分）。价格，目标价格区间（元/瓶）；与竞品价格对比（高于/低于/相同）。品质，质量控制标准（如 ISO 认证、第三方检测合格率等）。

3. 销售渠道分析

线上渠道，预计首月线上销量占比（%）；主要电商平台合作情况（入驻平台数量、店铺评分）。线下渠道，预计首月线下门店覆盖数量（家）；渠道效率提升指标（如库存周转率提升比例）。

4. 营销策略评估

广告投入，预计首月广告预算（万元）；广告曝光量目标（亿次）。促销活动，预计促销成本（万元）；预计促销带动销量增长比例。品牌影响力，品牌知名度提升目标（基于品牌认知度调查）；社交媒体互动量（如点赞、转发量）。

5. 成本结构分析

生产成本，单位产品生产成本（元/瓶）；成本节约措施及效果（如原材料采购成本降低比例）。物流成本，预计单位产品物流成本（元/瓶）；物流效率提升措施（如配送时间缩短比例）。营销成本，总营销成本占销售额比例目标（%）；成本控制措施。

6. 预测值填写

最低销售额，基于保守估计的首月最低销售额（万元）。最可能销售额，基于市场分析和内部评估的最可能实现的首月销售额（万元）。最高销售额：基于乐观估计和最佳市场表现预测的首月最高销售额（万元）

为了确保专家能够充分了解预测背景和依据，公司准备了丰富的背景材料。这些材料包括：

1. 产品规格

规格，常见的规格有550毫升/瓶、330毫升/罐装版本。包装，采用瓶装或罐装包装，便于携带和保存。包装形式，PET材质，设计时尚，色彩鲜艳。保质期，为12个月。

2. 产品特点

无糖配方，每100毫升含糖量为0克；低脂肪、低热量，每100克脂肪含量为0克，每100克热量为0卡路里，适合健身、控食的消费者饮用。

3. 目标市场定位

主要针对追求健康、注重生活品质的年轻人及白领群体。

4. 竞争对手分析

主要竞争对手包括可口可乐、百事可乐、农夫山泉等知名品牌。

5. 营销策略方案

广告计划，在广告投入上力度较大，覆盖线上（如B站、小红书、微博等）和线下（如楼宇电梯、地铁等）多个渠道，明星代言、KOL合作等营销手段提升品牌知名度。促销活动，定期举办促销活动，如限时折扣、买赠活动等，电商平台及线下门店均有丰富的促销资源。渠道布局，线上渠道包括天猫、京东、拼多多等电商平台，以及品牌官网。线下渠道覆盖便利店、超市、自动售货机等多种终端。

6. 成本结构分析

生产成本，单位产品生产成本包括原材料（如代糖、水、包装材料等）、生产设备及人工等费用。物流成本，物流配送网络覆盖全国多个城市，通过与物流公司的合作优化配送路线和效率。物流成本主要包括运输费用、仓储费用、配送费用等。营销成本，包括广告费用、促销费用、公关费用、市场研究费用等。这些费用因营销策略、市场环境和竞争态势等因素而异。

（四）进行多轮预测和反馈

通过向专家提供本公司即将上市的无糖产品相关的背景材料，包括市场分析报告、产品资料、竞争对手信息等，以便专家更好地理解和评估预测问题。

在第一轮预测中，公司将调查表和背景材料发送给每位专家，要求其基于这些信息以及自己的专业知识和经验，对上市一个月可能的销售额进行初步判断。专家在收到材料后，根据自己的专业知识和经验进行初步预测，并填写调查表。为了保证匿名性，公司要求专家在填写时不得相互交流或讨论。专家第一次预测结果见表8-1。

表 8-1　专家第一次预测结果　　　　　　　　　单位：万元

专家编号	第一次判断		
	最低销售额	最可能销售额	最高销售额
1	150	750	900
2	200	450	600
3	400	600	800
4	750	900	1 200
5	100	200	350
6	300	500	750
平均数	317	567	766

在收到所有专家的预测后，公司进行了汇总和分析。由于这是第一轮预测，结果往往呈现出较大的差异。有些专家对市场前景持乐观态度，给出了较高的预测值；而有些专家则更加谨慎，给出了较低的预测值。这种差异反映了不同专家对市场认知的差异和不确定性。为了缩小这种差异并达成更一致的预测结果，公司进行了第一次反馈。在这次反馈中，每位专家都收到了其他专家预测结果的汇总和统计信息。这些信息包括预测值平均数、中位数、众数及预测值的分布情况。专家们被要求重新审视自己的预测，并考虑其他专家的观点。他们可以根据这些信息调整自己的预测，使其更加接近大多数人的共识。

经过第一次反馈后，公司再次收集了专家的预测结果。这一次，预测值的分布开始变得更加集中。许多专家都根据其他人的观点调整了自己的预测，使得结果更加接近平均值或中位数。然而，仍然有一些极端的预测值存在，这表明仍有一些专家对市场前景持不同看法。专家第二次预测结果见表8-2。

为了进一步收敛预测结果并达成更一致的共识，公司进行了第二次反馈。在这次反馈中，公司除了提供预测结果的统计信息外，还鼓励专家们进行交流和讨论。他们可以通过电话、邮件或视频会议等方式与其他专家分享自己的观点和理由，并听取他人的意见。这种交流和讨论有助于专家们更全面地了解市场情况和产品潜力，从而作出更加准确的预测。

表 8-2　专家第二次预测结果　　　　　　　　　　单位：万元

专家编号	第二次判断		
	最低销售额	最可能销售额	最高销售额
1	600	750	900
2	300	500	650
3	500	700	800
4	600	750	1 500
5	220	400	500
6	300	500	750
平均数	420	600	850

　　经过第二次反馈和讨论后，公司再次收集了专家的预测结果。这一次的预测值分布更加集中且稳定。大多数专家预测都集中在一个相对较小的区间内，这表明他们已经达成了较为一致的共识。然而，仍有一些专家坚持自己的独立观点，给出了较高的或较低的预测值。专家第三次预测结果见表 8-3。

　　为了尽可能消除这些剩余的差异并达成最终的共识预测结果，公司进行了第三次反馈。在这次反馈中，公司强调了达成一致预测的重要性，并鼓励专家们继续交流和讨论。同时，公司还提供了更多的市场信息和数据支持，以帮助专家们做出更加准确的预测。

表 8-3　专家第三次预测结果　　　　　　　　　　单位：万元

专家编号	第三次判断		
	最低销售额	最可能销售额	最高销售额
1	550	750	900
2	400	500	650
3	500	700	800
4	500	600	1 050
5	300	500	600
6	300	600	750
平均数	425	608	792

　　根据上述专家的结果，计算最终的预测结果。

1. 简单平均法：

将 6 位专家的第 3 次意见的简单平均值作为预测值，则预测销售数量为

（425+608+792）/3＝608

第八章　定性预测法案例

2. 加权平均法：

将第 3 次专家意见的最可能数、最低数和最高数按 0.5、0.2、0.3 进行加权平均，则预测销售数量为

608×0.5+425×0.2+792×0.3＝627

3. 中位数预测法

用中位数计算，可将第三次判断按预测值高低排列如下：

最低销售量：

300、400、500、550

最可能销售量：

500、600、700、750

最高销售量：

600、650、750、800、900、1 050

第 3 次判断的最低数、最可能数和最高数的中位数得到 450、650、775。

将最可能销售量、最低销售量和最高销售量分别按 0.50、0.20 和 0.30 的概率加权平均，则预测平均销售量为：

650×0.5+450×0.2+775×0.3＝647.5

通过几种方法的测算，得出结论，QXYQ 饮料公司新品无糖饮料上市一个月的预测销售额在 640 万~650 万元。

（五）科学规划引领新市场

QXYQ 公司经过精心策划与多轮专家咨询，成功运用德尔菲法等多种预测工具，对新推出的无糖饮料上市首月的销售额进行了全面而深入的预测。预测结果显示，该新品在上市首月的销售额预计将在 640 万元至 650 万元之间。这一预测不仅体现了专家们对市场需求趋势的准确把握与高度共识，也彰显了他们对产品市场竞争力的充分信心。基于这一坚实的数据支撑，QXYQ 公司能够更加科学地制订生产计划、合理配置资源，并设计出精准有效的市场营销策略，以最大化地推动新品成功上市，助力公司业务的持续繁荣与发展。

问题：

1. QXYQ 饮料公司如何通过德尔菲法来改进其无糖饮料产品的市场预测？

2. QXYQ 饮料公司为何选择采用德尔菲法来预测其无糖饮料产品的销售量？

案例二：YP 公司：绿色环保的"领航者"，洞悉消费趋势的先行者

（一）全球环保意识的崛起

近年来，随着环境问题的日益严峻，人们开始认识到环境保护的重要性，并积极采取行动减少对环境的破坏。这种意识的增强主要得益于环保教育的普及、媒体的宣传以及公众对环境问题的关注。在消费品行业，随着消费者对环保和健康生活的追求日益增强，传统的产品已经无法满足部分消费者的需求，高品质、绿色环保产品逐渐成为市场的新宠。这种变化不仅体现在产品材质和制造过程中，还体现在产品的设计、包装以及使用方式上。具体来说，消费者更倾向于购买那些采用可再生材料、低能耗、

低排放等环保标准制造的产品。同时，他们也更加关注产品的健康影响，如是否含有有害物质、是否对人体有害等。这种消费趋势推动了消费品行业的变革，企业也开始调整产品结构，加大对环保产品的研发和生产投入。

（二）政府政策的支持

为了推动环保产业的发展，各国政府纷纷出台了一系列政策，鼓励企业投资环保产业，推动绿色经济的发展。相关政府单位为环保产业提供税收优惠政策，降低企业的税收负担，鼓励企业加大对环保产业的投入。政府为环保项目提供财政补贴，支持企业环保技术研发和项目实施，同时要求企业遵守相关法规，减少对环境的影响，并对符合环保标准的产品进行认证，提高产品的市场竞争力。这些政策的出台为环保产业的发展提供了良好的环境，同时也为企业提供了转型升级的机遇。

（三）YP 公司的历史与现状

YP 公司是一家在消费品行业拥有悠久历史和良好声誉的企业。自从 2011 年创立以来，公司一直致力于为消费者提供高品质、创新的产品，赢得了广大消费者的信赖和喜爱。多年来，YP 公司不断拓展业务领域，形成了多元化的产品线，涵盖了家居用品、电子产品、个人护理等多个领域。然而随着市场环境的变化和消费者需求的升级，YP 公司也面临着转型升级的压力。传统的产品已经无法满足消费者的需求，YP 公司需要寻找新的增长点和发展方向。

在转型升级的压力下，YP 公司的 CEO 决定将绿色环保作为公司的核心理念之一，并提出了公司的战略转型方向。他坚信只有紧跟时代潮流，不断满足消费者的需求，企业才能在激烈的市场竞争中脱颖而出。随着人们环保意识的日益增强和消费者对生活品质的追求不断升级，高品质、绿色环保产品逐渐成为市场的新宠。YP 公司的 CEO 敏锐地捕捉到了这一市场趋势，并意识到这是企业实现转型升级、提升竞争力的重要机遇。

基于对市场环境的深入观察和对竞争对手的细致分析，他发现越来越多的消费者开始关注产品的品质和环保性能，愿意为高品质、绿色环保产品支付更高的价格。同时，他也观察到竞争对手在这一领域的产品布局和市场表现，发现不少企业已经开始涉足这一领域，但市场上的高品质、绿色环保产品仍然供不应求。通过这些观察，YP 公司的 CEO 认为未来市场对高品质、绿色环保产品的需求将持续增长。为了抓住这一市场机遇，他在公司内部进行了一次头脑风暴，为进入绿色环保产品赛道提供建议和策略。

（四）头脑风暴法实施过程

1. 准备阶段

（1）组建团队。YP 公司首先组建了一个跨职能的头脑风暴团队，成员包括来自市场、销售、研发、生产、财务等多个部门的关键人员。这些成员不仅具备丰富的专业知识和实践经验，还对公司业务有着深入的了解和独到的见解。组建这样的团队，可以确保头脑风暴过程中能够充分考虑到各个方面的因素，提高创意的多样性和实用性。

（2）明确目标。在团队组建完成后，YP 公司 CEO 向团队成员详细介绍了公司战略转型的背景和目标，明确头脑风暴的主要任务和期望成果。他强调，本次头脑风暴旨在为公司制定出一套全面可行的市场进入策略和产品创新方案，助力公司在绿色环保产品市场取得成功。

（3）准备资料。为了确保头脑风暴过程的顺利进行，YP 公司还准备了大量的相关资料，包括市场调研报告、竞争对手分析报告、技术趋势预测、消费者行为研究等。这些资料提供了丰富的背景信息和数据支持，有助于参会人员更好地理解市场环境和消费者需求，从而提出更有针对性的创意和建议。

2. 创意激发阶段

（1）主题引入。在头脑风暴会议开始时，YP 公司 CEO 首先通过生动的案例和数据分析，向团队成员展示了绿色环保产品市场的巨大潜力和商业价值。他鼓励团队成员积极思考，勇于提出自己的想法和见解，共同为公司的未来发展贡献智慧。

（2）分组讨论。为了更好地激发团队成员的创意和灵感，CEO 将团队成员分成四个小组，每个小组负责一个关键问题。具体来说：

第一小组负责目标市场定位的研究，包括目标消费群体的识别、需求分析以及市场细分等；第二小组负责竞争对手分析，包括竞争对手的产品线、市场份额、营销策略等方面的研究；第三小组负责产品创新的探讨，包括新产品的研发方向、关键技术突破以及产品差异化策略等；第四小组负责营销策略的制定，包括品牌推广、渠道建设、促销活动等方面的规划。

（3）自由联想。在分组讨论过程中，公司鼓励团队成员进行自由联想和思维碰撞。他们不受任何限制地提出自己的想法和建议，无论是大胆的创新还是微小的改进都被记录下来。记录员负责认真记录每一个创意点，确保不遗漏任何一个有价值的想法。

3. 想法整合与评估阶段

（1）汇总创意。经过一段时间的分组讨论和自由联想后，主持人将各小组的创意点汇总在一起，形成了一份全面的创意清单，详见表 8-4。

表 8-4　创意清单

创意	执行内容
细分市场深耕策略	针对家庭用户市场，推出"绿色家庭"计划，涵盖从家居用品到日常清洁的全系列环保产品，强化品牌在家庭环保领域的专业形象
品牌联合营销	与知名环保组织或绿色生活方式博主合作，共同举办线上线下活动，提升品牌曝光度和公信力
环保挑战赛	发起绿色生活挑战赛，鼓励用户分享自己的环保生活小妙招，通过社交媒体传播，增加用户参与感和品牌黏性
定制化环保方案	为企业提供定制化环保办公解决方案，包括绿色办公家具、节能办公设备以及环保办公管理等，满足企业可持续发展的需求
智能垃圾分类垃圾桶	开发具有智能识别功能的垃圾分类垃圾桶，通过图像识别技术自动分类垃圾，提高垃圾分类的准确性和便捷性
生物降解餐具套装	研发全生物降解材料制成的餐具套装，包括餐具、吸管、餐巾纸等，适用于户外野餐、快餐店等场景，减少塑料污染

表8-4(续)

创意	执行内容
环保材料家具定制	提供环保材料家具定制服务,用户可根据个人喜好和家居风格选择材料、颜色和设计,同时确保家具的环保性能和耐用性
绿色故事系列短片	制作一系列以环保为主题的故事短片,通过感人至深的故事情节展现环保的重要性,提升品牌形象和公众关注度
KOL/网红合作推广	与环保领域的知名KOL或网红合作,通过他们的影响力推广公司的环保产品和理念,吸引更多年轻消费者关注
绿色公益活动	定期组织绿色公益活动,如植树造林、河流清理、环保知识普及等,增强企业的社会责任感,提升品牌形象

(2)分类整理。接下来,YP公司对创意清单进行分类整理。他们按照创意的性质和内容进行分类,去除重复项和无效项,总结为市场进入策略相关创意、产品创新方案相关创意、营销与传播创意三类。

(3)初步评估。在分类整理完成后,YP公司采用快速评估法(如投票、举手表决等)对创意点进行初步评估。他们根据创意的可行性、创新性、市场需求等因素进行打分或投票,筛选出最具潜力的创意点。包括以下几类。

品牌联合营销(市场进入策略类)。该创意有助于快速提升品牌知名度和公信力,通过与知名环保组织或绿色生活方式博主合作,吸引更多目标消费者关注。

智能垃圾分类垃圾桶(产品创新类)。该创意结合了智能技术与环保需求,具有较高的创新性和市场需求。随着垃圾分类政策的推广和消费者环保意识的增强,该产品有望成为市场热点。

环保材料家具定制(产品创新类)。该创意满足了消费者对个性化、环保家具的需求,具有广阔的市场前景。同时,环保材料的使用也符合当前可持续发展的趋势。

绿色公益活动(营销与传播类)。通过组织绿色公益活动,不仅可以展现企业的社会责任感,还能提升品牌形象和公众好感度。此外,公益活动还能有效促进品牌与消费者的互动和沟通。

4. 深入讨论与细化阶段

(1)专题研讨会。针对筛选出的创意点,YP公司组织了一系列专题研讨会。在每个专题研讨会上,相关小组的成员会围绕特定的创意点展开详细讨论。他们会从市场需求、技术可行性、成本效益、竞争态势等多个角度进行分析,确保每一个创意点都能够经得起推敲和实践的检验。

市场需求分析。小组成员会进一步挖掘目标消费群体的具体需求,了解他们对绿色环保产品的偏好和期望,通过问卷调查、访谈等方式收集数据,为产品的精准定位提供有力支持。

技术可行性评估。研发部门的成员会针对产品创新方面的创意点进行技术评估,探讨技术实现的难度和成本。他们会与供应商、科研机构等外部合作伙伴进行沟通,寻求技术突破和资源整合的可能性。

成本效益分析。财务部门会参与讨论,对创意点的成本效益进行评估。他们会考

第八章 定性预测法案例

虑产品开发、生产、营销等各个环节的成本，以及预期的市场回报，确保创意点的经济可行性。

竞争态势分析。销售和市场部门会关注竞争对手的动态，分析他们在绿色环保产品市场的布局和策略，通过 SWOT 分析等方法，找出 YP 公司的竞争优势和劣势，为制定差异化的竞争策略提供依据。

（2）制订行动计划。在深入讨论的基础上，YP 公司会为每个创意点制订具体的行动计划。这些计划包括时间表、责任人、所需资源、风险评估及应对措施等关键要素。通过明确的任务分配和详细的时间规划，确保创意点能够得到有效实施和落地。

5. 决策与实施阶段

（1）高层决策。经过深入讨论和细化规划后，YP 公司会将讨论结果提交给公司高层进行最终决策。高层管理人员会综合考虑公司的整体战略、资源状况和市场环境等因素，对创意点进行优先级排序和取舍。YP 公司最终选择了品牌联合营销（市场进入策略类）、环保材料家具定制（产品创新类）、绿色公益活动（营销与传播类）三个方案。

（2）资源调配。在决策确定后，YP 公司会迅速调配公司资源，为创意点的实施提供有力支持。他们会调整预算分配、优化人员配置、加强跨部门协作等，确保各项计划能够顺利推进。

（3）监控与调整。在创意点实施过程中，YP 公司会建立有效的监控机制，对进度、成本、质量等方面进行跟踪和控制。他们会定期召开项目进展会议，评估实施效果，并根据实际情况适时调整策略，通过持续的监控和调整，确保创意点能够按照预定目标顺利实现。

6. 总结经验与持续改进

在整个头脑风暴法应用过程中，YP 公司注重总结经验教训和持续改进。他们会定期召开项目总结会议或经验分享会等活动，邀请项目组成员和相关人员共同回顾项目实施过程中的得失成败和经验教训。通过分享成功案例和失败教训的方式，YP 公司可以不断提升团队的创新能力和协作效率，为公司未来的创新发展奠定坚实基础。

同时，YP 公司还会建立完善的创新管理机制和激励机制，鼓励员工积极参与创新活动并贡献自己的智慧和力量。他们会设立创新基金或创新奖项等激励措施，对在创新活动中表现突出的个人或团队给予表彰和奖励。通过这些激励措施，YP 公司可以激发员工的创新热情和创造力，为公司持续发展注入不竭动力。

（五）启航绿色新纪元

高层管理人员对品牌联合营销、环保材料家具定制以及绿色公益活动三大方案作出了最终决策，YP 公司正站在一个新的起点上，迈向更加辉煌的未来。

通过品牌联合营销战略的实施，YP 公司与国内外知名的环保组织、绿色生活方式博主及行业领袖建立紧密的合作关系。这些合作不仅显著提升了 YP 品牌的知名度和公信力，还为其带来大量的目标消费群体和忠实粉丝。随着品牌故事的广泛传播和深入人心，YP 逐渐成为环保领域的领军品牌，引领绿色消费的新风尚。环保材料家具定制项目的启动，标志着 YP 公司在产品创新方面迈出了坚实的一步，YP 公司将投入大量研发资源，不断探索和应用新型环保材料，以满足消费者对个性化、高品质、环保家具日益增长的需求。YP 公司不断优化产品设计、提升生产工艺和强化供应链管理，打造出一系列具有核心竞争力的环保家具产品，引领家具行业的绿色转型和升级。绿色公益活动的持续开展，让 YP 公司在履行社会责任方面树立新的标杆。YP 公司将积极参与植树造林、河流清理、环保知识普及等公益活动，通过实际行动为环境保护贡献力量。同时，YP 还将利用自身的影响力和资源，推动社会各界共同参与环保事业，形成全社会关注环保、参与环保的良好氛围。这些公益活动的成功举办，将进一步提升 YP 品牌的社会形象和公众好感度，为其长远发展奠定坚实的基础。

在三大方案的推动下，YP 公司将进一步优化市场布局，拓展国内外市场。在国内市场方面，YP 公司将精耕细作，通过线上线下相结合的营销方式，将环保理念和优质产品传递给更多消费者；在国际市场方面，YP 公司将积极寻求与国际知名品牌的合作机会，共同开拓全球市场，将中国的绿色产品和环保理念推向世界舞台。

问题：

1. YP 公司在实施头脑风暴法时，为何选择组建跨职能团队而非单一部门团队？请分析这一决策的优势。

2. YP 公司如何通过头脑风暴法推动其战略转型，并成功进入绿色环保产品市场？

案例三：LC 汽车：智能电动领域的先锋者

（一）行业背景

在全球气候变化和环境保护日益成为全球议题的当下，新能源汽车作为解决环境污染和能源枯竭问题的关键途径，受到了前所未有的关注。随着科技的进步和消费者环保意识的增强，新能源汽车已经从过去的"小众"逐渐转变为"主流"，成为未来可持续出行的必然趋势。从环保和可持续发展角度看，新能源汽车的兴起是应对传统燃油车尾气排放、能源消耗等问题的必然选择，越来越多的消费者开始关注新能源汽车，这推动了新能源汽车市场的快速扩张。同时，各国政府也积极出台政策，鼓励新能源汽车的发展，如购车补贴、税收优惠、充电设施建设等，为新能源汽车市场的繁荣提供了有力支持。

近年来，随着科技的不断进步，新能源汽车的续航里程、充电速度、性能稳定性等方面都得到了显著提升，这使得新能源汽车在市场上的竞争力不断增强。此外，人工智能、物联网等技术的应用也为新能源汽车带来了更多智能化、个性化的功能，进一步提升了消费者的使用体验。从能源转型和未来出行方式变革角度看，新能源汽车的发展是能源结构转型的重要一环。随着全球能源危机的加剧和可再生能源技术的不断发展，新能源汽车将成为未来可持续能源体系的重要组成部分。同时，随着自动驾驶、共享出行等新型出行方式的兴起，新能源汽车将成为未来出行方式的重要选择。

（二）公司发展

LC 汽车，一个新生代汽车品牌，自 2015 年成立以来，便以其独特的视角和坚定的决心，投身于新能源汽车的研发与生产。在创始人陈凯的领导下，LC 汽车聚集了一批来自知名汽车企业和新兴科技公司的优秀人才。他们的共同目标，就是打造高品质的智能电动汽车，以满足消费者对环保、节能、智能出行的需求。经过两年的精心研发和严格试验，2018 年，LC 汽车终于推出了首款纯电动 SUV 车型——绿驰 U5。这款车型凭借其出色的行驶性能、卓越的安全性能以及全球领先的人工智能技术，迅速在市场上获得了广泛的关注和认可。LCU5 的成功推出，不仅为绿驰汽车打响了品牌知名度，更为其后续的发展奠定了坚实的基础。

随着 LCU5 在市场上的热销，LC 汽车开始加速国内外市场的扩张。他们深知，要想在激烈的市场竞争中脱颖而出，必须寻求更多的合作伙伴，共同开拓市场。于是，LC 汽车与英国汽车制造商乐动力达成了合作协议，双方决定在英国共同生产和销售 LCU5 车型。这一合作不仅使 LC 汽车成功打入了欧洲市场，还为其在国际上树立了良好的品牌形象。为了进一步提升品牌和产品的知名度和竞争力，LC 汽车还与法国车手罗曼·迪蒂尔展开了合作，双方共同推出了全新的纯电动赛车——LCDT3。这款赛车凭借其卓越的性能和创新的设计，成功吸引了众多赛车爱好者和消费者的目光。通过与罗曼·迪蒂尔的合作，LC 汽车不仅提升了品牌知名度，还为其在赛车领域的发展奠定了基础。

（三）市场趋势分析

新能源汽车市场的增长主要受到政策、技术、消费者需求等多方面因素的影响。近年来，各国政府纷纷出台政策，如减免购置税、提供购车补贴等，以推动新能源汽车的普及。同时，随着电池技术、充电设施的不断完善，新能源汽车的续航里程、充电速度等性能得到了显著提升，进一步满足了消费者的需求。此外，消费者对环保、节能、智能出行的认识不断加深，也为新能源汽车市场的增长提供了动力。

（四）企业发展历史经验

回顾 LC 汽车的发展历程，我们发现其在技术研发、产品设计、市场策略等方面积累了丰富的经验。在技术研发方面，LC 汽车始终坚持自主创新，不断投入资金进行技术研发和人才培养；在产品设计方面，LC 汽车注重用户体验和安全性，推出了多款符合消费者需求的产品；在市场策略方面，LC 汽车积极拓展国内外市场，寻求与优秀企业合作，以实现资源整合和优势互补。从最初的混合动力汽车到现在的纯电动汽车、氢燃料电池汽车等多元化产品形态，新能源汽车市场经历了从起步到快速发展的过程。在这个过程中，技术进步、政策扶持以及消费者认知的加深共同推动了新能源汽车市场的发展。

基于以上分析，创始人陈凯形成以下初步判断：

（1）新能源汽车市场将持续扩大。随着政策的持续扶持、技术的进步以及消费者认知的加深，新能源汽车市场将保持快速增长的态势。未来几年内，新能源汽车市场的规模将进一步扩大，市场份额也将不断提高。

（2）技术将成为市场竞争的关键。电池技术、充电设施、人工智能等领域的突破将加速新能源汽车市场的发展。同时，随着市场竞争的加剧，各大汽车品牌将更加注重技术研发和创新能力的提升。

（3）多元化竞争格局将形成。随着新能源汽车市场的不断扩大和竞争的加剧，多元化竞争格局将逐渐形成。各大汽车品牌将通过品牌差异化、产品差异化等策略来争夺市场份额。在这个过程中，绿驰汽车需要更加注重品牌建设和市场推广等方面的工作。

（五）创新驱动引领新篇章

LC 汽车在成立之初，就对新能源汽车市场进行了深入的分析和预测。他们认识到，随着全球环保意识的提高和科技的进步，新能源汽车市场将迎来巨大的发展机遇。因此，LC 汽车决定以纯电动轿车为切入点，迅速占领市场。

在技术研发方面，LC 汽车始终保持着敏锐的市场洞察力。他们通过对国内外新能源汽车技术的跟踪和分析，预测电池技术、充电设施、人工智能等领域将取得重大突破。基于这一预测，LC 汽车加大在这些领域的研发投入，成功推出了具有竞争力的 LCU5 车型，并在后续产品中不断升级和完善技术。在市场竞争方面，LC 公司也展现出了高超的策略制定能力。他们通过对行业内主要竞争对手的分析，预测新能源汽车市场将呈现多元化竞争格局。为了应对这一挑战，LC 汽车不仅注重产品质量的提升，还积极寻求与国内外优秀企业的合作。通过资源整合和优势互补，成功提升了品牌竞争力，在激烈的市场竞争中脱颖而出。

展望未来，LC 汽车将继续秉持创新、品质、智能的理念，致力于为消费者提供更加环保、节能、智能的出行方式，在研发方面将继续加大研发投入，推动技术创新和产品升级。同时，他们也将积极拓展国内外市场，寻求更多的合作伙伴，共同推动新能源汽车行业的发展。相信在未来的日子里，LC 汽车将继续以卓越的产品和创新的理念，引领智能电动汽车的发展潮流。

问题：

1. LC 汽车是如何运用经验判断预测法来预测新能源汽车市场未来的发展趋势的？

2. LC 汽车在制定市场扩张策略时，如何运用经验判断预测法来评估潜在的市场风险和挑战？

四、延伸阅读

二战期间战机防护的决策分析

第二次世界大战期间，空中的激战成为决定战争胜负的关键因素之一。为了在这场空中较量中占据优势，各国都在努力提升自己的战机性能和防护能力。美国作为当时世界上最强大的工业国家之一，其军方自然也投入了大量资源用于战机防护的研究和改进。

在这一背景下，美国军方开展了一项关于战机弹痕分布的调查。调查人员详细记录了参战飞机返回基地后身上的每一处弹痕，希望通过分析这些数据，找出战机在战斗中最容易受到攻击的部位，从而有针对性地进行加固。初步的调查结果很快就出来了：机翼部位的弹痕数量明显多于机身和机头部位。这一结果似乎很直观地表明机翼是敌方火力攻击的主要目标。

基于这一发现，军方初步决定加强机翼的防护。他们认为，增加机翼部位的装甲厚度和防护材料，可以有效地提高战机的生存能力。这一决策看似合理，因为它基于实际的战斗数据，且符合人们对于战斗机受攻击部位的直观想象。然而，就在军方准备实施这一决策时，统计学家沃德提出了不同的看法。他仔细研究了调查数据，并发现了其中隐藏的一个关键问题：那些机身和机头部位受到重创的战机，往往因为损伤过于严重而无法返航，因此它们的弹痕数据并未被纳入调查范围。换句话说，调查数据只反映了那些能够幸存并返回基地的战机的受损情况，而忽略了那些在战斗中直接损毁的战机。

沃德认为，这种数据偏见可能导致军方做出错误的决策。他指出，机身和机头部位虽然弹痕较少，但并不意味着这些部位在战斗中不重要。相反，正是因为这些部位对于战机的飞行稳定性和关键系统的保护至关重要，所以一旦受到重创，战机就很难幸存下来。因此，沃德力排众议，强调更应该注意加强机身和机头部位的防护。

这一观点在当时引起了不小的争议。毕竟沃德的看法与直观数据和初步决策相悖。然而，在经过进一步的分析和讨论后，军方最终采纳了沃德的建议，并加强了机身和机头部位的防护。事实证明，这一决策是正确的。在后续的战斗中，那些经过改进防护的战机表现出了更高的生存能力，为美国赢得战争胜利作出了重要贡献。

五、实践实训

利用经验判断预测法预测 KFC 餐厅周末客流量的实践实训。

（一）任务目标

通过本次实践实训，掌握经验判断预测法的基本原理和应用方法，分析影响 KFC 餐厅周末客流量的关键因素，运用经验判断预测法预测 KFC 餐厅的周末客流量，基于预测结果提出针对性的市场策略建议。

（二）任务描述

作为 KFC 餐厅的市场部经理，你需要预测接下来一个周末（周六和周日）的客流量。请利用经验判断预测法，结合历史销售数据、节假日安排、天气情况、竞争对手的活动等因素，对 KFC 餐厅的周末客流量进行预测，并基于预测结果提出相应的市场策略建议。

（三）实训步骤

将学生分成若干小组，每组 3~5 人。每个小组内部分配角色，如数据分析员、市场调研员、策略建议员等，确保每个成员都有明确的职责。根据收集到的数据和信息，结合个人经验和专业知识，对接下来一个周末的客流量进行初步预测。将报告提交给教师或指导老师进行审阅和反馈。根据反馈意见对报告进行修订和完善。

（四）考核记录表

请将任务完成情况的评价填入以下考核记录表：

组别：　　　　　　　　　　　　　　姓名：

考核项目	评分标准	分值	得分
数据收集	数据是否涵盖历史销售数据、天气情况、节假日安排和竞争对手活动等关键信息	10	
	数据是否真实可靠，来源明确，无错误或遗漏	10	
关键因素分析	是否考虑了所有可能影响客流量的关键因素，如节假日效应、天气变化、竞争对手策略等	10	
经验判断	预测结果是否合理，是否符合历史趋势和关键因素分析的结果	10	
预测结果输出	预测结果的呈现方式是否清晰易懂，能否有效传达预测信息	10	
	是否对预测结果进行了合理的解释和说明，包括预测方法、假设条件等	10	
策略建议	策略建议是否与预测结果紧密结合，具有针对性和可操作性	10	
	策略建议是否合理有效，能否帮助 KFC 餐厅更好地应对周末的客流量变化	10	
报告撰写	报告结构是否清晰，各部分内容是否逻辑严密、条理清晰	10	
	报告中的数据和结论是否准确，无错误或误导性信息	10	
合计			

六、参考答案

（一）单项选择题

1. 答案：B。经验判断预测法主要依赖专家的经验和直觉来进行非数量化的分析和判断。

2. 答案：C。"延迟评判"是头脑风暴法中的一个重要原则，它意味着在整个会议过程中，不对任何提出的想法进行评判或批评。

3. 答案：B。德尔菲法是一种典型的经验判断预测法，通过匿名的专家反馈和迭代，逐渐收敛到一个相对一致的预测结果。

4. 答案：B。经验判断预测法主要依赖专家的经验和直觉，而不是量化数据。

5. 答案：B。虽然专家情绪可能影响预测结果，但在理想情况下，经验判断预测法应尽量避免个人情绪的影响，而主要依赖经验和专业知识。

6. 答案：B。德尔菲法采用匿名函询的方式，避免专家之间的相互影响，使每位专家能够独立自由地表达意见。

7. 答案：C。德尔菲法的第一步是组成专家小组，确定参与预测的专家成员。

8. 答案：C。专家小组法中，预测小组中专家意见可能受权威专家的影响，客观性较德尔菲法差。

9. 答案：C。德尔菲法通过匿名函询和多次反馈的方式，避免了会议讨论中可能存在的权威影响，使每位专家能够独立表达意见。

10. 答案：B。在头脑风暴会议中，为了保持创意的流畅性和多样性，通常不鼓励立即对他人的想法进行批评或评价，这样做可能会抑制团队成员的积极性和创造力。

（二）多项选择题

1. 答案：ABE。经验判断预测法的核心在于利用历史数据、专家判断及管理者直觉进行预测，而市场调研与消费者行为分析则更多关联于定量或定性研究，非其核心要素。

2. 答案：ACD。头脑风暴法强调自由联想、延迟评判及数量优先，但应避免竞争和外部直接指导，而设定时间限制项中的原则均有助于其有效实施。

3. 答案：BDE。德尔菲法是一种定性预测方法，通过匿名、多轮综合专家意见，避免个人观点片面和从众行为，以提高预测的准确性。

4. 答案：BD。经验判断预测法应善用管理者专业知识，综合多种经验方法及历史数据，避免单一专家依赖，且无需复杂模型调整，以确保预测准确性。

5. 答案：ACE。促进创意多样性需多元化视角与思维，思维导图助整理新想，跨背景参与者增视角多样性，接力游戏促全员参与。设定主题限制或强调紧迫性则可能抑制创意发散。

6. 答案：ADE。德尔菲法始于明确预测目标，邀多位专家参与，非集体讨论，通过问卷收集意见，并汇总分析反馈以推进多轮预测。

7. 答案：ACE。头脑风暴法实施步骤，首先明确问题目标，营造轻松氛围，鼓励创意数量；过程中避免初期深入讨论评判，待创意收集完毕后统一筛选评估。

8. 答案：BCE。提升头脑风暴效果需激发创造力，利用"搭便车"与"疯狂想法"时段，定期休息保活力。避免打断发言，同时保留必要筛选整理以优化输出。

9. 答案：ABCD。专家领域、问卷设计、数量与代表性决定预测准确与广度。问题复杂性与不确定性挑战预测难度，而时间并非直接影响预测效果的关键因素。

10. 答案：ABD。经验判断预测法主观性强，易受偏见影响，难测突发事件与极端情况，且缺乏数学统计基础，结果不精确。虽可依赖历史数据，但若非大量必要的数据，长期预测准确性或降低。

（三）案例分析题

案例一

1. 答案解析：①选择专家团队。公司精心挑选了来自不同背景和专长的专家，包括业务经理、销售人员等，以确保预测结果的全面性和准确性。②提供详细资料。在第一次预测阶段，公司向每位专家提供了关于新产品的详细资料，包括产品特点、目标市场、竞争对手等信息，帮助专家做出更准确的预测。③收集初步预测。每位专家基于自己的专业知识和经验，对全年可能的销售量进行初步判断，并提交给公司。④反馈与讨论。公司汇总并分析初步预测结果后，向专家提供反馈，包括预测值的平均数、中位数、众数以及预测值的分布情况。专家根据这些信息和其他专家的观点，重新评估自己的预测，并在第二次预测中做出调整。⑤再次收集与分析。公司再次收集并分析第二次预测结果，这次预测值的分布更加集中且稳定，表明专家们的预测结果已经更加接近共识。⑥确定最终预测。基于第二次预测结果，公司计算了最低销售额、最可能销售额和最高销售额的平均数，以作为最终的市场预测结果。

2. 答案解析：QXYQ 饮料公司选择采用德尔菲法来预测无糖饮料产品的销售量，是因为该方法能够有效整合来自不同背景和专长的专家的知识和经验，减少单一预测的主观性和偏见。德尔菲法通过多轮次的反馈和讨论，使专家们的预测结果逐渐收敛，最终达成较为一致的共识。在面临新兴细分市场和新产品的市场预测时，这种结构化的预测技术能够提供更准确、全面的市场预测结果，为公司市场策略的制定提供有力支持。

案例二

答案解析：YP 公司选择组建跨职能团队而非单一部门团队，主要是出于以下优势考虑。①多样性视角，跨职能团队包含了来自市场、销售、研发、生产、财务等多个部门的关键人员，他们各自拥有不同的专业背景和知识领域，能够为公司战略转型提供更全面、更多元化的视角。②协同效应，不同部门之间的成员在头脑风暴过程中可以相互启发、相互补充，形成协同效应。这种协同效应有助于发现更多创新点，并提出更加全面和可行的解决方案。③增强沟通，跨职能团队的组建促进了不同部门之间的沟通和协作，有助于打破部门壁垒，提高公司内部的整体运作效率。

在决策过程中，跨职能团队能够综合考虑市场需求、技术可行性、成本效益、竞争态势等多个因素，确保最终方案的全面性和实用性。

2. 答案解析：①组建跨职能团队。YP 公司首先组建了一个跨职能的头脑风暴团队，确保能够从多个角度全面分析市场环境和消费者需求。②明确目标与准备资料。YP 公司明确了战略转型的目标，并准备了大量的相关资料，包括市场调研报告、竞争对手分析报告等，为头脑风暴提供数据支持。③创意激发与讨论。通过主题引入、分组讨论和自由联想等方式，YP 公司激发了团队成员的创意灵感，并围绕绿色环保产品市场进行了深入讨论。④创意整合与评估。YP 公司对收集到的创意点进行分类整理、评估与筛选，确保创意点的可行性和有效性。⑤制定行动计划。针对筛选出的创意点，YP 公司制定了详细的行动计划，包括时间表、责任人、所需资源等，确保创意点能够得到有效实施。⑥高层决策与资源调配。YP 公司将讨论结果提交给高层进行决策，并根据决策结果迅速调配公司资源，为创意点的实施提供有力支持。⑦监控与调整。在创意点实施过程中，YP 公司建立了有效的监控机制，对进度、成本、质量等方面进行跟踪和控制，并根据实际情况适时调整策略。

案例三

1. 答案解析：LC 公司运用经验判断预测法来预测新能源汽车市场的未来发展趋势，主要通过以下几个方面进行：

①市场趋势分析。LC 首先分析了过去几年新能源汽车市场的快速增长趋势，结合消费者对环保、节能、智能出行的日益关注，预测新能源汽车市场将持续扩大。②技术预测。基于对国内外新能源汽车技术的跟踪和分析，LC 汽车预测电池技术、充电设施、人工智能等领域将取得重大突破，这将进一步推动新能源汽车市场的发展。③消费者需求洞察。LC 公司深入洞察消费者需求，了解消费者对电动汽车的期望和偏好，基于这些洞察，预测未来新能源汽车市场将朝着更高品质、更智能化的方向发展。④竞争环境分析。通过对行业内主要竞争对手的分析，LC 预测新能源汽车市场将呈现多元化竞争格局，因此公司需要不断提升自身产品质量，并寻求与国内外优秀企业合作，以保持竞争力。

2. 答案解析：LC 汽车在制定市场扩张策略时，运用经验判断预测法来评估潜在的市场风险和挑战，主要采取以下步骤：

①市场分析。LC 公司首先对市场进行深入分析，了解目标市场的规模、增长速度、消费者需求等基本情况，以及目标市场中的竞争对手、政策环境等因素。②风险评估。基于市场分析，LC 公司识别出可能面临的潜在风险和挑战，如市场竞争激烈、消费者接受度低、政策变化等。③影响评估。LC 公司进一步评估这些潜在风险和挑战对公司市场扩张策略的影响程度，明确风险的优先级和重要性。④应对措施制定。针对识别出的潜在风险和挑战，LC 公司制定相应的应对措施，如加大市场营销力度、优化产品组合、加强技术研发等，以降低风险并实现市场扩张目标。通过运用经验判断预测法，LC 公司能够更准确地评估市场风险和挑战，从而制定出更加科学、合理的市场扩张策略。

第九章

时间序列分析法案例

一、知识要点

时间序列是由同一现象在不同时间点上的观察值排列而成的数列，通常用来描述在特定时间间隔内数据的变化。时间序列数据可以是每分钟、每月等各种固定时间间隔的观测结果，其中 T 表示时间点，Y 表示观察值。这些数据均来自同一个体，在不同的时间点上进行多次观测，因此，时间序列数据天然具有时间序列相关性，即观测值之间有相关性。

时间序列数据通常表现出显著的时间依赖性，这可能表现为季节性、趋势性、周期性以及不规则波动。这些特征可能单独存在，也可能同时存在并相互作用。在进行时间序列分析时，识别和模拟这些特征是至关重要的，以确保建立准确的预测模型或进行深入的数据探索。核心的时间序列分析方法包括移动平均法、指数平滑法、自回归模型，以及更复杂的自回归移动平均（ARMA）、季节性自回归移动平均（SARIMA）和自回归积分滑动平均（ARIMA）模型。

时间序列预测的核心步骤包括数据准备、探索性分析、模型建立、模型验证和预测执行。首先，数据准备阶段包括收集和清洗时间序列数据，处理缺失和异常值。其次，通过探索性分析检查数据的趋势和季节性特征，选择合适的模型。再次，模型建立阶段选择并训练适合数据特性的时间序列模型。在模型验证阶段，在测试数据上评估模型的预测能力，确保其有效性。最后，使用经过验证的模型对未来数据进行预测。这一系列步骤保证了时间序列分析的准确性和实用性。

二、习题巩固

（一）单项选择题

1. 时间序列中描述了数据在长期的趋势的成分是（   ）。

A. 周期性   B. 趋势

C. 季节性   D. 不规则性

2. 指数平滑法特别适用于（   ）。

     A. 预测长期趋势   B. 处理高频噪声

     C. 短期预测   D. 揭示周期性

3. 季节性分解的目的是（   ）。

     A. 识别并移除异常值

     B. 分离时间序列中的趋势、季节性和不规则组成部分

     C. 估计未来值

     D. 模拟数据生成过程

4. 假设你是一位零售分析师，你需要预测节日期间的销售额。最适合处理这种具有明显季节性数据的模型是（   ）。

     A. 线性回归模型   B. ARIMA 模型

     C. 季节性 ARIMA 模型   D. 简单移动平均模型

5. 在银行业务中，预测存款流量至关重要。如果数据显示每月初存款量增加，适合分析这种周期性数据的技术是（   ）。

     A. 季节性差分   B. 累积和测试（CUSUM 测试）

     C. 指数平滑法   D. 平稳性测试

6. 一家在线媒体公司希望了解新闻发布后访问量的变化规律。对于这种可能受事件驱动的时间序列数据，分析师应首选（   ）来评估数据的自相关性。

     A. 自相关函数（ACF）   B. 偏自相关函数（PACF）

     C. 平稳性测试   D. 季节性差分

7. 农业部门使用时间序列分析来预测作物产量。如果数据表明每年的产量都有波动而且呈上升或下降趋势，应该使用的分析方法是（   ）。

     A. 差分法   B. 趋势分解法

     C. 季节性调整法   D. 随机游走模型

8. 每年情人节期间，京东大数据研究院监测到不同产品销量激增，如北京的计生用品、巧克力礼盒和鲜花，以及广东的纯银项链和足金转运珠。这体现了相关产品的在时间序列中的（   ）规律。

     A. 长期趋势   B. 季节变动

     C. 循环波动   D. 不规则变动

9. 数据显示，电子书销量正在下滑，而纸质书的销量则在上升，而且这一转变是由年轻一代驱动的。2010 年，手机和平板电脑首次超越电子阅读器成为阅读电子书最常用的设备。根据市场调研公司尼尔森的报告，2016 年英国售出超 3.6 亿本书，自从行业协会十年前开始监控电子书销量以来，这是电子书年度销量第二次出现下滑。纸质书的销量经历的是（   ）规律。

     A. 长期趋势   B. 季节变动

     C. 循环波动   D. 不规则变动

10. "王某概念股"迅速出圈，芒果超媒股票交易量突增，显示出短期内的显著波动。芒果超媒盘中一度大涨近 10%，有股友晒出交易记录，称承诺的 400 万已进场，不够还可以加，该股友称，为了逝去的青春任性一回。该情景体现出芒果超媒盘经历了（　）规律。

    A. 长期趋势   B. 季节变动

    C. 循环波动   D. 不规则变动

（二）多项选择题

1. 移动平均法中，若要减小随机波动的影响，关于周期长度的说法正确的是（　）。

    A. 增加周期长度   B. 减少周期长度

    C. 周期长度不影响波动   D. 周期长度应与数据集大小相等

    E. 使用加权移动平均

2. 在移动平均中，如果使用加权移动平均法，以下权重分配较普遍的是（　）。

    A. 时间越近的数据权重越大

    B. 所有数据权重相等

    C. 时间越远的数据权重越大

    D. 首尾数据权重较大，中间数据权重较小

    E. 依据季节性调整权重

3. 几何平均数在金融分析中广泛应用的原因是（　）。

    A. 可以处理负数   B. 忽略异常值的影响

    C. 计算投资组合的平均回报率   D. 简化复合增长率的计算

    E. 易于与算术平均数结合使用

4. 在单一指数平滑中，平滑系数 α 的选择会产生的影响是（　）。

    A. α 越大，模型对趋势的适应性越强

    B. α 越小，对历史数据的依赖越小

    C. α 越大，模型对随机波动的敏感度越高

    D. α 越小，预测结果越平滑

    E. α 值不影响预测的长期趋势

5. 移动平均法的（　）特点适用于短期预测。

    A. 快速响应市场变动   B. 易于计算和理解

    C. 适合长期趋势分析   D. 可以处理非线性模式

    E. 计算成本低

6. 几何平均数计算中的限制是（　）。

    A. 不能处理数据中的零值   B. 对所有数据点权重相同

    C. 不适用于数据点较少的情况   D. 对大数据集处理效率低

    E. 适用范围较算术平均数窄

7. 以下情况不推荐使用简单移动平均法进行时间序列预测的是（　　　）。

    A. 数据具有明显的趋势　　　　　　B. 数据具有季节性变动

    C. 数据量较小　　　　　　　　　　D. 数据变动剧烈

    E. 需要快速预测响应

8. 双重指数平滑和三重指数平滑相较于一次指数平滑，主要能解决的问题是（　　　）。

    A. 增加预测准确度　　　　　　　　B. 处理季节性变化

    C. 解决数据中的异常值　　　　　　D. 预测非周期性数据

    E. 调整预测模型的敏感性

9. 在选择指数平滑模型时，以下应考虑的因素是（　　　）。

    A. 数据的周期性　　　　　　　　　B. 数据的趋势类型

    C. 数据集的大小　　　　　　　　　D. 预测的时间范围

    E. 数据的噪音水平

10. 使用移动平均法进行时间序列分析时，以下是可能的缺点是（　　　）。

    A. 反应速度慢，无法迅速适应市场变化

    B. 不能自动处理数据中的季节性变化

    C. 计算过程复杂

    D. 适用范围广泛

    E. 预测结果可能落后于实际数据

三、案例分析

案例一：电力流动的脉动：趋势、预测与创新

（一）电力预测的重要意义

电力是在产生的瞬间被使用的。灯泡亮起是由太阳、煤炭、天然气，或者就在一秒钟前的一阵风所提供的能量转化而来的。电网自身没有固有的电力储存功能，而且可再生能源的产出极为不稳定，这意味着电力公司必须寻找有效的电力储存方法，以应对在可再生能源不能满足基础负载（更不用说高峰负载）时的情况，并能够存储光照充足或风力强劲时生成的过剩电力。这对电网而言是一个新问题。因为在过去，能源是以煤、石油或天然气的形式存储的。虽然可再生能源可以直接转化为电力，但电力公司需要有能力即时储存任何多余的电力，避免电力的流失或对电网造成损害。电池技术提供了一种解决方案，但电池的成本高昂且并非完美。熔融钠和锂离子的新技术以及抽水蓄能等旧技术的结合，尚未实现重大突破，电网的完全脱碳还有待实现。

用电量的预测对电力系统的运营、规划和解决电力储存问题至关重要，因为电网的稳定运行需要电力供需平衡，精准的供需预测可以提高电网的稳定性和可靠性。首先，预测用电量可以帮助运营商提前调整输电和分配策略，防止过载或电力短缺，从而降低停电和电网故障的风险。其次，准确的用电预测可以优化电力资源配置，帮助

电力公司高效地分配和调度资源，包括发电设备和燃料供应，确保在需求高峰时有足够的电力供应，而在需求低谷时避免资源浪费。用电量的时间序列波动受多种因素的影响。在短期内，电力需求会呈现出年度周期性的波动，尤其是在冬季，使用电暖设备增多，电力需求会增加。如极寒天气，电力需求可能会在短期内急剧上升。在一周内，电力需求也会有周期性，用电量通常在周末因工业活动减少而降低。一天内，电力需求在夜间人们休息时会减少，而在白天某些时段，如晚上人们观看电视并使用电水壶的时候，用电量会出现短暂高峰。如果能预知稳定的电力需求，将大大便利电力生产的管理。为了平衡电力需求，供电公司常利用非高峰时段的优惠价格来激励用电（尽管这并不能完全解决需求的频繁变动问题）。最后，电力公司可以降低昂贵的紧急购电成本和运营成本。同时，它还可以通过调整电价策略（如高峰/低谷电价）来激励消费者在电力供应充足时使用电力，从而更经济地平衡供需。因此，用电量的预测是电力系统管理的一个不可或缺的工作，它不仅保证了电力供应的安全和可靠，还优化了经济效益和环境影响。

（二）我国电力消费的主体

我国用电主体的基本构成涵盖了工业、商业、居民、农业、交通运输及公共设施等多个领域，每个领域对电力的需求特性和消费模式都有所不同，它们的用电特点反映了国家经济活动的广泛领域和电力系统的复杂性。

工业用电作为我国用电量中的重要组成部分，对国家的工业产出和经济活动有着直接的影响。制造业、矿业、建筑业等行业依赖大量的电力来驱动机器和生产设备，以完成产品的生产和加工。这一领域的电力消费通常与国家的工业政策、技术进步和市场需求紧密相关。随着中国工业化和信息化深度融合，工业用电的智能化、高效化需求日益增强，对电力供应的可靠性和稳定性提出了更高的要求。

商业用电包括服务业、零售业以及各种商务活动场所的电力需求。随着城市化进程的加快和居民消费水平的提高，商业用电需求呈现多样化和复杂化的趋势。这部分电力主要用于照明、空调、电梯、电脑及其他办公设备，这些设备是现代服务业和数字经济发展的基础。因此，保证商业用电的连续性和效率，对于维持城市生活的正常运行和提升经济活力至关重要。

居民用电反映了家庭消费者的生活方式和生活质量。随着生活水平的提升和城乡结构的变化，家用电器越来越多样化，居民用电量逐年增加。居民用电不仅包括日常生活中的基本需求，如照明和厨房用电，还扩展到了空调、家庭娱乐等方面。居民用电量的变化通常受季节、气候和社会经济因素的影响较大，这对电网的负荷管理提出了更高的要求。

其他方面包括农业用电主要用于支撑现代农业的运作，交通运输用电涵盖了铁路、城市轨道交通、电动汽车充电站等多个方面，公共设施用电则关乎城市基础设施和公共服务的正常运作，如街道照明、医院、学校及政府机构等。在这些用电主体中，不同领域的电力需求特性对电网的运行和管理提出了复杂的挑战。

（三）电力消费时间序列分析预测

案例数据为从 2004 年至 2021 年中国的电力消费总量、工业电力消费总量、制造业电力消费总量以及居民生活电力消费总量（详见表9-1）。每个变量都是按年度累积统计，为亿千瓦小时。这些数据涵盖了我国电力消费的多个关键部门，提供了评估电力消费模式、增长趋势以及不同部门之间消费差异的有价值的信息。通过这样的年度数据，可以观察到长期的消费趋势和变化，这对于电力系统的规划和管理具有重要意义。

表9-1　分行业电力消费总量　　　　　　　单位：亿千瓦小时

时间	电力消费总量	工业电力消费总量	制造业电力消费总量	居民生活电力消费总量
2004 年	21 971.37	16 424.29	11 432.55	2 384.49
2005 年	24 940.32	18 521.69	13 126.01	2 884.81
2006 年	28 587.97	21 267.74	15 387.4	3 351.58
2007 年	32 711.81	24 290.81	17 832.78	4 062.71
2008 年	34 541.35	25 388.63	18 588.88	4 396.1
2009 年	37 032.14	26 854.49	19 685.98	4 872.16
2010 年	41 934.49	30 871.77	22 870	5 124.63
2011 年	47 000.88	34 691.55	25 526.84	5 620.06
2012 年	49 762.64	36 232.21	26 822.46	6 218.96
2013 年	54 203.41	39 236.88	28 987.01	6 989.16
2014 年	57 829.69	42 248.71	31 640.98	7 176.1
2015 年	58 019.98	41 549.99	31 178.1	7 565
2016 年	61 205.09	42 996.89	32 131.97	8 421
2017 年	65 913.97	46 052.84	34 687.63	9 072
2018 年	71 508.2	49 094.91	36 935.83	10 058
2019 年	74 866.12	50 698.3	38 108.53	10 637
2020 年	77 620.17	52 353.44	39 853.38	11 396.48
2021 年	85 200.1	56 622.31	43 406.86	12 278.9

注：数据来自国家统计局官方网站。

案例运用指数平滑法建立线性估计模型，该方法通过对历史数据赋予指数递减的权重来预测未来值，这使得模型对最近的观测值给予更大的重视，而较早的数据则逐渐减少影响力。这种权重分配机制使得模型在适应数据的最新变化方面表现出较高的灵活性。从表9-1可知，我国2004年至2021年的电力消费数据表现出明显的增长趋势，指数平滑法可以通过调整趋势组件来适应这种单调的趋势变化。相较于需要复杂季节调整的ARIMA或季节性ARIMA模型，指数平滑法结构简单，参数较少，易于实现和维护，特别适用于本例中没有明显季节性或周期性特征的年度数据。尽管简单，但在多种经济和工业时间序列预测问题中，指数平滑法已被证明能提供与更复杂模型相媲美的预测准确性。

案例运用一次指数平滑法来预测电力消费总量和居民生活电力消费总量。预测结果见表 9-2 和表 9-3。

表 9-2　电力消费总量预测

序号	时间	电力消费总量/亿千瓦小时	$\alpha=0.3$	$\alpha=0.4$	$\alpha=0.5$	$\alpha=0.3$ 的偏差	$\alpha=0.4$ 的偏差	$\alpha=0.5$ 的偏差
0	—	—	21 971.37	21 971.37	21 971.37	—	—	—
1	2004 年	21 971.37	21 971.37	21 971.37	21 971.37	0.00	0.00	0.00
2	2005 年	24 940.32	22 862.06	23 158.95	23 455.85	2 078.27	1 781.37	1 484.48
3	2006 年	28 587.97	24 579.83	25 330.56	25 725.01	4 008.14	3 257.41	2 862.96
4	2007 年	32 711.81	27 019.42	28 283.06	28 645.82	5 692.39	4 428.75	4 065.99
5	2008 年	34 541.35	29 276.00	30 786.38	30 780.39	5 265.35	3 754.97	3 760.96
6	2009 年	37 032.14	31 602.84	33 284.68	33 154.07	5 429.30	3 747.46	3 878.07
7	2010 年	41 934.49	34 702.34	36 744.60	36 768.67	7 232.15	5 189.89	5 165.82
8	2011 年	47 000.88	38 391.90	40 847.11	40 851.61	8 608.98	6 153.77	6 149.27
9	2012 年	49 762.64	41 803.12	44 413.32	44 077.27	7 959.52	5 349.32	5 685.37
10	2013 年	54 203.41	45 523.21	48 329.36	48 003.27	8 680.20	5 874.05	6 200.14
11	2014 年	57 829.69	49 215.15	52 129.49	51 676.45	8 614.54	5 700.20	6 153.24
12	2015 年	58 019.98	51 856.60	54 485.69	53 617.57	6 163.38	3 534.29	4 402.41
13	2016 年	61 205.09	54 661.15	57 173.45	56 530.85	6 543.94	4 031.64	4 674.24
14	2017 年	65 913.97	58 036.99	60 669.66	60 287.56	7 876.98	5 244.31	5 626.41
15	2018 年	71 508.2	62 078.36	65 005.07	64 772.60	9 429.84	6 503.13	6 735.60
16	2019 年	74 866.12	65 914.69	68 949.49	68 472.24	8 951.43	5 916.63	6 393.88
17	2020 年	77 620.17	69 426.33	72 417.76	71 767.43	8 193.84	5 202.41	5 852.74
18	2021 年	85 200.1	74 158.46	77 530.70	77 313.22	11 041.64	7 669.40	7 886.88
偏差	—	—	—	—	—	6 764.99	4 629.94	4 832.14

表 9-3　居民生活电力消费总量预测

序号	时间	居民生活电力消费总量/亿千瓦小时	$\alpha=0.3$	$\alpha=0.4$	$\alpha=0.5$	$\alpha=0.3$ 的偏差	$\alpha=0.4$ 的偏差	$\alpha=0.5$ 的偏差
0	—	—	2 384.49	2 384.49	2 384.49	—	—	—
1	2004 年	2 384.49	2 384.49	2 384.49	2 384.49	0.00	0.00	0.00
2	2005 年	2 884.81	2 534.59	2 584.62	2 634.65	350.22	300.19	250.16
3	2006 年	3 351.58	2 779.68	2 891.40	2 993.12	571.90	460.18	358.47
4	2007 年	4 062.71	3 164.59	3 359.93	3 527.91	898.12	702.78	534.80
5	2008 年	4 396.1	3 534.04	3 774.40	3 962.01	862.06	621.70	434.09
6	2009 年	4 872.16	3 935.48	4 213.50	4 417.08	936.68	658.66	455.08

表9-3（续）

序号	时间	居民生活电力消费总量/亿千瓦小时	α=0.3	α=0.4	α=0.5	α=0.3的偏差	α=0.4的偏差	α=0.5的偏差
7	2010 年	5 124.63	4 292.22	4 577.95	4 770.86	832.41	546.68	353.77
8	2011 年	5 620.06	4 690.58	4 994.80	5 195.46	929.48	625.26	424.60
9	2012 年	6 218.96	5 149.09	5 484.46	5 707.21	1 069.87	734.50	511.75
10	2013 年	6 989.16	5 701.11	6 086.34	6 348.18	1 288.05	902.82	640.98
11	2014 年	7 176.1	6 143.61	6 522.24	6 762.14	1 032.49	653.86	413.96
12	2015 年	7 565	6 570.03	6 939.35	7 163.57	994.97	625.65	401.43
13	2016 年	8 421	7 125.32	7 532.01	7 792.29	1 295.68	888.99	628.71
14	2017 年	9 072	7 709.32	8 148.00	8 432.14	1 362.68	924.00	639.86
15	2018 年	10 058	8 413.93	8 912.00	9 245.07	1 644.07	1 146.00	812.93
16	2019 年	10 637	9 080.85	9 602.00	9 941.04	1 556.15	1 035.00	695.96
17	2020 年	11 396.48	9 775.54	10 319.79	10 668.76	1 620.94	1 076.69	727.72
18	2021 年	12 278.9	10 526.55	11 103.44	11 473.83	1 752.35	1 175.46	805.07
偏差	—	—	—	—	—	1 055.45	726.58	504.96

表 9-2 和表 9-3 的详细预测步骤为：

第一，确定初始值。选择一个初始值作为平滑过程的起点。通常，这个初始值可以是时间序列的第一个观察值，或者是一个基于时间序列特性的估计值。本案例将第一个观察值作为起点。

第二，选择平滑常数 α。平滑常数 α 决定了历史数据对未来预测值的影响程度。α 值越接近 1，则最近的观察值对未来预测值的影响越大；α 值越接近 0，则历史数据的影响越平均。在本案例中，通过测试 α 为 0.3、0.4 和 0.5 时的预测误差，确定了电力消费总量预测的 α 为 0.4，居民生活电力消费总量的 α 为 0.5。

第三，计算一次指数平滑值。对于每一个观察期 t，使用以下公式计算一次指数平滑值（S_t）。

$$S_t = \alpha \times 观察值\, t + (1-\alpha) \times S_{t-1}$$

其中，S_{t-1} 是前一个观察期的一次指数平滑值。

第四，预测未来值。使用最近的一次指数平滑值作为未来预测值的估计。在本例中，使用 2021 年的一次指数平滑值来预测 2022 年的电力消费总量和居民生活电力消费总量。结果为：电力消费总量预测的 α 为 0.4 时，预测值为 77 530.70 亿千瓦小时；居民生活电力消费总量的 α 为 0.5 时，预测值为 11 473.83 亿千瓦小时。

（四）电力预测的未来

政策制定者和电力公司需要关注电力需求的这些变化，并通过技术创新和管理优化来提高电力供应的效率。例如，通过实施高效的电力调度系统、推广智能电网技术和优化电力市场结构，可以更好地满足经济发展的需求，同时促进能源消费的绿色转型。中国的电力结构正处于快速的转型阶段。国家层面推动的"碳达峰、碳中和"目标要求整个社会特别是高耗能行业在用电方式上实现根本性转变。从长远来看，随着电动汽车和可再生能源技术的成熟及其成本的降低，交通运输和居民用电的结构将会经历深刻变革，工业用电也将因技术进步向更高效率和更低碳排放方向发展。此外，电力市场的进一步开放和电力交易的便利化将为各用电主体提供更多的选择和灵活性，使他们能够更直接地参与到电力市场中，从而优化自身的电力资源配置，减少电力成本。在这一过程中，保障用电安全、提高能效和减少环境影响将是电力供应和消费不可忽视的重要方面。只有通过持续的技术革新、政策支持和社会各界的共同努力，中国的电力系统才能更加高效、绿色、智能地满足日益增长的电力需求。

问题：

1. 请论述本案例适用的预测方法及其原因。

2. 请用二次指数平滑法预测居民生活电力消费总量。

案例二：复苏之翼：旅游业高速发展下的客运量预测

（一）政策强力背书，旅游市场供需两旺

2024 年 5 月 21 日，国家发展改革委、住房城乡建设部、文化和旅游部、国家电影局、广电总局、国家文物局联合对外发布《推动文化和旅游领域设备更新实施方案》，提出力争到 2027 年，引导推动全国文化和旅游领域更新一批设施设备，保持相关投资规模持续稳定增长，全面提升服务质量，推动文化和旅游高质量发展。据联合国旅游组织统计，2023 年国际旅游业收入规模达到 1.4 万亿美元，相当于 2019 年旅游业收入的 93%。旅游业的出口总收入也恢复至 2019 年的约 95%。从经济贡献角度看，旅游业在全球 GDP 中的占比初步估计为 3%，也已几乎与 2019 年水平相当。展望 2024 年，国际旅游业有望在持续复苏的道路上超越 2019 年的规模，为全球经济注入更多活力。

（二）旅游业对交通出行行业的影响

在国内旅游市场高速增长的背景下，相关行业发展亮眼。携程于 2024 年 5 月 21 日发布了 2024 年第一季度财报。尽管缤客（Booking）和亿客行（Expedia）等国际 OTA 平台在 5 月 3 日发布的财报显示它们依然保持全球领先态势，但携程的表现也非常亮眼。2024 年第一季度，Booking 总收入为 44 亿美元，Expedia 为 29 亿美元，而携程为 16 亿美元，虽然从绝对值来看，Booking 和 Expedia 的收入分别是携程的近 3 倍和近 2 倍，但携程依托快速增长的中国市场，正在迅速追赶。根据文化和旅游部的数据，2024 年第一季度国内出游人次达 14.19 亿，同比增长 16.7%；国内游客出游总花费达 1.52 万亿元，同比增长 17.0%。在这一高速增长的市场环境下，携程一季度营收同比增速达到 29%，而 Booking 和 Expedia 的同比增长分别为 16.9% 和 8.4%[①]。携程规划在未来 3~5 年成为亚洲最领先的在线旅行平台以及全球最领先的在线交通票务平台，国

---

① 上海证券. 社会服务行业周报：政策强力背书，旅游市场供需两旺［EB/OL］.（2024-05-26）［2024-10-20］. https://www.djyanbao.com/report/detail? id=3916880&from=search_list&aiStatus=undefined.

际业务的拓展将极大地助力其追赶国际巨头，进一步提升其在全球市场的地位。携程的高速增长不仅体现了其在旅游市场的强劲表现，也凸显了旅游业对交通业的巨大影响。随着国内旅游人数和消费的增加，交通票务需求也相应增长（见图 9-1、图 9-2、图 9-3、图 9-4），这为携程在在线交通票务领域的发展提供了广阔的空间，进一步巩固了其在市场的竞争力。

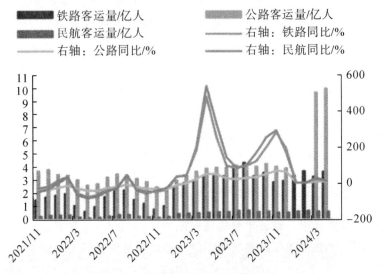

图 9-1　全国交通月度客运量及同比

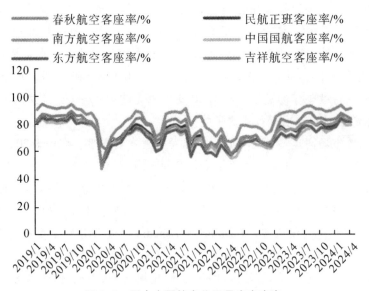

图 9-2　国内主要航空公司月度客座率

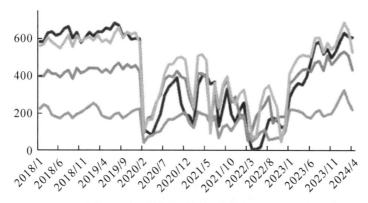

图9-3 国内主要机场月度旅客吞吐量

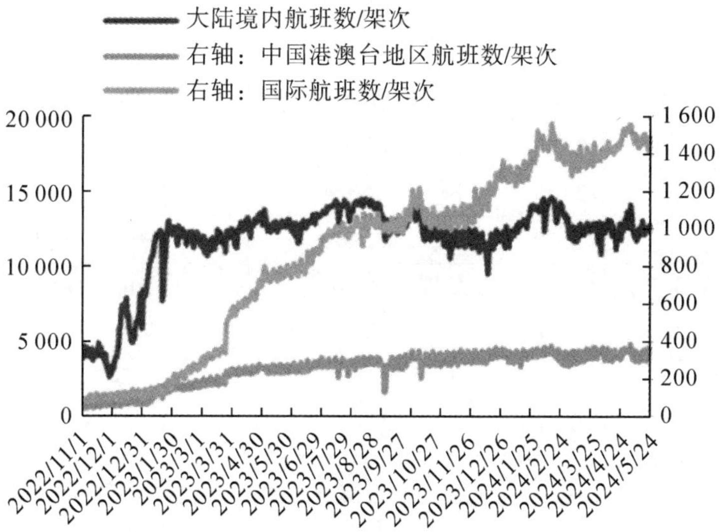

大陆境内航班数/架次
右轴：中国港澳台地区航班数/架次
右轴：国际航班数/架次

图9-4 中国执行航班数量

（三）预测未来4个月交通客运量

为了解不同交通方式的客流特点和需求变化，为旅游平台中交通规划和定价提供数据支持，本案例收集了从2021年7月到2024年5月的铁路客运量、公路客运量、民航客运量以及总的客运量（详见表9-4）。该数据能够反映中国客运业随时间的变化趋势，尤其能反映各种交通方式的客运量变动和季节性波动。

案例采用移动平均法来预测未来几个月的客运量。移动平均法是一种时间序列预测技术，通过计算一定时期内数据的平均值，来平滑历史数据中的随机波动，并预测未来的趋势。这种方法特别适合用于预测短期内的趋势变化，并可以适当调整平均期数以适应数据的特定特性。移动平均法不需要复杂的参数设定，易于计算和解释，非常适合快速地提供未来短期内的趋势预测，支持决策者在运力调配和服务优化上作出及时反应。通过使用这种方法分析客运量数据，可以更好地理解并应对客运需求的季节性变化和长期趋势，从而提高相关企事业单位决策的精准性。

表 9-4 近 36 个月交通客运量当期值　　　　　　　　单位：万人

时间	铁路客运量当期值	公路客运量当期值	民航客运量当期值	客运量
2021 年 7 月	30 847	45 695	4 912	81 454
2021 年 8 月	15 409	36 243	2 241	53 893
2021 年 9 月	22 711	40 505	3 612	66 828
2021 年 10 月	24 767	42 429	3 886	71 082
2021 年 11 月	14 396	36 521	2 153	53 070
2021 年 12 月	16 498	37 587	2 710	56 795
2022 年 1 月	17 874	33 801	2 951	54 626
2022 年 2 月	19 052	33 328	3 129	55 509
2022 年 3 月	10 145	29 759	1 537	41 441
2022 年 4 月	5 691	25 595	788	32 074
2022 年 5 月	9 225	26 686	1 207	37 118
2022 年 6 月	16 736	31 637	2 200	50 573
2022 年 7 月	22 615	34 184	3 400	60 199
2022 年 8 月	21 732	32 890	3 230	57 852
2022 年 9 月	14 752	30 700	2 010	47 462
2022 年 10 月	11 896	28 147	1 592	41 635
2022 年 11 月	7 374	24 146	1 257	32 777
2022 年 12 月	9 913	23 771	1 871	35 555
2023 年 1 月	23 609	29 187	3 977	56 773
2023 年 2 月	27 297	32 551	4 320	64 168
2023 年 3 月	28 038	36 127	4 569	68 734
2023 年 4 月	32 900	38 300	5 000	76 200
2023 年 5 月	32 560	39 141	5 170	76 871
2023 年 6 月	32 682	39 041	5 312	77 035
2023 年 7 月	40 919	40 798	6 243	87 960
2023 年 8 月	42 860	41 625	6 396	90 881
2023 年 9 月	32 499	39 980	5 349	77 828
2023 年 10 月	35 169	41 888	5 605	82 662
2023 年 11 月	27 974	39 967	4 899	72 840
2023 年 12 月	28 986	38 640	5 059	72 685

表9-4(续)

时间	铁路客运量 当期值	公路客运量 当期值	民航客运量 当期值	客运量
2024 年 1 月	—	—	—	—
2024 年 2 月	—	—	—	—
2024 年 3 月	32 120	96 397	5 743	134 260
2024 年 4 月	36 015	99 490	5 595	141 100
2024 年 5 月	36 100	101 100	5 900	143 100

注：数据来自国家统计局官方网站。

对于 2024 年 1 月和 2024 年 2 月的交通客运量缺失的数据，可以通过以下方法进行补缺：第一，观察数据趋势，查看前几个月的客运量数据，并分析其增长或下降趋势；第二，季节性变化，考虑春节等假期对客运量的影响，通常春节期间客运量会显著增加；第三，同比增长率：对比前两年的同月份的增长率，利用历史数据预测未来的客运量。基于以上方法，我们对 2024 年 1 月和 2 月的交通客运量进行如下补缺：

铁路客运量：2023 年 12 月为 28 986 万人，假设 2024 年 1 月客运量较 2023 年 12 月增长 5%，则铁路客运量为 28 986×1.05 ≈ 30 435 万人；公路客运量：2023 年 12 月为 38 640 万人，假设 2024 年 1 月客运量较 2023 年 12 月增长 5%，则公路客运量为 38 640×1.05≈40 572 万人；民航客运量：2023 年 12 月为 5 059 万人，假设 2024 年 1 月客运量较 2023 年 12 月增长 5%，则民航客运量为 5 059×1.05≈5 312 万人。2024 年 1 月总客运量数据 30 435 + 40 572 + 5 312 = 76 319 万人。

同理，根据 2023 年 2 月铁路客运量、公路客运量、民航客运量的数据，假设 2024 年 2 月较 2023 年 2 月增长均为 10%，2024 年 2 月铁路客运量补缺为 27 297×1.10 ≈ 30 027 万人；公路客运量补缺为 32 551×1.10≈35 806 万人；民航客运量补缺为 4 320× 1.10≈4 752 万人；总客运量 30 027 + 35 806 + 4 752≈70 585 万人。

表 9-5　补全后的数据　　　　　　　　　　　　单位：万人

时间	铁路客运量 当期值	公路客运量 当期值	民航客运量 当期值	客运量
2024 年 1 月	30 435	40 572	5 312	76 319
2024 年 2 月	30 027	35 806	4 752	70 585

接下来，运用二次移动平均法预测 2024 年 6 月、7 月、8 月、9 月的民航客运量当期值（$n=3$）。民航客运量当期的二次移动平均法预测结果见表9-6。

步骤 1：第一次移动平均（$Mt^{(1)}$）使用 3 个月的移动窗口计算第一次移动平均。

步骤 2：第二次移动平均（$Mt^{(2)}$）使用第一次移动平均的结果再次计算 3 个月的移动平均值。

表 9-6　民航客运量当期的二次移动平均法预测结果　　　单位：万人

时间	民航客运量当期值	$n=3$ $Mt^{(1)}$	$n=3$ $Mt^{(2)}$	at	bt	F_{t+1}	Y_t-F_t
2021 年 7 月	4 912						
2021 年 8 月	2 241						
2021 年 9 月	3 612	3 588					
2021 年 10 月	3 886	3 246					
2021 年 11 月	2 153	3 217	3 351	3 083	134		
2021 年 12 月	2 710	2 916	3 127	2 706	210	3 217	507
2022 年 1 月	2 951	2 605	2 913	2 297	308	2 916	35
2022 年 2 月	3 129	2 930	2 817	3 043	113	2 605	524
2022 年 3 月	1 537	2 539	2 691	2 387	152	3 156	1 619
2022 年 4 月	788	1 818	2 429	1 207	611	2 539	1 751
2022 年 5 月	1 207	1 177	1 845	510	667	1 818	611
2022 年 6 月	2 200	1 398	1 465	1 332	66	1 177	1 023
2022 年 7 月	3 400	2 269	1 615	2 923	654	1 398	2 002
2022 年 8 月	3 230	2 943	2 204	3 683	740	3 577	347
2022 年 9 月	2 010	2 880	2 697	3 063	183	4 423	2 413
2022 年 10 月	1 592	2 277	2 700	1 854	423	3 245	1 653
2022 年 11 月	1 257	1 620	2 259	980	639	2 277	1 020
2022 年 12 月	1 871	1 573	1 823	1 323	250	1 620	251
2023 年 1 月	3 977	2 368	1 854	2 883	515	1 573	2 404
2023 年 2 月	4 320	3 389	2 444	4 335	946	3 397	923
2023 年 3 月	4 569	4 289	3 349	5 229	940	5 281	712
2023 年 4 月	5 000	4 630	4 103	5 157	527	6 168	1 168
2023 年 5 月	5 170	4 913	4 610	5 216	303	5 684	514
2023 年 6 月	5 312	5 161	4 901	5 420	260	5 518	206
2023 年 7 月	6 243	5 575	5 216	5 934	359	5 680	563
2023 年 8 月	6 396	5 984	5 573	6 394	411	6 293	103
2023 年 9 月	5 349	5 996	5 852	6 140	144	6 805	1 456
2023 年 10 月	5 605	5 783	5 921	5 646	138	6 285	680
2023 年 11 月	4 899	5 284	5 688	4 881	404	5 783	884
2023 年 12 月	5 059	5 188	5 418	4 957	231	5 284	225
2024 年 1 月	5 312	5 090	5 187	4 993	97	5 188	124
2024 年 2 月	4 752	5 041	5 106	4 976	65	5 090	338

表9-6（续）

时间	民航客运量当期值	$n=3$ $Mt^{(1)}$	$n=3$ $Mt^{(2)}$	at	bt	F_{t+1}	$Y_t - F_t$
2024 年 3 月	5 743	5 269	5 133	5 405	136	5 041	702
2024 年 4 月	5 595	5 363	5 224	5 502	139	5 540	55
2024 年 5 月	5 900	5 746	5 459	6 033	287	5 641	259
2024 年 6 月						6 319	
2024 年 7 月						6 606	
2024 年 8 月						6 892	
2024 年 9 月						7 179	836

步骤 3：计算 at 和 bt：

$at = 2 \times Mt^{(1)} - Mt^{(2)}$

$bt = 2/（n-1）\times（Mt^{(1)} - Mt^{(2)}）$

其中：

at 代表平滑后的移动平均值，计算结果为 6 033。

bt 代表平滑后的移动平均值的趋势，计算结果为 287。

步骤 4：构建预测模型 $F_{t+1} = at + bt = 6\,033 + 287$。

步骤 5：预测 2024 年 6 月、7 月、8 月、9 月的民航客运量当期值为 6 319 万人、6 606 万人、6 892 万人、7 179 万人。

（四）2024 年展望

随着互免签证、便利通关和供应链恢复等国际旅游利好因素的推进，中外游客的出游热情被进一步唤醒。2024 年春节期间的国际旅行数据率先展示了出入境游市场的开门红。携程集团深刻洞察全球旅行人群行为特点的细微变化，发现出游人次、订单量及出游消费均在持续增长，全球游客更乐于投身旅行。中国旅游研究院预测，2024 年中国出境游人数将达 1.3 亿，外国人入境游市场有望恢复至 2019 年水平的五成。中国出入境游市场正全力向前奔跑，中国的旅游业相关者将共同见证并参与这未来可期的发展。

问题：案例中的预测结果对于携程等旅游产品供应企业决策有何影响？

案例三：无人驾驶，未来已来

（一）Robotaxi 的商业化进度

2024 年 6 月，百度旗下的自动驾驶出行服务"萝卜快跑"在武汉的运营吸引了广泛关注，标志着 Robotaxi（无人驾驶出租车）技术在高级智能驾驶领域的重要进展。技术的逐步成熟不仅提振了市场对高阶智能驾驶实际应用的信心，也显示了高阶智能驾驶向商业化落地迈进的潜力。在全球范围内，不同的企业正在加速无人驾驶技术的商业应用。例如，海外的 Waymo 依赖自研关键传感器，持续推动多传感器融合的自动驾驶技术，已在美国加州实现大规模商业运营。在中国，百度 Apollo 正引领 Robotaxi 的商业化落地，已在武汉、上海等多个城市实现大规模商业化运营，向公众展示了无人驾驶的实际运营模式。其他企业如小马智行、文远知行也在加速发展，而整车厂商如小鹏、长安等也在积极布局。

早在 2023 年年初，五部门联合发布《关于开展智能网联汽车"车路云一体化"应用试点工作的通知》，为迎合国家"车路云一体化"城市发展目标，除百度之外的其他汽车厂商也在努力布局无人驾驶市场，国内主要的出行平台滴滴、曹操、T3 等公司分别制定了无人驾驶目标。2023 年 4 月初，广汽埃安与滴滴自动驾驶联手成立的广州安滴科技公司获批工商执照，宣布 2025 年首款 L4 无人驾驶出租车将实现量产；特斯拉宣布在 2023 年 8 月 8 日发布无人驾驶出租车；T3 出行定下目标，到 2026 年年底 L4 自动驾驶车辆商业运营将达到 1 000 辆[①]。本次"萝卜快跑"的爆发是无人驾驶商业化成功案例的体现，直接为国内其他厂商在自动驾驶市场的发展奠定了信心。

（二）Robotaxi 的核心优势

Robotaxi 具有的优势相比传统出租车显而易见，尤其在成本效益和安全性方面。首先，Robotaxi 能显著降低人工成本，传统的出租车公司需支付司机的工资和福利，这通常是运营成本中的大头。随着无人驾驶技术的不断成熟和应用，这部分成本将大幅降低。百度 Apollo 已经通过其自动驾驶服务在行业中展示了显著的成本优势，使公司能够将更多资源用于提升服务质量和扩展业务规模。

其次，从安全性角度来看，Robotaxi 还能显著提高交通安全。长时间驾驶的传统出租车司机容易产生疲劳和注意力分散，增加事故风险。相比之下，Robotaxi 依靠高级传感器和算法，能够实时监控周围环境并作出快速、准确的决策。例如，百度 Apollo 的自动驾驶车辆已经安全行驶超过 1 亿公里，而且没有发生过重大的伤亡事故。这一安全记录显著优于人类驾驶的统计数据。

最后，百度 Apollo 对每辆无人驾驶出租车和乘客提供了 500 万的保险，但过去两年中，这些车辆的实际出险率仅为人类司机操控车辆的 1/14，进一步体现了无人驾驶技术在安全性方面的巨大潜力。这种降低风险的能力不仅能提升客户信任，还可能降低保险成本，从而进一步优化运营成本结构。总的来说，Robotaxi 的这些优势预示着它在未来出行市场中扮演着重要角色，尤其是在成本效率和安全性方面具有显著的竞争优势。

无人驾驶技术的发展与产业落地离不开政策加持。中国和其他国家推出了一系列支持自动驾驶技术发展的产业政策，逐步完善了交通法规和监管政策，为 Robotaxi 等应用场景创造了成熟的政策环境。具体到地方政策，如北京、上海和广州等城市已实施了积极的政策措施，支持自动驾驶技术的测试和应用，推动规模化量产和商业化运营。例如，上海在 2023 年对无人驾驶车辆的测试和示范进行了大规模扩展，显著增加了开放测试区域和测试里程。此外，中国采用的车路协同的"车路云一体化"技术方

---

① 招商证券研究报告. 关注国内外无人驾驶商业化落地进程 [EB/OL]. (2024-07-187) [2024-09-10]. https://www.djyanbao.com/report/detail? id=3956994&from=search_list&aiStatus=undefined.

案，通过整合车辆、道路和云端数据，构建了一个全方位、立体化的智能交通生态系统。这种深度的技术融合使得车辆在复杂多变的环境中能够作出更精确的决策并高效协同运作，显著提高了行车的安全性和效率。无人驾驶得益于技术进步、政策支持和市场需求，Robotaxi 的商业化落地正逐步成为现实，预计将在未来为公众提供更加安全、便捷和高效的出行服务。

（三）百度引领国内 Robotaxi 商业化落地

"萝卜快跑"作为百度 Apollo 旗下的自动驾驶出行服务平台，其在自动驾驶行业内的表现可谓引人注目。从 2024 年第一季度的数据来看，"萝卜快跑"供应的订单已经达到约 82.6 万单，同比增长 25%，显示出其服务需求的持续增长。目前，该平台已在北京、上海、广州等超过十个城市中常态化运营，累计完成超过 600 万单服务订单，这显著反映了中国市场对自动驾驶出行服务的高接受度和需求①。2024 年 5 月 15 日，百度在 Apollo Day 上发布的全球首个支持 L4 级别无人驾驶的大模型 Apollo ADFM，及其搭载百度第六代智能化系统解决方案的"萝卜快跑"第六代无人车，不仅技术上有了显著的突破，而且整车成本相比前一代下降了 60%②。这样的成本优化是向盈利转变的关键步骤，使得"萝卜快跑"有望在 2024 年年底在武汉实现收支平衡，并在 2025 年进入全面盈利期③。随着"萝卜快跑"无人车自动运营网络的完成，其营运成本预计将降低 30%。此外，通过自动驾驶技术和人车舱效率的持续优化，服务成本有望降低高达 80%④。这不仅将提升"萝卜快跑"的市场竞争力，也预示着自动驾驶技术在商业化道路上迈出了重要的一步。

分析武汉单个城市的"萝卜快跑"服务，其扩展和运营情况显示出其显著的成长潜力和市场适应性。截至 2024 年 4 月，"萝卜快跑"已在武汉投放了超过 400 辆 Robotaxi，计划在年底前增至 1 000 辆，"萝卜快跑"在武汉的服务面积已经扩展至 3 000 平方公里，覆盖了约 770 万的人口⑤，这种广泛的覆盖范围为 Robotaxi 的推广提供了一个坚实的基础。从订单数据来看，全国累计提供的乘车服务已达到 600 万次，而武汉的全无人驾驶订单比例已超 55%，4 月份更是上升至 70%⑥。这一数据的逐步增长反映出市场接受度的提高和用户信任的建立。"萝卜快跑"2021—2024 年各季度订单量见表 9-7。

① 新浪财经头条. 本周上市公司涨跌榜 TOP20：拔出"萝卜"带出智驾板块，左江退跌麻了 [EB/OL]. (2024-07-12) [2024-09-10]. https://finance.sina.com.cn/stock/relnews/cn/2024-07-12/doc-inccwkrt7785995. shtml? cref=cj.

② 新浪财经头条. 百度发布全球首个 L4 级自动驾驶大模型 Apollo ADFM [EB/OL]. (2024-05-15) [2024-09-10]. https://t.cj.sina.com.cn/articles/view/1826017320/6cd6d02802001au0s.

③ 36 氪资讯. 百度：萝卜快跑目标 2024 年底在武汉实现收支平衡 [EB/OL]. (2024-05-15) [2024-09-10]. https://36kr.com/newsflashes/2776601951716231? f=rss.

④ 新浪财经研究报告. 信息技术行业动态点评：萝卜快跑订单量爆发 自动驾驶商业模式有望盈利 [EB/OL]. (2024-07-10) [2024-09-10]. https://stock.finance.sina.com.cn/stock/go.php/vReport_Show/kind/search/rptid/773950832800/index.phtml.

⑤ 东方财富网. 李彦宏：萝卜快跑覆盖武汉 770 万人口 拥有全球范围最大规模自动驾驶运营区域 [EB/OL]. (2024-04-16) [2024-09-10]. https://finance.eastmoney.com/news/1354,202404163046395073.html.

⑥ 凤凰网资讯. 揭秘萝卜快跑：百度布局十年，无人车终于火起来了！[EB/OL]. (2024-07-12) [2024-09-10]. https://tech.ifeng.com/c/8b87PEPCb3Q.

表 9-7 "萝卜快跑" 2021—2024 年各季度订单量

年份	季度	订单量/万
2021	第四季度	21.3
2022	第一季度	19.6
2022	第二季度	28.7
2022	第三季度	47.4
2022	第四季度	56.1
2023	第一季度	66.0
2023	第二季度	71.4
2023	第三季度	82.1
2023	第四季度	83.9
2024	第一季度	82.6

若使用几何算术平均法计算几何平均增长率，并预测未来三个季度的订单量，需要在计算每个季度相对于前一个季度的增长因子的基础上，计算几何平均数来预测未来的增长率。具体步骤如下：

第一步：计算增长因子。每个季度的订单量与前一个季度相比的增长因子计算公式为：增长因子=当前季度订单量/前一季度订单量；

第二步：求几何平均增长率。几何平均增长率是多个增长因子的几何平均值，用于估计一个典型的季度增长率。几何平均增长率 = （$0.920×1.464×1.652×1.183×1.176×1.082×1.150×1.022×0.985$）$^{1/9}$ = 1.16；

第三步，预测未来订单量。基于最新的订单量和预测的增长率来计算未来三个季度的订单量。预测订单量$_{t+k}$=最新订单量t×几何平均增长率k。其中，t 为最新订单量的时间点，k 为预测的季度数。

经计算，2024 年第二季度的预测订单量约为 96 万单；2024 年第三季度的预测订单量约为 111.6 万单；2024 年第四季度的预测订单量约为 129.8 万单。这些预测显示了一个持续增长的趋势，这种增长趋势表明无人驾驶出租车订单量的潜在增长动力。

以上步骤可以用编程或计算器来计算确切的值，运算结果见表 9-8。

表 9-8 "萝卜快跑" 2021—2024 年未来三季度订单量预测值

年份	季度	订单量/万	增长因子	几何平均增长率/%
2021	第四季度	21.3		
2022	第一季度	19.6	0.92	
2022	第二季度	28.7	1.46	
2022	第三季度	47.4	1.65	
2022	第四季度	56.1	1.18	

表9-8(续)

年份	季度	订单量/万	增长因子	几何平均增长率/%
2023	第一季度	66	1.18	
2023	第二季度	71.4	1.08	
2023	第三季度	82.1	1.15	
2023	第四季度	83.9	1.02	
2024	第一季度	82.6	0.98	
				1.16
2024	第二季度预测值	96.0		
2024	第三季度预测值	111.6		
2024	第四季度预测值	129.8		

（四）Robotaxi 发展展望[①]

2024 年 7 月 10 日，百度旗下"萝卜快跑"已经于 11 个城市开放载人测试运营服务，并且在北京、武汉、重庆、深圳、上海开展全无人自动驾驶出行服务测试。当日，百度"萝卜快跑"在武汉市的全无人订单量迎来了爆发式增长，因而受到各界的广泛关注，单日单车峰值超过 20 单，与出租车司机的平均日单量相当。民众在尝试无人驾驶项目后对于"萝卜快跑"好评不断。目前在武汉搭乘"萝卜快跑"，10 千米的路程车费为 4 元~16 元，远低于普通网约车的 18 元~30 元的最低区间。随着国产品牌百度集团的无人驾驶商业化试运营的落地，国产无人驾驶的订单潮将会开启。

然而，从行驶表现和盈利测算来看，无人驾驶出租车距离商业化拐点仍有距离。"萝卜快跑"在算法上仍采用基于高精地图的模块化方案，随着规则积累以及远程安全员监控兜底，Robotaxi 可以做到安全运行水平，但行驶表现不够灵活拟人，距能够完全替代人类司机的理想仍有较大差距。报告认为，Robotaxi 对现有网约车市场影响有限，但有利于提高民众对智驾的认知和接受度。一方面，由于"萝卜快跑"当前车辆投放量与存量出租车、网约车数量差距较大，同时考虑到当前 Robotaxi 在接单数量和每单里程的表现，报告认为现阶段，消费者仍以体验为主，很难对网约车、出租车造成实质影响。另外，此次无人驾驶出租车出圈更多源自当地政府的持续支持，运营车辆的辐射范围快速覆盖到城市核心区域，扩大了其曝光度和民众参与度。尽管"萝卜快跑"在武汉的大规模全无人运营并非真正的商业化拐点，但这对消费者有极大的教育意义，有利于提高消费者对智能驾驶的认知和接受度，提高乘用车消费中对智驾的考量比重，推动高阶智能驾驶的加速渗透。

---

① 中国汽车行业. 百度萝卜快跑体验报告：Robotaxi 发展现状与展望［EB/OL］.（2024-07-15）［2024-10-20］. https://www.djyanbao.com/report/detail？id=3952684&from=search_list&aiStatus=undefined.

问题：

1. 请使用加权移动平均法预测"萝卜快跑"未来3个季度的订单量。

2. 针对"无人驾驶出租车距离商业化拐点仍有距离"，为使消费者进一步提升选择"萝卜快跑"出行的意愿，百度应该怎么做？

四、延伸阅读

时间序列分析法中的视频预测

录像机是人类历史上一项伟大的发明，它为记录动态的影像提供了可能。录像机的基本工作原理是连续快速拍摄大量的照片，然后再连接在一起。录像机每秒拍摄多少张照片就是所谓的帧率，其单位为 fps（frames per second）。一般而言，当帧率达到 15 fps 时，人眼所看到的就是基本连贯的画面了。帧率越高则视频越流畅。目前电影的标准帧率大概是 24 fps，电视的帧率一般是 25 fps，而监控摄像头的帧率一般在 20~25 fps。所以视频的本质就是关于图像的时间序列。图 9-5 展示了从一个视频中逐帧截取的图像。该视频来自某矿山的地下交通行道的监控摄像头。监控的核心目的是保障工作人员在坐猴车进出矿山通道时符合必要的安全规范。例如，正确佩戴安全帽、不能携带过大物品、不能违规步行等。该视频每秒 25 帧图片，每一帧图片都是关于同一个行道的重复观测。因此视频也是一个典型的时间序列数据。更具体而言，它是关于一个特定个体（矿山行道）的数据，而且是沿着时间轴长期多次高频率的重复观测。对于该数据而言，不同帧图像的观测之间显然是有相关性的，因为下一帧图像是由上一帧变换而得到的。从数据分析的角度看，人们很关心这个数据的时间序列相关性。如果能把握该相关性，就有可能对视频下一帧要出现的画面进行预测，通过对比分析预测结果与实际观测之间的差异来判断视频中是否出现异常物体，为矿山安全生产提供自动化帮助。

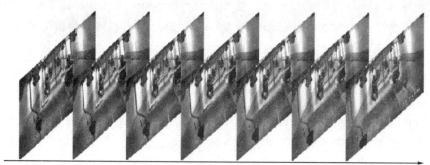

第一帧　第二帧　第三帧　第四帧　第五帧　第六帧　第七帧　时间

图 9-5　视频逐帧截取的图像

五、实践实训

（一）任务目标

通过实训，帮助学生理解时间序列数据的基本特征，通过对实际消费数据的操作，掌握数据清洗、处理和分析的技能，能够运用时间序列分析方法预测未来的消费趋势，提出相应的解决策略。

（二）任务描述

学生选择一个组织（如超市）的一类商品（如无糖豆浆），获取过去几年的月度销售数据来预测未来几个月的销售趋势，这些数据包括但不限于各类商品的销售额、销售数量和顾客流量等。学生需要运用时间序列分析方法，如移动平均、指数平滑和季节性调整等，来预测未来销售额的变化。

（三）实训步骤

第一步，数据收集。确定具体的组织（如超市）和一类商品（如无糖豆浆），从组织的销售系统或者数据仓库中获取过去几年的月度销售数据，包括销售额、销售数量、顾客流量等。

第二步，数据预处理。数据清理：检查数据的完整性，去除或填补缺失值，识别并处理异常值，确保所有数据都在一个统一的格式中，方便进行分析。

第三步，时间序列分析。使用图形和基本统计方法分析销售数据的趋势，根据数据特性选择合适的时间序列分析模型，如移动平均、指数平滑或季节性调整，根据选择的方法，建立时间序列模型。

第四步，结果预测与评估。使用建立的模型预测未来几个月的销售趋势，通过比较模型的预测结果与实际销售数据或通过交叉验证的方式评估预测的准确性。

（四）考核记录表

请将任务完成情况的评价填入以下考核记录表。

组别：　　　　　　　　　　　　　姓名：

序号	考核点	分值	得分
小组评价	研究对象的选择	10	
	数据处理的规范性	10	
	模型选择与建立的合理性	10	
	预测结果与实际情况的吻合度	10	
	建议的可行性和实用性	10	

序号	考核点	分值	得分
个人评价	考勤	10	
	个人有效贡献	10	
教师评价	调研设计、过程和结论解读的专业水平	15	
	变量设计的创新水平	15	

六、参考答案

（一）单项选择题

1. 答案：B。趋势成分描述了时间序列在长期内的上升或下降趋势。

2. 答案：C。指数平滑法特别适合于短期预测，因为它通过对最近观测给予更高的权重来快速适应数据的最近变化。

3. 答案：B。季节性分解的目的是将时间序列分解成趋势、季节性和不规则组成部分，这有助于更好地理解数据的行为和模式。

4. 答案：C。季节性 ARIMA 模型特别适合处理具有明显季节性特征的数据，如节日销售，因为它可以同时模拟季节性和非季节性的差分。

5. 答案：A。季节性差分适合处理周期性显著的时间序列数据，可以通过计算相同周期间的差异来去除季节性影响。

6. 答案：A。自相关函数（ACF）适合用于评估时间序列数据中各时间点之间的相关性，尤其适合于短期内由特定事件影响的数据变化，如新闻发布对网站访问量的影响。

7. 答案：B。趋势分解法可以有效地从数据中提取和分析长期趋势，这对于理解和预测作物产量的年度变化非常有用。

8. 答案：B。情人节期间产品销量的激增反映了与该特定节日相关的季节性变化。这些销量增长主要是节日导致的消费习惯变动，而非其他长期或循环趋势。

9. 答案：A。纸质书与电子书销量的变化表明了一个市场趋势的转变，这是由消费者行为（特别是年轻一代）的持续改变驱动的。这种变化反映了长期内对纸质书的偏好逐渐增强，而不是某个季节或循环波动导致的。

10. 答案：D。芒果超媒的股票交易量因王心凌粉丝的突发购买行为而显著变化，这种变动是非常规的，由偶发事件引起，不符合季节性、循环性或长期趋势。这种短暂的股市波动是由特定社会文化事件驱动的，通常难以预测。

（二）多项选择题

1. 答案：AE。增加周期长度可以平滑更多的随机波动，而使用加权移动平均可以给近期数据更高的权重，进一步减少波动的影响。

2. 答案：AE。加权移动平均通常会给最近的数据更高的权重，提高预测的敏感性。根据季节性调整权重可以更好地适应季节变动的影响。

3. 答案：CD。在金融分析中，几何平均数被广泛用于计算投资组合的平均回报率，特别是在涉及复合增长率的场景中。它简化了多个时期复合增长效应的计算，提供更真实的长期投资表现。

4. 答案：ACD。α 越大，模型对最近的数据反应更为敏感，对随机波动也更敏感，因此预测可能更加波动；相反，α 越小，模型对历史数据的权重更大，预测结果会更加平滑。

5. 答案：ABE。移动平均法因其简单、易于计算且响应速度快，特别适用于短期预测。它的计算成本低，使得它在实际应用中非常方便。

6. 答案：AE。几何平均数不能处理数据集中的零值或负数，因为它涉及数值的乘积和对数操作。此外，它的适用范围相对于算术平均数更窄，特别是在需要考虑数据分布或比率的场景中。

7. 答案：ABD。简单移动平均法在处理具有明显趋势、季节性或者剧烈波动的数据时效果不佳，因为它无法适应这种变化。

8. 答案：AB。双重指数平滑和三重指数平滑（Holt-Winters）方法增加了处理趋势和季节性变化的能力，使模型能更准确地预测具有这些特征的时间序列数据。

9. 答案：ABDE。选择适当的指数平滑模型时，应考虑数据的周期性、趋势类型、预测的时间范围及噪音水平。这些因素影响模型的复杂性和适应性。

10. 答案：ABE。移动平均法的主要缺点包括反应速度慢，无法处理季节性变化，并且预测结果往往会落后于实际数据的变化。虽然它在计算上相对简单，但这也限制了它处理复杂数据模式的能力。

（三）案例分析题

案例一

1. 电力消费数据具有时间依赖性，数据列表显示了其从 2004 年到 2021 年的逐年变化，因此使用时间序列分析法是合适的。针对此数据集，可以考虑以下几种时间序列分析方法：第一，移动平均。这种方法适用于平滑数据，削弱短期波动，从而更清楚地看到长期趋势，通过计算最近几年数据的平均值，可以预测接下来的趋势。该方法适用于电力消费数据，可以帮助我们了解在不同时间段内消费模式的总体趋势。第二，指数平滑。这种方法是一种加权移动平均法，近期的数据较早期的数据具有更高的权重。这种方法对于处理电力消费数据非常合适，因为它能够更好地适应数据中的季节性变化和趋势变化，尤其是在快速变化的经济环境中，移动平均和指数平滑都是适用于电力消费数据的时间序列分析方法。移动平均法简单直观，但可能受到时间窗口选择的限制；而指数平滑法则更加灵活，能够自动适应数据的变化，并给出更准确的预测结果。

2. 案例已经得出了 $\alpha = 0.5$ 时的一次指数平滑值，因此需要继续计算二次指数平滑值，以及通过这两个值计算出 at 和 bt，最后使用这两个参数构建二次指数平滑预测模型，并得出 2022 年的预测值。居民生活电力消费总量二次指数平滑预测如表 9-9。

表 9-9　居民生活电力消费总量二次指数平滑预测　　单位：亿千瓦小时

序号	时间	居民生活电力消费总量	$\alpha=0.5$ 的一次指数平滑值	$\alpha=0.5$ 的二次指数平滑值	a_t	b_t
0			2 384.49	2 384.49		
1	2004 年	2 384.49	2 384.49	2 384.49	2 384.49	0.00
2	2005 年	2 884.81	2 634.65	2 509.57	2 759.73	125.08
3	2006 年	3 351.58	2 993.12	2 751.34	3 234.89	241.77
4	2007 年	4 062.71	3 527.91	3 139.63	3 916.20	388.29
5	2008 年	4 396.1	3 962.01	3 550.82	4 373.20	411.19
6	2009 年	4 872.16	4 417.08	3 983.95	4 850.22	433.13
7	2010 年	5 124.63	4 770.86	4 377.40	5 164.31	393.45
8	2011 年	5 620.06	5 195.46	4 786.43	5 604.49	409.03
9	2012 年	6 218.96	5 707.21	5 246.82	6 167.60	460.39
10	2013 年	6 989.16	6 348.18	5 797.50	6 898.87	550.68
11	2014 年	7 176.1	6 762.14	6 279.82	7 244.46	482.32
12	2015 年	7 565	7 163.57	6 721.70	7 605.45	441.87
13	2016 年	8 421	7 792.29	7 256.99	8 327.58	535.29
14	2017 年	9 072	8 432.14	7 844.57	9 019.72	587.58
15	2018 年	10 058	9 245.07	8 544.82	9 945.32	700.25
16	2019 年	10 637	9 941.04	9 242.93	10 639.14	698.11
17	2020 年	11 396.48	10 668.76	9 955.84	11 381.67	712.92
18	2021 年	12 278.9	11 473.83	10 714.84	12 232.82	758.99

具体步骤如下：

（1）计算二次指数平滑值 $St^{(2)}$。二次指数平滑值是通过对一次指数平滑值应用相同的指数平滑公式得到的。其计算公式为

$$St^{(2)} = \alpha \times St + (1 - \alpha) + S_{t-1}^{(2)}$$

其中，St 是时间 t 的一次指数平滑值，$S_{t-1}^{(2)}$ 是时间（$t-1$）的二次指数平滑值。

（2）估计趋势模型的参数 a_t 和 b_t。使用两个平滑值来估计线性趋势模型的参数 a_t（截距）和 b_t（斜率），使用最后两个一次和二次指数平滑值来估计线性趋势模型的参数 a_t（截距）和 b_t（斜率）。计算公式为

$$a_t = 2St - St^{(2)}$$

$$b_t = \alpha / (1 - \alpha) \times (St - St^{(2)})$$

其中，St 是最后一次的一次指数平滑值，$St^{(2)}$ 是最后一次的二次指数平滑值。

（3）预测 2022 年的值。使用估计出的参数 a_t（截距）和 b_t（斜率），$a_t = 12\ 232.82$ 和 $b_t = 758.99$，可以直接应用上述的预测公式来预测 2022 年的居民生活电

力消费总量。构建二次指数平滑函数为

$$Y = 12\ 232.82 + 758.99 \times T$$

2022 年的居民生活电力消费总量为 $Y = 12\ 232.82 + 758.99 \times 1 = 12\ 991.82$ 亿千瓦小时。

案例二

案例分析的结果对携程等旅行服务提供商的决策有着重要作用，具体表现在以下几个方面。

第一，市场需求预测。在非传统旅游季节，携程等企业常常面临需求预测不准确的问题，导致库存过多或不足，从而影响收益。案例数据能够更准确地预测季节性波动及非常规旅游季节的需求变化。通过这种精细化的数据应用，携程能够更有效地管理库存，优化航班与酒店的预订量，从而最大限度地减少因预测误差造成的损失。

第二，定价策略优化。携程在竞争激烈的市场中，若仅依靠固定的定价策略，可能会导致市场份额的流失。企业可利用精确的客流量预测数据，实施动态定价模型。通过在预期客流量增长前提高价格，以及在需求低迷期间提供优惠吸引客户，携程不仅能优化收益，还能保持市场竞争力。这种策略使携程能够灵活调整价格，更好地适应市场需求变化。

第三，营销活动规划。营销活动的有效性很大程度上取决于其是否能够基于准确的数据驱动。通过利用详尽的需求预测，携程可以在高需求周期前有计划地启动营销和促销活动，更有效地吸引目标顾客群，提高营销投资的回报率。这种数据驱动的策略确保了每一项营销活动都能达到最大的效果。

第四，资源分配。高峰期与非高峰期间的资源配置不均衡是旅游服务行业的常见问题，在资源有限的情况下更加突出。数据为相关企业合理分配旅游资源，如在预测的旅游高峰期增加客服人员，提前与酒店和航空公司协商优惠条款，确保高需求时期顾客满意度不受影响。这种基于预测的资源分配策略能够最大化资源的使用效率，提升顾客体验。

第五，风险管理。旅游行业的发展受宏观环境影响明显，预测数据针对如自然灾害、政治动荡或疫情等突发事件的快速和有效响应是保证企业稳定运营的关键，通过持续监控和分析需求预测数据，携程等企业能够及时识别需求下降趋势或潜在的市场动荡，迅速调整营销策略和资源投入。例如，减少对受影响区域的资源配置，而加强对需求上升区域的支持，从而有效地管理风险，减少潜在的经济损失。

案例三

1. 如果使用加权移动平均法（weighted moving average，WMA）预测未来三个季度的订单量，首先需要确定移动平均的窗口大小（即使用多少个最近的数据点）以及每个数据点的权重，通常给更近的数据点赋予更高的权重，因为更近的数据更能反映最近的趋势。结合案例数据，分析步骤如下：

第一步，选择权重和窗口大小。选择使用最近三个季度的数据来计算 WMA，并且分配权重如下：最近一个季度（2024 年第一季度）权重为 3；前一个季度（2023 年第四季度）权重为 2；再前一个季度（2023 年第三季度）权重为 1。

第二步，计算 2024 年第二季度的预测值：

$WMA = (82.6 \times 3) + (83.9 \times 2) + (82.1 \times 1)/(3+2+1) \approx 82.95$；

$WMA = (82.95 \times 3) + (82.6 \times 2) + (83.9 \times 1)/(3+2+1) \approx 83.0$；

$WMA = (83.0 \times 3) + (82.95 \times 2) + (82.6 \times 1)/(3+2+1) \approx 82.92$。

因此，根据加权移动平均法，预测 2024 年第二季度至第四季度的订单量分别约为 82.95 万、83.0 万和 82.92 万。这种预测方法假设"萝卜快跑"最近的趋势将在短期内持续，但它不考虑可能的市场变化或季节性因素。

2. 为了进一步提升消费者选择"萝卜快跑"出行的意愿，百度可以从提高服务可靠性和安全性、优化用户体验、制定合理的价格策略和优惠活动、加强数据透明和隐私保护这四个方面进行优化。

（1）提高服务可靠性和安全性。百度应当持续改进无人驾驶技术，确保行驶过程中的稳定性和安全性，增加冗余系统，以应对突发情况。此外，百度可以通过各种媒体渠道宣传无人驾驶出租车的安全性能，展示其在应对复杂交通环境中的表现，增强消费者对这一新兴出行方式的信任感。

（2）优化用户体验。为了让乘客有更好的乘车体验，百度可以在车内设施上下功夫，例如改进座椅、空调和娱乐系统等，以提升舒适度。同时，建立高效的用户反馈机制，及时回应并改进用户提出的问题，不断提升客户满意度。这种以用户为中心的服务理念，将有助于增加用户的忠诚度和使用频率。

（3）制定合理的价格策略和优惠活动。百度可以通过定期推出优惠券、打折活动或新用户专享优惠，吸引更多用户尝试无人驾驶出租车服务。此外，设定合理的价格策略，与传统出租车和网约车相比，形成自己的竞争优势，这样既能吸引价格敏感的消费者，也能通过提供优质服务留住高端用户。

（4）加强数据透明和隐私保护。为了增强用户信任，百度应向用户公开无人驾驶出租车的运营数据，包括事故率、行驶里程和安全措施等。同时，严格保护用户隐私，确保乘客的个人信息和行程数据不被滥用。通过数据透明和隐私保护措施，百度可以有效消除消费者的顾虑，让他们更加放心地选择无人驾驶出租车服务。

通过这些措施，百度不仅能提升"萝卜快跑"无人驾驶出租车的用户体验，还能增强市场接受度，吸引更多消费者选择这一创新的出行方式。

第十章

回归分析预测法案例

一、知识要点

回归分析的概念最初由英国统计学家弗朗西斯·高尔顿在其研究遗传学时提出，旨在描述父代与子代身高之间的关系。这一方法后来被广泛应用于理解和预测变量之间的相互关系，特别是如何通过一个或多个自变量预测因变量的值。

回归分析预测法主要用于确定或预测两个或多个变量之间的关系，其核心在于建立一个或多个自变量与因变量之间的数学模型，以预测因变量的值。这种关系可能是线性的、非线性的、参数的、非参数的、一元的、多元的、低维的或高维的，形式多样。在市场经济活动中，回归分析可以用来预测现象之间的相互依存关系。通过对市场经济现象之间因果关系的定性分析，可以识别现象之间的联系规律，并选择合适的数学模型来描述这些因果关系。

回归分析的核心在于回答两个基本问题：首先，确定因变量 Y 是什么，Y 是因自变量的变化而变化的变量，在实际应用中，它往往是业务核心问题或科学研究的关键问题；其次，明确自变量 X 是什么，X 是用于解释因变量的因素，其定义通常决定了我们对业务目标理解的深度和广度。设计 X 时需要创意和对业务的深刻理解，并依赖于数据采集能力。例如，如果回归分析显示驾驶人年龄与保险风险（Y）之间没有显著相关性，那么这一变量可能需要被剔除。

进行回归分析预测法的步骤包括：第一，明确研究问题和变量，确定自变量和因变量；第二，收集相关数据，这些数据可以来自历史记录、实验或调查；第三，对数据进行处理，包括清洗、异常值处理和数据转换，以确保数据质量；第四，建立回归模型；第五，进行相关性分析、方差分析与显著性检验，对模型进行优化，并通过可决系数（R^2）、均方误差（MSE）等指标评估模型的拟合程度和预测能力；第六，解释模型结果，并将其应用于实际问题中，以支持预测或决策。这一系列步骤确保了回归分析的准确性和实用性。

二、习题巩固

（一）单项选择题

1. 在市场研究中，回归分析预测法常用于预测销售额。若要预测某新产品的销售额，以下变量最不可能作为自变量的是（　　）。

    A. 产品价格　　　　　　　　　　B. 广告支出

    C. 竞争对手数量　　　　　　　　D. 城市人口数量

2. 在消费者行为研究中，为了分析消费者满意度对忠诚度的影响，使用的回归分析方法为（　　）。

    A. 线性回归　　　　　　　　　　B. 逻辑回归

    C. 多项式回归　　　　　　　　　D. 协整回归

3. 经济学家使用回归分析来研究通货膨胀率与失业率之间的关系。在这种情况下，通货膨胀率是（　　）。

    A. 因变量　　　　　　　　　　　B. 自变量

    C. 中介变量　　　　　　　　　　D. 调节变量

4. 市场分析师正在研究广告投入对销售量的影响。若发现 R^2 值为 0.8，则以下说法正确的是（　　）。

    A. 80%的销售量变异可以由广告投入解释

    B. 广告投入与销售量之间没有关系

    C. 只有 20%的销售量变异可以由广告投入解释

    D. 广告投入对销售量的影响不确定

5. 在一元线性回归中，可决系数（R^2）的含义是（　　）。

    A. 表示自变量对因变量的预测程度　　B. 表示因变量的方差占总方差的比例

    C. 表示自变量的标准差　　　　　　　D. 表示模型的拟合优度

6. 在多元线性回归中，表示每个自变量对因变量的影响的系数是（　　）。

    A. 截距项　　　　　　　　　　　B. 回归系数

    C. 误差项　　　　　　　　　　　D. 可决系数

7. 在逻辑回归分析中，因变量通常是（　　）。

    A. 连续变量　　　　　　　　　　B. 二值变量

    C. 定序变量　　　　　　　　　　D. 定距变量

8. 假设要预测房价，可能适合使用多元线性回归模型的因素是（　　）。

    A. 房屋面积、房龄、所在区域　　B. 房屋面积、月收入、居住人数

    C. 房屋面积、房龄、是否有游泳池　D. 房屋面积、房龄、房间数量

9. 在回归分析中，调节效应是指（　　）。

    A. 一个自变量通过中介变量影响因变量

    B. 一个自变量影响另一个自变量

C. 一个自变量影响因变量的方式因另一个变量的不同而变化

D. 因变量反过来影响自变量

10. 在回归分析中，中介效应是指（　　　）。

　　A. 一个自变量通过中介变量影响因变量

　　B. 一个自变量直接影响因变量

　　C. 一个自变量与另一个自变量的交互效应

　　D. 因变量反过来影响自变量

（二）多项选择题

1. 当研究人员分析消费者购买行为与多个因素的关系时，通常需要考虑的自变量是（　　　）。

　　A. 产品特性　　　　　　　　　B. 消费者个人特性

　　C. 宏观经济指标　　　　　　　D. 社会文化因素

　　E. 社交媒体评论

2. 在研究经济指标对股市影响时，可能会被纳入模型的变量是（　　　）。

　　A. 利率　　　　　　　　　　　B. GDP 增长率

　　C. 消费者信心指数　　　　　　D. 失业率

　　E. 地理位置

3. 以下选项中，是回归分析预测法的主要步骤的是（　　　）。

　　A. 数据收集　　　　　　　　　B. 建立回归模型

　　C. 相关性分析　　　　　　　　D. 修改参数

　　E. 结果解释与应用

4. 在一元线性回归中，残差的性质包括（　　　）。

　　A. 残差的均值为零　　　　　　B. 残差与自变量之间不相关

　　C. 残差具有常数方差　　　　　D. 残差服从正态分布

　　E. 残差与因变量之间不相关

5. 多元线性回归中，可能会导致多重共线性问题的因素是（　　　）。

　　A. 自变量之间高度相关　　　　B. 数据集过小

　　C. 使用多项式回归　　　　　　D. 自变量和因变量之间的相关性低

　　E. 自变量具有相似的变化趋势

6. 在回归分析中，下列可能是调节变量的是（　　　）。

　　A. 年龄　　　　　　　　　　　B. 性别

　　C. 收入水平　　　　　　　　　D. 教育程度

　　E. 销售数量

7. 在回归分析中，解决多重共线性问题的方法有（　　　）

　　A. 增加样本量　　　　　　　　B. 删除高度相关的自变量

　　C. 使用主成分回归　　　　　　D. 标准化自变量

　　E. 使用岭回归

8. 在逻辑回归中，可以帮助预测二值因变量的概率的是（　　　）。

  A. 逻辑函数   B. Probit 模型

  C. 线性回归   D. Softmax 回归

  E. Lasso 回归

9. 在一元线性回归中，可能表明模型的假设被违反了的情况是（　　　）。

  A. 残差图中残差呈现非随机模式

  B. 自变量和因变量之间的散点图显示非线性关系

  C. 残差服从正态分布

  D. 残差的方差不恒定

  E. 模型的 R^2 值过高

10. 在进行多元线性回归时，为了防止过拟合，可以采用的方法是（　　　）。

  A. 交叉验证   B. 增加样本量

  C. 使用岭回归   D. 增加自变量的数量

  E. 使用 Lasso 回归

三、案例分析

案例一：代餐食品正当时

（一）认识代餐食品

代餐，通常指的是用于替代正常一餐的食品，它们通常设计成能够提供足够的营养和能量，以代替一顿传统的饭菜。代餐概念起源于欧美，主要针对排斥高热量、高脂肪，追求人体营养均衡的消费者。代餐食品的开发至今已有 50 年左右的历史。从军事产品到现在的大众消费品，代餐食品最早出现于美苏冷战时期。1986 年，布莱恩·麦斯威尔夫妇研发出快速补充能量的食物——Power Bar，标志着能量棒的诞生。这种产品最初用于专业运动领域，20 世纪 90 年代左右开始面向普通消费者。

代餐食品具有高纤维、低热量、易饱腹的特点，通常被用于替代部分或全部正餐。代餐食品与医学健康领域常用的特殊膳食用食品（特殊膳食用食品是能够满足某些特殊人群的生理需要，或某些疾病患者的营养需要，按特殊配方而专门加工的食品）相比较，代餐食品仅符合食品安全标准，在营养的添加上并无明确标准，且无"全营养"等标准要求。

市面上的代餐食品根据形态可以分为：固体代餐食品、液体代餐食品和组合式代餐食品。固体代餐食品通常包括代餐棒和代餐零食；液体代餐食品分为冲调产品和预调产品。此外，一些品牌还推出了代餐组合产品，这类产品通常包含代餐奶昔和代餐棒等多种产品。代餐食品按照功能可以分为四类：减脂塑身代餐——在保证营养摄入的前提下减少食物摄入；能量代餐——在运动或应激状态下短时间内帮助摄入足够能量，辅助身体完成任务；营养代餐（简餐）——替代正常餐饮食物，满足一餐的营养需求；功能性代餐——富含功能性成分，部分替代正餐，实现特定健康效果。

（二）代餐食品在中国的发展历程

2000年，代餐食品进入中国市场，康比特成为我国第一家专业运动营养食品公司。2014年，代餐概念逐渐进入中国，首先被健身、塑身需求的消费者接受，后续随着代餐企业的推广营销，以及追求健康人群数量的增加，代餐食品开始被广泛接受。同一时期，汤臣倍健、康宝莱等国际品牌也进入中国市场。2014年至今，互联网代餐品牌在中国兴起，代餐瘦身概念逐渐被市场接受，代餐消费市场迅速发展。

代餐食品市场在中国的发展经历了四个阶段。第一阶段是引入期，海外健康食品品牌进入中国，代餐概念开始传播；第二阶段是成长期，国内代餐品牌出现，代餐概念被更多国人接受，消费者数量增加；第三阶段是爆发期，消费者的消费习惯逐渐养成，部分代餐品牌走向成熟，代餐食品市场迎来爆发期；第四阶段是平衡发展期，市场标准化程度提升，品牌成熟，代餐食品市场进入平衡发展期，用户和产品迭代并行。

天猫平台2020年公布的数据显示，2017—2020年，代餐食品的消费人数增长了78%，人均年消费金额超过3 000元，按照消费者人数×单价＝市场规模的规则，代餐大众消费市场规模预计将突破千亿元，而追求健康的消费者市场规模约为500亿元，针对健身人群的代餐食品市场规模预计将超过78亿元。代餐食品市场在中国的发展得益于多个因素。首先是代餐品牌的大量市场营销带来的市场教育效果；其次，欧美健身文化的传播和新媒体对健康、合理膳食等理念的宣传起到了推动作用；最后，消费者对健康的认识提升和追求健康生活的需求增加也是重要因素。

回溯代餐食品的发展，可以看到代餐食品从早期针对宇航员、运动员的单一功能性食品，逐渐演变为以健康食材为原料、倡导健康的食品。受众从专业运动员扩展到普通大众，为了迎合消费者需求，代餐食品在口感、口味、品类甚至工艺上不断进步。

（三）代餐食品消费者购买影响因素分析

为深入了解影响消费者购买代餐食品的主要因素，研究小组发起了代餐食品消费者购买影响因素市场调查，以帮助相关企业和市场从业者制定更有效的营销策略和产品开发方向。具体来说，本次调查的目的是识别关键影响因素，即通过收集和分析消费者在购买代餐食品时考虑的各项因素，找出对购买决策影响最大的几个变量，如收入、性别、口感、价格以及意见领袖推荐等。基于调查结果，提出具体的营销策略建议，如产品改进方向、定价策略、推广渠道选择等（详见表10-1），帮助代餐食品企业在竞争激烈的市场环境中占据有利地位。

本次调查的对象为使用代餐食品或有意愿购买代餐食品的消费者。受访者通过"见数"平台随机抽取，保证样本的多样性和代表性。样本量为420份，其中收集到的有效问卷为385份，覆盖了不同性别、收入水平和消费习惯的消费者。代餐食品消费者购买影响因素的逻辑回归分析见表10-2。

表10-1　变量设计

变量类型	变量名称	变量定义	选项设置
因变量	是否购买代餐食品	受访者是否购买代餐食品	1. 买 2. 不买

表10-1(续)

变量类型	变量名称	变量定义	选项设置
自变量	收入	受访者的月收入水平	1. 低收入（<3 000 元） 2. 中等收入（3 000~10 000 元） 3. 高收入（>10 000 元）
	性别	受访者的性别	1. 男性 2. 女性
	口感	受访者对代餐食品口感的重视程度	1. 非常不重视 2. 不重视 3. 一般重视 4. 比较重视 5. 非常重视
	价格	受访者对20元一份代餐食品价格的态度	1. 太贵了 2. 有点贵 3. 正常价格 4. 很便宜 5. 非常便宜
	意见领袖	阅读意见领袖关于代餐食品推文的频次	1. 一周低于 1 次 2. 一周 2~7 次 3. 一周 8~15 次 4. 一周 16~30 次 5. 一周高于 30 次

表 10-2　代餐食品消费者购买影响因素的逻辑回归分析

参数名称	系数	Exp(B)	标准误	z 值	P 值	[0.025]	0.975]
截距项	-7.803 5	0	3.129 4	-2.493 6	0.012 6	-13.937	-1.67
性别 [1,2]	1.438 4	4.214	0.913 1	1.575 3	0.115 2	-0.351 3	3.228
收入	2.236 5	9.361	0.783 8	2.853 5	0.004 3	0.700 3	3.772 6
频次	1.124 1	3.077	0.445 7	2.522 3	0.011 7	0.250 6	1.997 6
口感	0.072 6	1.075	0.519 7	0.139 7	0.888 9	-0.946	1.091 2
价格	0.194	1.214	0.533 8	0.363 4	0.716 3	-0.852 3	1.240 3

基于以上分析，构建逻辑回归模型：

Y=-7.803 5+1.438 4×性别+2.236 5×收入+1.124 1×频率+0.194 0×价格+0.072 6×口感

本调查运用逻辑回归模型对购买影响因素进行分析。模型拟合得较好，拟合优度指标 Deviance 为 42.255，Null_ Deviance 为 76.028，AIC 为 54.255，BIC 为-163.941。其中，截距项系数为-7.803，P 值为 0.013，表明购买选择受到性别、收入、频率、口感和价格的影响。性别 [1,2] 的系数为 1.438，P 值为 0.115；收入的系数为 2.236，P 值为 0.004；频率的系数为 1.124，P 值为 0.012；包装的系数为 0.073，P 值为

0.889；价格的系数为 0.194，P 值为 0.716。

通过模型结果分析得知结论如下：

第一，性别的系数为正数，表明性别对消费者的效用有正向影响，性别的系数为 1.438 4，这表明与男性（基准性别，编码为 1）相比，女性（编码为 2）在效用上有正向的增加。与基准性别（男性）相比，女性在效用上的增加值更大，因此，购买代餐的消费者的性别从男性变为女性时，消费者的效用会增加 1.438 4 个单位。这个结果可能反映了女性在代餐食品的消费上更加感到满意，或者代餐食品更符合女性消费者的偏好。研究表明，相对于男性，女性对健康和营养更加关注，她们更倾向于阅读食品标签，了解产品成分和营养价值，更倾向于选择低脂、低热量或富含维生素的食品。在许多文化中，女性的身材和饮食习惯常常受到更多的关注和评价，这促使她们更加关心食品的健康属性。在很多家庭中，女性扮演着采购和烹饪的主要角色，因此她们在选择食品时可能更加考虑全家人的健康需求。这种责任感驱使她们更加关注食品的营养和健康效益。

第二，收入的系数为 2.236 5，这是一个较大的正系数，表明收入的增加对消费者的效用有显著的正向影响，这意味着高收入消费者倾向于从购买行为中获得更高的满意度。高收入群体通常拥有更多的可支配收入，这使他们在购物时更加注重产品的质量而不是价格。质量通常与更高的价格相关联，因为更好的材料、更精细的工艺和更高的生产成本往往导致产品价格上升。高收入群体更倾向于选择那些已被验证为质量可靠的产品，以避免购买劣质商品带来的风险和不便。同时，在社会心理学中，消费行为常被视为个人身份和地位的一种展示，因此，高收入群体可能会通过购买高端品牌来展示其经济能力和社会地位，尤其是在公开场合或社交活动中。

第三，阅读意见领袖推文的频次系数为 1.124 1，也是一个正系数，说明消费者阅读意见领袖推文的频率越高，消费者购买意愿越强，反映了频繁阅读推荐代餐食品文章的消费者对产品更满意或更依赖这些产品。意见领袖往往因其专业知识、经验或在特定领域的声誉而被视为可靠的信息源。根据心理学和营销学的研究，信任是影响消费者决策的关键因素之一，当消费者频繁阅读这些意见领袖的推荐时，他们可能会因为信任这些意见领袖而更愿意采取购买行为。除此以外，这一规律发生的原因还有可能是源于信息搜索成本。当消费者面对大量的商品和信息时，意见领袖的推荐可以帮助他们简化决策过程。这种信息筛选机制使得消费者更容易做出购买决定，尤其是在不确定性高的情况下，消费者可能会依赖意见领袖的推荐来降低搜索成本和感知风险。

第四，价格的系数为 0.194 0，虽然为正值，但较小，这表明价格对效用的正向影响相对较低。这可能意味着消费者对代餐产品价格不是特别敏感。代餐产品相较于通常的食品或零食来说，具有独特的健康益处或满足了特定的饮食需求（如减肥、运动营养等），消费者可能更重视这些特性而不是价格。在这种情况下，产品的独特价值可能超过了价格因素的影响。另外，市场上的代餐产品普遍定价较高，消费者会调整自己的价格敏感度，以适应这一市场环境。换言之，消费者可能已经对这类产品形成了一定的价格预期。

第五，口感的系数为 0.072 6，这是所有变量中最小的正系数，表明口感对消费者购买意愿的影响最小，即便口感影响性较小，但好的口感仍然能提升产品的吸引力，能够增强消费者的整体产品体验，即便它不是决策的主要驱动力。

（四）代餐食品的发展趋势

虽然代餐食品市场仍处于成长期，但随着市场教育的普及，消费者快速增加等因素的驱动，代餐食品市场或将逐渐加速进入洗牌期。代餐食品具有较强的网红属性。代餐品牌想要实现快速成长，需要加强品牌自身的运营。在营销上，代餐品牌需要推进精准营销，瞄准适合品牌的人群突破。同时，代餐品牌需要从产品、战略等多个角度进行创新，实现差异化竞争。此外，也需要品牌不断地向产业链上游渗透，参与生产制造等环节，提高效率，加速产品迭代，以适应消费者需求的变化。这就要求代餐品牌吸引更多在食品供应链改造、品牌营销等方面的专业人才来推动品牌快速升级，将 6.1 亿大众消费者变为代餐食品市场的消费者。

问题：

1. 如果你是本次调查的设计者，你会选择哪些变量作为自变量，说明其原因。

2. 根据代餐食品消费者购买行为影响因素的结论，为代餐企业提出营销策略建议。

案例二：购买加工农产品的中产消费者

（一）新中产消费者特征

谁是中国新中产？通常，当我们提到"中产"时，第一反应就是收入，其实从生活态度、兴趣爱好、消费观念等多个维度来看，单凭百万收入的水准线划定，会错失很多丰富又生动的群体和故事，因为单凭收入并不能描摹这一群体的真实样貌。根据《2020 新中产白皮书》中的定义，符合以下 4~5 条为准新中产，6~7 条为标准新中产，8 条为高阶新中产。

1. 家庭年收入 20 万~100 万元；
2. 家庭净收入 10 万~50 万元；
3. 可投资资产 20 万~500 万元；
4. 从事专业性或管理型工作；
5. 接受过高等教育；
6. 新审美价值观；
7. 新消费价值观；
8. 新连接价值观。

作为稳定社会的中坚力量，新中产在当前国家社会中都是主力军，他们的消费观念和价值观念对整个国家和社会都会产生巨大的作用。我们发现新中产们的生活态度的发展趋势[①]包括以下几方面。

第一，追求健康向上的生活方式。新中产人群十分关注健康相关的内容，2020 年上半年不论是健身相关概念网络阅读量，还是以无糖、低糖为代表的健康饮食，都得

① 消费界. 全面解读"新中产"，驾驭媒体威力赋能中国新品牌 ［EB/OL］. （2020-12-19）［2024-10-20］.
https://www.sohu.com/a/441174718_120902746.

到了新中产的高度重视。除了通过各种方式关注自身的健康，新中产人群的目光已经开始投向对自然和社会环境的关注。72%的城市消费者正在积极追求更健康的生活方式。因此，许多品牌在这方面大有可为，因为它们有大量机会去主动定义健康理念。例如，火爆出圈的小仙炖以及健身品类的鲨鱼菲特，都是选对了赛道，扶摇直上。

第二，重视品质，争当"斜杠"。中产，就意味着并没有实现财务自由，还在依靠稳定的工资收入。最新观察发现，工作和生活为新中产们带来的压力使得他们在注重品质生活的同时，也更加积极地开拓副业。各大媒体平台就成为热爱生活、善于展示自我的新中产分享自我、展示自我，甚至孵化个人品牌的绝佳渠道。在新中产人群的调研中，我们发现，有31.8%的用户开始考虑通过拍摄制作抖音短视频或者直播来增加额外收入。

第三，追求精神层面的成长。对精神的追求已经成为大部分新中产必不可少的生活准则，他们更加在意内心的愉悦和自我成长。不论是分享烹饪还是理财，科技产品还是开箱测评，各类达人通过媒体平台实现个人成长。同时他们的生活和职场压力，也能够通过媒体渠道得到释放和缓解，各类平台上的减压音频、视频、社团活动，都是他们对抗焦虑和压力的强大武器。

根据《新中产人群消费和媒介行为趋势报告》中的描述，中国新中产人群的财富水平在世界范围内处于重要位置。这话并不是盲目乐观，通过全球市场被中国人买空的日本马桶盖、法国奢侈品、澳洲奶粉都可见一斑。消费分级的发生意味着营销活动需要细分对象，现代市场营销要制定出针对不同特点的新中产群体的营销策略。

（二）新中产消费者购买加工农产品的影响因素研究[①]

2024年中央一号文件指出，要通过农产品加工业的优化升级来提高乡村产业发展水平。农产品加工业具有"农头工尾、粮头食尾"的跨界产业属性，通过对农产品的深加工不仅能促进新供给、拓展新需求，还能拓宽消费人群，延伸产业链，从而提高产品附加值。新中产消费者群体在市场中具有显著的购买力，对市场趋势和消费文化有着不可忽视的影响，因此调查新中产消费者购买加工农产品行为的影响因素，对于提升农产品附加值、激发农产品营销的潜力具有重要的战略意义。

研究通过"见数"平台收集数据和分析数据，为了确保样本的代表性，研究利用"见数"平台的广告定向、用户筛选功能，确保符合调研条件的用户参与作答。此外，问卷设计一道甄别题以自动剔除逻辑矛盾的问卷。经数据筛选和清洗，研究共回收有效问卷480份，所收集样本数量能够保证研究的统计效力。此外，在进行实证分析时，本文对所有的连续变量进行了标准化处理。

研究构建了新中产消费者购买加工农产品意愿影响因素的多元线性回归模型。

$$Y = \beta_0 + \beta_1 X_1 + \beta_2 X_2 + \cdots + \beta_n X_n + \varepsilon$$

其中，Y 是新中产消费者的购买意愿，X_1，X_2，…，X_{11} 是各自变量，β_0 是截距项，β_1，β_2，…，β_n 是各自变量的系数，ε 是误差项。

① 徐倩，李梦慈，薛建硕. 意见领袖对新中产消费者购买加工农产品意愿的影响：基于多重因素的中介作用[J]. 现代营销（下旬刊），2024（9）：58-61.

研究综合了在线购物平台的消费者评论信息和博主推荐平台的推文信息，确定影响购买决策的关键变量。具体来说，首先在淘宝和京东两家电商平台采集消费者对加工农产品的在线评价数据，分析用户反馈中的关键词和描述性词汇，以此洞察影响消费者购买意愿的因素。同时，通过查找社交媒体平台如小红书和抖音中内容创作者（博主）对加工农产品的测评和介绍，分析其推文和文案中高频的评价要素。经汇总与分析，最终确定了问卷设计和研究的变量基础。变量性质和在本研究中涉及的两个模型中的性质详见表10-3。

表 10-3　变量设计

变量类型	变量名称	变量定义
因变量	新中产消费者的购买意愿	不同因素影响下新中产消费者购买加工农产品的欲望程度，量化为购买频率
自变量	意见领袖推荐	新中产群体中具有影响力、受其认可并能够对其购买行为或态度产生影响的个体
	农产品加工地	农产品加工活动的地理位置
	加工农产品原产地	农产品在被加工成各种产品之前，其原始形态的种植、养殖或采集的地理位置
	营养与健康属性	食品中所含有的营养成分，这些成分对维持人体健康和生理功能具有重要作用
	商家服务态度	商家在与消费者进行交易的过程中的一系列行为和言语表现
	物流（速度、安全、服务）	商品从产地到消费地的高效流动和存储的一系列活动
	品牌知名度	消费者对一个品牌的认知程度
	产品口味	产品所表现出的味道特征，包括口感、风味、香气等方面
	产品品质	产品在其设计、制造和使用过程中所体现出的性能、质量、稳定性和耐用性等方面的特征
	产品包装	产品进行外部保护和装饰的一系列材料和设计
	产品价格	消费者在购买产品时需要支付的金额

（三）实证结果

1. 效度分析

效度是问卷能在多大程度上反映它所测量的理论维度，而结构效度是指测量题项与测量维度之间的对应关系符合预期的程度，一般通过因子分析进行检验。经效度检验、KMO 检验和 Bartlett 球形检验（详见表 10-4），KMO 值为 0.879 6（>0.7），Bartlett 球形检验 $P = 0 < 0.05$，说明数据适合因子分析，且维度与因子间的对应关系符合预期，问卷效度很好。

表 10-4　KMO 检验与 Bartlett 球形检验

指标	数值
样本量	219
KMO 值	0.879 6
Bartlett 球形值	1 132.346
Bartlett 球形检验自由度	218
Bartlett 球形检验 P 值	0

2. 信度分析

信度是评价测量工具质量的关键指标之一，本研究的信度是指问卷在反复测量时的一致性和稳定性。问卷的 Cronbach'α 系数信度检验结果（详见表 10-5）显示，13 个变量的 Cronbach'α 值均大于 0.6，整体的 Cronbach'α 系数为 0.864 9，说明各题项的内部一致性极好，数据信度非常理想。

表 10-5　Cronbach'α 信度分析

变量名称	CITC（校正的题项与总体相关性）	Cronbach'α 系数	题项删除后 Cronbach'α 系数
产品品质	0.545 3		0.854 6
物流（速度、安全、服务）	0.618 8		0.850 5
营养与健康属性	0.634 3		0.849 5
农产品加工地	0.601 4		0.851
品牌知名度	0.601 9		0.851
商家服务态度	0.598 8		0.851 4
产品包装	0.586 8	0.864 9	0.852 1
每个月可支配收入	0.034 9		0.874 8
新中产消费者的购买意愿	0.463 1		0.86
产品口味	0.537 8		0.855 3
产品价格	0.566 5		0.853 5
意见领袖推荐	0.456 7		0.862 9
加工农产品原产地	0.626 5		0.849 2

3. 回归分析

按照"研究设计"在"见数"平台进行多元线性回归分析（结果详见表 10-6），得出多元线性回归方程：

$Y = 1.555\ 3 - 0.011\ 9X_1 - 0.072\ 8X_2 - 0.022\ 8X_3 - 0.069\ 8X_4 + 0.129\ 1X_5 + 0.041X_6 + 0.382\ 5X_7 + 0.114\ 4X_8 + 0.067\ 8X_9 + 0.137\ 4X_{10} + 0.010\ 9X_{11}$

其中：Y 是新中产消费者的购买意愿，X_1，X_2，$\cdots$，X_{11} 是各自变量，分别为产品口味、产品品质、产品包装、产品价格、物流（速度、安全、服务）、商家服务态度、意见领袖推荐、营养与健康属性、品牌知名度、加工农产品原产地、农产品加工地。

多元回归系数及共线性结果见表 10-6。

表 10-6　多元回归系数及共线性结果

参数名称	系数	标准误	t 值	P 值	VIF	tolerance
截距项	1.555 3	0.541 1	2.874 3	0.004 5	—	—
产品口味	-0.011 9	0.100 8	-0.118 6	0.905 7	2.021 2	0.494 7
产品品质	-0.072 8	0.098 3	-0.740 8	0.459 7	2.188 8	0.456 9
产品包装	-0.022 8	0.083 7	-0.272 2	0.785 8	1.742 3	0.574
产品价格	-0.069 8	0.088 1	-0.792 7	0.428 9	1.688	0.592 4
物流（速度、安全、服务）	0.129 1	0.087 4	1.477 1	0.141 2	1.744 7	0.573 2
商家服务态度	0.041	0.089 7	0.456 8	0.648 3	2.028 9	0.492 9
意见领袖推荐	0.382 5	0.058 6	6.523 7	0	1.533	0.652 3
营养与健康属性	0.114 4	0.098 5	1.162 2	0.246 5	2.295 6	0.435 6
品牌知名度	0.067 8	0.078 4	0.864 5	0.388 3	1.727 5	0.578 9
加工农产品原产地	0.137 4	0.077 1	1.781 6	0.076 3	1.952 1	0.512 3
农产品加工地	0.010 9	0.085 4	0.128 2	0.898 1	2.139	0.467 5

综合分析结果显示，F 值为 10.667，AIC 为 717.209，BIC 为 757.878，这些统计指标表明模型整体拟合良好。模型的常数项是 1.555 3，这表示在所有自变量（X_1 至 X_{11}）都为 0 的情况下，新中产消费者的购买意愿（Y）的预测值为 1.555 3。然而，在实际情境中，自变量很可能不会同时为 0，所以这个常数项更多是一个基准点。11 个自变量的 VIF 值均小于 5，证明自变量之间没有共线性关系。同时，在各自变量的系数及显著性水平方面，意见领袖推荐对新中产消费者购买意愿有着最为显著的正向影响，系数为 0.382 5，P 值为 0，意味着意见领袖推荐度越高，其购买意愿也会相应提升。

新中产阶级作为一个追求一定品质生活和个性化消费的群体，其在决策中体现出寻求具有权威性和专业性的意见领袖意见的倾向。社会影响理论强调，个体的行为和决策受他人影响。意见领袖的推荐对新中产消费者产生了规范性和信息性影响，帮助他们在购买决策中减少不确定性和风险，从而提高购买意愿。实证分析中的显著正向关系（系数为 0.382 5）印证了这一理论，说明意见领袖的推荐能够有效增强新中产消费者的购买意愿。

问题：

1. 您认为新中产消费者是哪些领域的消费主力？说明其原因。

2. 请您根据本次调查结论，为农产品加工企业提出营销策略建议。

案例三：无处不在的定序变量与定序回归预测

在回归分析预测方法中，定序变量（ordinal variable）因其具有顺序性但缺乏具体数值意义的特性，被广泛应用于各种分析场景。定序变量在实践中尤为重要，因为它们能够提供有关数据顺序的信息，而这种顺序往往对决策至关重要。

（一）电影评分的定序数据

虽然定序数据是关乎顺序的数据，但是数据本身又没有具体的数值意义。例如在豆瓣平台中，用户可以对各类影视作品进行打分。分数分为 5 个等级：一颗星表示很差，两颗星表示较差，三颗星表示还行，四颗星表示推荐，五颗星表示力荐，这就是典型的定序数据。可以看出：第一，定序数据没有数量意义，不能做任何代数运算。例如，一颗星（很差）和两颗星（较差）并不能进行求和，二者即使相加也并不表示三颗星（还行）。第二，定序数据的顺序很重要。例如一颗星（很差）、两颗星（较差）和三颗星（还行）放在一起就自然有着"评价从低到高"的顺序。这个顺序很重要，定序数据正因此得名。值得注意的是，由于定序数据没有具体的数量意义。因此我们不能确定一颗星（很差）和两颗星（较差）之间的差距，是否正好等于四颗星（推荐）和五颗星（力荐）之间的差距。事实上，这些取值之间的间距到底是多少，人们很难说清楚，全靠个人的主观感知。定序型数据在我们的生活中也有很多的应用场景。

（二）餐饮企业顾客满意度

以国际连锁餐饮企业麦当劳为例，该公司在 2017 年通过微信小程序开展了顾客满意度调研。调研问卷设计了多个定序变量来衡量顾客的用餐体验和对门店服务的满意度。具体来说，顾客对用餐体验的满意度被分为五个等级：非常不满意、较不满意、中立、较满意和非常满意。类似地，对门店表现的满意度和推荐意愿也分别采用了五级评分系统。这些评分虽然反映了顾客的主观满意度，但由于缺乏具体的数量意义，不能进行简单的代数运算。除此之外，市场调研中常见的用于收集定序数据的问题还包括：复购可能性评级、单个产品评分等。在这些问题中，企业关注的正是各个问题最终的评级结果，因此用户的满意度等级就是核心的业务指标，也就是因变量 Y。由于满意度等级评分关乎顺序，但无具体数值意义，因此是一个定序数据。

为了找到影响用户满意度 Y 的因素，麦当劳还尽可能收集可能与之相关的 X，例如，该用户的消费历史、上一次消费体验、个人喜好、各类促销活动等。通过建立 Y 和这些 X 的相关关系，可以找到显著影响用户满意度的因素，并有针对性地做出营销决策，帮助企业赢得更多市场份额。通过定序回归分析，企业能够识别出哪些因素对顾客满意度有显著影响，从而调整服务和营销策略。例如，如果分析结果表明促销活动显著提升了顾客的满意度评分，公司可能会强化促销策略以提高顾客的回头率，增强其推荐意愿。

（三）银行信用卡业务中的定序数据

银行信用卡业务是信用评级的重要应用领域，其中也多涉及定序数据和定序回归预测方法的应用。信用评级是对评级对象履约能力和意愿的总体评价，其目的在于表征评级对象违约风险的大小，减少用户违约给企业带来的损失。因此对于信用卡业务而言，对用户进行信用评级十分重要。在信用评级的过程中，银行关心的是用户违约风险，而违约风险是由违约行为的严重程度决定的。因此该案例中用户违约行为的严重程度就是因变量 Y。例如，$Y=0$ 可以表示无违约风险（未逾期），$Y=1$ 可以表示逾期风险低（逾期不超过一个月），$Y=2$ 可以表示逾期风险高（逾期超过一个月）。虽然逾期时长更像是一个连续型数据，但为了管理方便，人们常常将其离散化为上面的离散数据（$Y=0,1,2$）。该数据取值显然有序，但是数量意义不明确，因为逾期一个月以内或一个月以上对银行的影响不甚相同。因此，这是一个定序数据。为了找到影响 Y 的因素，银行还会尽可能收集可能与之相关的 X。俄亥俄州立大学的研究人员在 1999 年研究了多种因素 X 对用户违约严重程度 Y 的影响。表 10-7 展示了该研究中考虑的部分影响因素 X，其中包括了年度税前收入、年龄、子女数量等。通过建立 Y 和这些 X 的相关关系，可以识别出显著影响用户违约行为的关键因素，并预测用户的违约风险，帮助银行建立信用评级系统，减少信用卡坏账风险。

表 10-7　影响信用卡违约的变量

变量	有信用卡违约组 （$N=618$）	无信用卡违约组 （$N=4\,799$）
年度税前收入/美元	49 848	54 949
上次付款后信用卡欠款总额/美元	3 093	1 967
限额信用卡数量/张	0.72	0.16
是否拥有住房（1 为拥有）	72.60%	83%
受教育时间/年	13	14
是否已婚（1 为已婚）	54.90%	62.6%
年龄/岁	41	47
子女数量/个	1.03	0.79
家庭中丈夫是否失业（1 为失业）	0.2%	0.5%
家庭中妻子是否失业（1 为失业）	0.2%	0.1%

（四）其他商业应用

除此以外，酒店业也常用定序变量来评定酒店的星级，例如，从一星到五星。假设酒店的顾客被要求对酒店的整体体验进行评级，选项可能包括：一星（非常不推荐）、两星（不推荐）、三星（中立）、四星（推荐）和五星（强烈推荐）。零售商常对购物体验进行分级，以了解顾客的购物感受。例如，顾客可以将购物体验分为：非常差、差、一般、好、非常好。这种分级可以帮助零售商了解顾客对购物环境、服务质量和商品选择的评价。通过定序回归分析，酒店管理层可以探讨影响星级评定的因素，如房间设施、服务质量和酒店位置，从而有针对性地进行改进，揭示哪些因素对购物体验的分级有显著影响，从而为优化购物环境和服务策略提供数据支持。

问题：

1. 为什么定序数据不能进行代数运算？

2. 你还知道哪些在定序回归分析中，利用定序数据优化商业决策的例子？

四、延伸阅读

原因和结果真的存在吗？[①]

1958 年，费希尔在《百年回顾》上发表了一篇论文《香烟、癌症与统计学》，并在《自然》杂志上发表了两篇论文——《肺癌与香烟？》《癌症与吸烟》。随后，他将这些论文放在一起，加上一篇长篇序言，组成了一本小册子，题目是《吸烟：关于癌症的争议及对有关证据的评论》。在这些论文中，费希尔（他在相片上常常拿着烟斗）坚持认为，人们用于说明吸烟导致肺癌的证据存在严重缺陷。

当时，费希尔并不是唯一批评吸烟与癌症研究的人。梅约诊所的首席统计学家约瑟夫·伯克森（Joseph Berkson）以及美国生物统计学的一位领军人物也对研究结果提出了疑问，内曼也对肺癌与吸烟相关的研究中使用的推理方法提出了反对意见，而费希尔的批评是最尖锐的。在接下来的几年里，随着证据的积累，约瑟夫·伯克森和内曼似乎接受了研究结果，认为这种关系得到了证明。不过，费希尔仍然固执己见，他甚至指责一些主要研究人员伪造数据。对许多统计学家而言，事情变得非常尴尬。当时，香烟公司否认这些研究的合理性，指出它们仅仅具有"统计相关性"，没有证据表明吸烟可以导致肺癌。从表面上看，费希尔似乎与香烟公司意见一致，他的议论带有一丝争辩意味。例如，下面的段落选自他的一篇论文：

大约一年前，英国医学会期刊发表的一篇评论使我充分领教到，用于说明吸烟与肺癌之间关系的研究工作的必要性。这篇评论得到了一个非常引人注目的结论：我们必须使用每一种现代宣传手段让整个世界充分认识到这种可怕的危险。我读到此处时无法确定自己是否喜欢"所有现代宣传手段"。在我看来，我们应当在这里做出道德上的区分……在无法确定人们在宣传中反对的吸烟人群的特殊习惯是否值得担心之前，在公共资金支持的所有现代宣传手段的帮助下，在全世界可能存在的一亿烟民当中散播恐惧，这似乎不是良好公民应当具有的行为……

遗憾的是，在对使用政府宣传工具传播恐惧这一行为的愤怒之中，费希尔并没有非常清晰地将自己的反对意见表达出来。在大家眼里，他就像是一个不想扔掉心爱烟斗的脾气暴躁的老人。1959 年，康菲尔德与来自国家癌症研究所（NCI）、美国癌症学会以及斯隆凯特林研究所（SKI）的五位顶级癌症专家共同撰写了一篇长达 30 页的论文，对之前出版的所有研究报告进行了回顾。他们研究了费希尔、伯克森、内曼的反对意见，以及烟草研究所（代表烟草公司）提出的异议，对这场争论进行了仔细论证，

[①] 戴维·萨尔斯伯格. 女士品茶：20 世纪统计学怎样变革了科学 [M]. 刘清山，译. 北京：中国统计出版社，2004.

认为现有证据以压倒性的优势表明"吸烟是人体肺部鳞状细胞癌病例迅速增长的一个诱发因素"。

五、实践实训

(一)任务目标

自热饭是一种方便食品,其主要特点是无需外部加热设备,通过内部包含的加热包与水反应产生热量,迅速将食物加热到可食用的温度。自热饭的发展极大地丰富了方便食品的种类,满足了现代人快节奏生活和多样化用餐需求。本次实训拟通过多元线性回归模型,深入分析和识别影响消费者购买自热饭的主要因素,为自热饭的营销和研发决策提供帮助。

(二)任务描述

本任务旨在让学生掌握多元线性回归分析的基本方法和应用,学生在收集有关消费者购买自热饭的相关数据的基础上,进行数据预处理,建立回归模型,并对模型进行解释和评估。

(三)实训步骤

第一,收集数据,对收集的数据进行清洗,处理缺失值和异常值。

第二,建立回归模型,使用统计软件建立多元线性回归模型。确定自变量和因变量,自变量为影响购买自热饭的各个因素,因变量为消费者是否购买自热饭。

第三,模型评估。

第四,解释模型中显著性自变量对因变量的影响,根据模型结果提出优化建议,如改进营销策略或产品特性。

(四)考核记录表

请将任务完成情况的评价填入以下考核记录表。

组别: 姓名:

序号	考核点	分值	得分
小组评价	数据样本数量	10	
	数据处理的规范性	10	
	回归模型是否正确建立	10	
	显著性变量的解释是否合理	10	
	建议是否具有可行性和实用性	10	

序号	考核点	分值	得分
个人评价	考勤	10	
	个人有效贡献	10	
教师评价	调研设计、过程和结论解读的专业水平	15	
	变量设计的创新水平	15	

六、参考答案

(一) 单项选择题

1. 答案：C。竞争对手数量虽然是市场分析的重要组成部分，但在预测特定产品销售额的回归模型中，它不是直接影响销售额的量化指标，产品价格、广告支出和城市人口数量更直接与其相关。

2. 答案：A。消费者满意度和忠诚度之间的关系通常为正相关，适合使用线性回归来分析，因为它能够量化一个连续变量对另一个连续变量的影响。

3. 答案：B。在分析通货膨胀率与失业率之间的关系时，通货膨胀率作为自变量，因为我们通常研究的是通货膨胀率如何影响失业率。

4. 答案：A。R^2 值表示模型解释的变异量占总变异量的比例。在这个例子中，0.8 的 R^2 值意味着 80% 的销售量变异可以由广告投入的变化来解释。

5. 答案：D。可决系数（R^2）是衡量回归模型拟合优度的一个指标，表示模型对因变量的解释程度。

6. 答案：B。回归系数表示每个自变量对因变量的影响，截距项是模型的常数项。

7. 答案：B。逻辑回归通常用于预测二值变量（是/否、成功/失败）。

8. 答案：D。多元线性回归模型适用于多个自变量共同影响一个因变量的情况。房屋面积、房龄和房间数量都是对房价有影响的连续变量。

9. 答案：C。调节效应指的是一个自变量对因变量的影响受另一个变量（调节变量）的影响。

10. 答案：A。中介效应指的是一个自变量通过中介变量影响因变量的过程。

(二) 多项选择题

1. 答案：ABCD。研究消费者购买行为时，产品特性、消费者个人特性、宏观经济指标、社会文化因素、社交媒体评论等都是重要的自变量，它们共同影响消费者的决策。

2. 答案：ABCD。在研究经济指标对股市的影响时，利率、GDP 增长率、消费者信心指数、失业率等变量都可能对股市产生影响，因此应当被包括在模型中。

3. 答案：ABCE。回归分析的主要步骤包括数据收集，建立和验证回归模型，进行相关性分析，对结果进行解释，应用于实际决策过程中，这些步骤共同构成了回归分析的完整流程。

4. 答案：ABCD。在经典假设下，残差的均值为零，残差与自变量不相关，残差具有常数方差，且服从正态分布。

5. 答案：ACE。多重共线性问题主要由自变量之间的高度相关性引起，尤其是在使用多项式回归或自变量具有相似的变化趋势时。

6. 答案：ABCD。调节变量通常是那些可能影响自变量和因变量关系的变量，如年龄、性别、收入水平和受教育程度等。销售数量通常是因变量。

7. 答案：BCE。解决多重共线性问题的方法包括删除高度相关的自变量、使用主成分回归和岭回归，增加样本量和标准化自变量对多重共线性问题影响不大。

8. 答案：AB。逻辑函数和 Probit 模型都可以用于预测二值因变量的概率，线性回归和 Lasso 回归不适用于二值因变量，Softmax 回归用于多分类问题。

9. 答案：ABD。残差图中残差呈现非随机模式、自变量和因变量之间的非线性关系，以及残差的方差不恒定都表明模型假设被违反。残差服从正态分布和 R^2 值高并不违反模型假设。

10. 答案：ABCE。防止过拟合的方法包括交叉验证、增加样本量、使用岭回归和 Lasso 回归。增加自变量的数量可能会导致过拟合。

（三）案例分析题

案例一

1. 第一，健康意识和生活方式。健康意识的提高和生活方式的改变是代餐食品市场增长的关键驱动力。现代消费者越来越关注健康和营养，愿意为更健康的饮食选择付出更多。第二，代餐食品的品牌知名度和信任度。品牌知名度和信任度直接影响消费者的购买决策。一个有声誉的品牌能让消费者产生信任感，增加购买意愿。第三，方便性和可获得性。代餐食品的方便性和容易获取程度也会影响消费者的购买决策。消费者希望能够方便地购买到产品，并在需要的时候快速食用，如便携、易于食用的包装、单独包装的小份量代餐食品，可能更能满足消费者的便捷需求。第四，营养成分和健康功效。代餐食品是否含有足够的营养，是否有助于健康目标（如减肥、增肌等）都会影响购买决策。

2. 根据调查结果和逻辑回归模型的分析，提出以下几项具体的营销策略建议，帮助代餐食品企业在竞争激烈的市场环境中占据有利地位。

首先，女性消费者对代餐食品表现出更高的满意度和更强的购买意愿。这可能源于女性更关注健康和体重管理，同时也更倾向于选择方便、快捷的代餐食品。因此代餐食品企业可在产品开发中，注重开发低卡路里、高营养、口味多样的产品，特别是受女性欢迎的口味如水果、巧克力、坚果等；通过广告、社交媒体等渠道强化品牌的健康、美丽、时尚形象，吸引女性消费者；举办线下品鉴会或健康沙龙，邀请女性消费者体验产品，并分享健康知识；推出针对女性消费者的会员计划，提供健康指导、个性化食谱等增值服务。

其次，高收入消费者的市场策略。高收入消费者对代餐食品有更强的购买意愿，可能因为他们更注重健康、便捷和高质量的生活方式，因此可推出高端产品线，强调有机、天然、无添加等健康特性，并附加高品质包装；提供营养师咨询、个性化营养方案等定制化服务，满足高收入消费者的独特需求；推出高端会员计划，提供专属折扣、定期健康检查、私人定制代餐方案等服务，增强消费者的忠诚度；与高端健身房、健康会所等合作，进行联合营销，扩大高收入消费者群体。

再次，意见领袖和社交媒体营销。意见领袖和网红的推荐对代餐食品的购买意愿有显著影响，特别是健康、健身领域的意见领袖。因此可以与健身教练、营养师、健康博主等意见领袖合作，通过他们的社交媒体平台推广产品；策划线上挑战赛、打卡活动等互动性强的社交媒体活动，增加品牌曝光度和消费者参与度；发布代餐食品的科普文章、食谱视频、使用体验等高质量内容，吸引和教育消费者；邀请意见领袖试用代餐产品，并通过视频、直播等形式分享真实体验，增加品牌可信度。

最后，尽管价格对购买意愿的影响较小，但仍需注意不同消费者的价格敏感度。企业可以采用分级定价策略，推出不同价位的产品，以满足不同收入水平消费者的需求。此外，高价格的产品应与高质量和高附加值相匹配，避免价格过高导致消费者流失。

案例二

1. 提升物流服务质量。企业应注重提升物流服务的速度、安全性和服务质量，因为模型结果显示物流因素对购买意愿有显著的正向影响。因为物流的系数（0.129 1）在模型中是一个相对较大的正数，表明物流服务的提升将直接增加消费者的购买意愿。在当今快节奏的生活中，消费者越来越注重购物体验的便捷性和时效性，优质的物流服务能够显著提升企业的竞争力。

重视意见领袖推荐。企业应积极与意见领袖建立合作关系，利用他们的影响力来推广产品。数据依据是意见领袖推荐的系数（0.382 5）是模型中最大的正数，这表明意见领袖的推荐对消费者购买意愿有极大的正向影响。农产品加工企业可以通过与知名博主、网红或行业专家合作，借助他们的粉丝基础和影响力，有效地推广产品并提升品牌知名度。

强调产品的营养与健康属性。在产品推广中，企业应强调产品的营养价值和健康属性，以满足新中产消费者对健康生活的追求。数据中的营养与健康属性的系数（0.114 4）显示，消费者对产品的营养和健康属性有正面评价，这将直接影响他们的购买决策。

注重产品原产地与加工地。在产品宣传中，企业应明确标注产品的原产地和加工地，尤其是当这些地区具有特定优势或声誉时。模型结果显示，产品的原产地（0.137 4）和加工地（0.010 9）对购买意愿有正向影响。这可能是因为消费者认为某些地区的产品在品质、口感或安全性方面更具保障。因此，强调产品的原产地和加工地能够增加消费者的信任度和购买意愿。

2. 中国的新中产消费者在以下领域可能表现为消费主力：

第一，健康和健身。新中产更加注重长期健康和生活质量。他们倾向于在健身房会员、参加瑜伽和普拉提课程、购买健康补充品和有机食品等方面消费。如露露柠檬（Lululemon）、王饱饱代餐食品等都是健身和健康领域的热门选择。

第二，教育。教育被视为子女未来成功的关键。新中产家庭愿意为子女的教育投资，如昂贵的学前教育、国际学校和海外留学。他们认为高质量教育是保持和提升社会地位的手段。

第三，科技产品。新中产群体通常对最新科技产品和创新持开放态度，乐于购买新一代智能手机、平板电脑、智能家居设备等。这一消费习惯反映了他们对效率和现代化生活方式的追求。

第四，旅游和休闲。随着收入的增加和生活方式的变化，新中产越来越重视生活质量，愿意在旅游和休闲活动上投资更多。他们倾向于选择国内外的高端旅游体验，包括探险旅行、文化之旅和豪华邮轮。

第五，家居和装修。家居环境反映了一个人的生活品质和审美观。新中产群体倾向于为舒适和美观的居住环境投资，在家具、室内装饰和智能家居系统上不惜成本。这些消费领域的热门地位反映了新中产群体在经济、文化和社会发展中的关键作用。他们的消费行为不仅推动了相关行业的增长，也影响了市场趋势和产品创新。

案例三

1. 定序数据只具有顺序信息，但缺乏具体的数值意义。例如，一颗星和两颗星的评分之间的差距不能确定其精确数值。因此，这些评分不能像连续数据那样进行加减运算或求平均。

2. 在医疗行业，医院和诊所常常需要评估患者对医疗服务的满意度。医院可能使用定序变量来量化患者对医疗服务的满意度，如分为非常不满意、较不满意、中立、较满意和非常满意等级。此外，医院还会考虑其他因素如医务人员的态度、医疗设施的条件和等待时间。通过定序回归分析，医院能够找出哪些因素对患者满意度的影响最大，并据此改进服务质量。例如，如果结果显示医务人员的态度显著影响患者的满意度，医院可能会加强对医务人员的培训，提高患者的整体满意度。

在旅游行业，旅行社常常需要了解客户对旅行体验的评价。旅行社可能会使用定序变量来衡量客户对旅游行程安排、住宿条件、交通服务等方面的满意度。这些满意度通常被划分为几个等级，如非常不满意、不满意、中立、满意和非常满意。通过定序回归分析，旅行社可以识别出哪些因素对整体旅游体验有重要影响，从而优化旅游产品和服务。例如，如果分析显示住宿条件对客户满意度有显著影响，旅行社可能会选择更高质量的住宿选项，以提升客户的整体满意度和复购率。

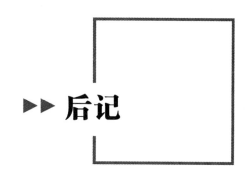

▶▶ 后记

《市场调查与预测案例集》在"智力援疆创新拓展人才计划—'小组团'援疆团队资助项目"的资助下得以顺利完成。在此，我们谨向该资助项目表示诚挚的感谢。

本书编写工作由来自新疆科技学院公司管理学院的一线教学团队共同完成。团队成员具备丰富的教学经验和扎实的学术功底，多次获得省部级及校级优秀教学质量奖、教学创新大赛奖，其中三名教师被评为校级"教学能手"。主编易崇英教授和徐倩老师在市场调查与预测领域拥有多年的教学经验。他们在编写过程中，与团队其他成员密切合作，严格把控每一环节的质量，确保本书的标准和质量。

易崇英教授和徐倩老师负责了全书的总体协调和质量把控，确保了内容的科学性和实用性。徐倩老师撰写了第四章、第十章，滕艳娇老师撰写了第一章和第三章，聂晓敏老师撰写了第二章和第六章，李鸽老师撰写了第九章同时负责书稿的汇总和校对工作，汪燕老师撰写了第五章，江威老师撰写了第七章，李亚朋老师撰写了第八章。我们对所有参编人员的辛勤付出和卓越贡献表示衷心的感谢。每一章都凝聚了他们的智慧和努力。

在编写过程中，我们深知自身还有许多不足之处，希望未来能继续改进和完善。感谢为本书提供宝贵建议的新疆科技学院工商管理学院院长刘志林教授，感谢所有读者和使用本书的师生们的支持与厚爱，您的反馈将是我们不断进步的动力。

编者

2025 年 2 月 10 日